职业院校潍柴博世校企合作项目教材

商用车营销与服务

李景芝　王桂凤　**主　编**
郭荣春　李秀峰　陈　键　**副主编**

人民交通出版社股份有限公司
China Communications Press Co.,Ltd.

内 容 提 要

本教材借助潍柴博世的订单式培养项目,采用任务驱动教学法,较系统地阐述了商用车营销与服务的有关知识。

本书分为 6 个学习模块,包括商用车营销与服务人员礼仪、商用车营销、商用车保险与理赔、商用车配件经营与管理、商用车维修服务、二手商用车鉴定与评估。

本书可作为职业院校汽车类专业的教材,也可作为汽车、机电从业人员岗位培训教材和汽车专业技术人员的参考用书。

图书在版编目(CIP)数据

商用车营销与服务 / 李景芝,王桂凤主编.—北京:
人民交通出版社股份有限公司,2018.7
ISBN 978-7-114-14761-6

Ⅰ.①商… Ⅱ.①李…②王… Ⅲ.①汽车—服务营销—职业教育—教材 Ⅳ.①F766

中国版本图书馆 CIP 数据核字(2018)第 118985 号

书 名:	商用车营销与服务
著 作 者:	李景芝　王桂凤
责任编辑:	张一梅
责任校对:	孙国靖
责任印制:	张　凯
出版发行:	人民交通出版社股份有限公司
地　　址:	(100011)北京市朝阳区安定门外外馆斜街 3 号
网　　址:	http://www.ccpress.com.cn
销售电话:	(010)59757973
总 经 销:	人民交通出版社股份有限公司发行部
经　　销:	各地新华书店
印　　刷:	大厂回族自治县正兴印务(有限)公司
开　　本:	787×1092　1/16
印　　张:	16.25
字　　数:	366 千
版　　次:	2018 年 7 月　第 1 版
印　　次:	2018 年 7 月　第 1 次印刷
书　　号:	ISBN 978-7-114-14761-6
定　　价:	40.00 元

(有印刷、装订质量问题的图书由本公司负责调换)

职业院校潍柴博世校企合作项目教材编审委员会

主　　任：李绍华

副 主 任：李秀峰　栾玉俊　陈　键

委　　员：(按姓名拼音顺序)

    鞠吉洪　李　波　李鹏程　李正銮　刘岸平

    刘海峰　刘洪勇　刘江伟　王　成　王桂凤

    王晓哲　王玉刚　王振龙　吴芷红　叶小朋

    张　旭　张利军　张润林　周　弘　周新勇

丛书主审：李景芝

组织单位：济南英创天元教育科技有限公司

支持单位：潍柴动力股份有限公司

    博世汽车服务技术(苏州)有限公司

    北京福田戴姆勒汽车有限公司

    山东交通学院

    扬州大学

前言
PREFACE

据统计,截至2017年年底,全国机动车保有量达3.1亿辆;2017年,全国汽车保有量达2.17亿辆,与2016年相比,全年增加2304万辆,增长11.85%。从车辆类型看,载客汽车保有量达1.85亿辆,载货汽车保有量达2341万辆,商用车保有量的增加幅度较大。

随着商用车市场的发展、保有量的不断增加和技术革命的到来,商用车后市场从业人员的素质、技术、管理等均需与行业的发展相匹配,商用车后市场人才匮乏的问题日益凸显。

作为商用车使用大国,我国拥有众多优秀的自主品牌,为适应我国柴油机排放要求提高的新形势,满足商用车行业对技术人才的迫切需求,济南英创天元教育科技有限公司组织来自全国各职业技术院校的专业教师,紧密结合目前商用车运用与维修专业教学需求,编写了职业院校潍柴博世校企合作项目教材。

在本系列教材启动之初,中国汽车维修行业协会在潍柴动力股份有限公司、博世汽车技术服务(中国)有限公司以及济南英创天元教育科技有限公司的支持下,组织召开了商用车暨柴油动力人才培养交流会,邀请行业内专家以及各职业院校对该专业的人才培养模式和教材编写大纲进行了商讨。教材初稿完成后,每种教材由一名企业专家或业内知名教授进行主审,编写团队根据主审意见修改后定稿,实现了对书稿编写全过程的严格把关。

2016年11月,为落实与教育部所签订的协议,潍柴集团与博世公司在校企合作、人才培养方面达成共识,结成战略合作伙伴。依托双方在柴油动力领域的行业地位和领先技术,着力打造最强校企合作班校企合作项目(英文缩写"WBCE")和最先进的实训中心,推进合作院校商用车专业建设,为我国商用车暨柴油动力后市场培养高端维修人才。

《商用车营销与服务》是汽车类专业的重要专业课程。本书分为6个学习模块,系统地阐述了商用车的营销、保险与理赔、配件经营与管理、维修服务、二手车鉴定与评估等知识。本书编写模式为任务驱动教学法,对商用车营销与服务相关知识的学习和掌握提供了最具指导意义的学习材料,为学生今后从事汽车行业后市场工作打下了坚实基础。

本课程的建议学时为：

模块内容	建议学时
学习模块 1　商用车营销与服务人员礼仪	24
学习模块 2　商用车营销	16
学习模块 3　商用车保险与理赔	24
学习模块 4　商用车配件经营与管理	20
学习模块 5　商用车维修服务	32
学习模块 6　二手商用车鉴定与评估	28
学时合计	144

本书由李景芝、王桂凤担任主编，郭荣春、李秀峰、陈键担任副主编。参与本书编写的还有刘海峰、张旭、高珊、胡晶晶、张淇、赵磊磊、孟华霞。

在本书的编写过程中，得到了潍柴集团及许多相关企业单位、专家和工程技术人员的大力支持和帮助。除了所列参考文献外，还参考了许多报刊、网站等相关内容，在此对原作者、编译者表示由衷感谢。由于编者水平有限，本书疏漏与不妥之处，恳请专家和读者指正。

编　者

2018 年 5 月

目录
CONTENTS

学习模块 1　商用车营销与服务人员礼仪 1
　学习任务 1.1　基本礼仪 1
　学习任务 1.2　电话礼仪 11
　学习任务 1.3　见面礼仪 21
　学习任务 1.4　交谈礼仪 30

学习模块 2　商用车营销 40
　学习任务 2.1　用户需求发掘 40
　学习任务 2.2　异议消除与成交 52

学习模块 3　商用车保险与理赔 65
　学习任务 3.1　保险产品介绍 66
　学习任务 3.2　车险方案与购买 78
　学习任务 3.3　商用车出险索赔 86

学习模块 4　商用车配件经营与管理 99
　学习任务 4.1　商用车配件采购与验收 99
　学习任务 4.2　商用车配件仓储管理 110
　学习任务 4.3　商用车配件营销 129

学习模块 5　商用车维修服务 151
　学习任务 5.1　掌握商用车维修业务流程 151
　学习任务 5.2　商用车维修接待 164
　学习任务 5.3　商用车维修服务项目管理 184

学习模块 6　二手商用车鉴定与评估 199
　学习任务 6.1　如何进行商用二手车交易 199
　学习任务 6.2　二手商用车鉴定与评估 207
　学习任务 6.3　商用二手车评估案例 238

参考文献 251

学习模块1　商用车营销与服务人员礼仪

模块概述

商用车的营销与维修服务不同于我们生活中所见到的其他商业服务,需要同时服务于两个对象:商用车与客户。因此,商用车的营销与维修服务不仅要求有面向客户的商用车的商品介绍、保险理赔、配件管理、维修服务、转卖定价等;还要求有面向车主的良好的服务态度、恰当的服务技巧、满意的休息场所、舒心的等待方式、温馨的用车提醒等。

商用车营销与维修服务的这一特征,从客观上就要求从业者需要同时关注商用车和客户两个目标。营销与维修企业非常需要设置营销顾问岗位、维修接待岗位,并对其职责做出规定,对其素质提出要求,对其技巧进行培训,对其工作流程做出规范。

商用车营销与服务人员的礼仪重点介绍基本礼仪,包括着装、化妆、坐姿、站姿、走姿、蹲姿等;电话礼仪,包括如何打出电话、接听电话、电话记录、转接电话等;见面礼仪,包括见面时的问候、握手、交换名片、带路、让座、倒水、乘车等;交谈礼仪,包括与客户交谈时的基本礼仪、记录、询问等技巧等。

通过对相关礼仪的学习,培养商用车营销与服务人员的基本礼仪规范,便于更好地做好商用车营销与服务工作。

【建议学时】

24学时。

学习任务1.1　基本礼仪

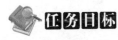

(1)学会作为商用车销售或维修接待人员的职业着装、发饰打理、基本化妆。
(2)掌握作为商用车销售或维修接待人员的坐姿、站姿、走姿、蹲姿等基本礼仪姿态。

任务导入

小董是将于今年7月毕业的学生,3月,在学校的统一安排下,他将与女同学小梁一起去一家商务车4S店实习,具体实习岗位是维修接待。

在进行实习动员时,指导教师除了对他们提出纪律、业务等方面的要求外,还提醒他们自即日起就要按照职业人的标准来要求自己,在衣着、职业淡妆、坐立行蹲各种姿势等方面,都要符合商务车维修接待人员的职业要求。

听了老师的要求,小董和小梁感觉有点迷惑:我们应该怎么做才能符合老师的要求呢?

任务准备

指导教师告诉小董和小梁,礼仪是人们在长期生活实践中,在语言行为方面由于风俗习惯而形成的为大家共同遵守的社交准则。

人们通常所讲的"礼仪",其实是"礼"和"仪"两个字的合成词。"礼"表示敬意,泛指尊敬的语言或动作;"仪"表示准则、表率、仪式、风度等。

如果一个人平时能够养成多一些温馨的微笑、多一句热情的问候、多一个友善的举动、多一副真诚的态度等习惯——也许就能使他的生活、工作增添更多的乐趣,使人与人之间更容易交往、沟通。

一个维修接待人员,在礼仪方面需要注意的主要内容有以下几个方面。

1. 仪表

(1)按季节需要统一着装,遵循整齐、得体、大方、清洁的原则。

(2)穿西服要配领带,领带颜色与西服颜色相配,领带不能肮脏、破损或歪斜、松弛。

(3)穿西服可以不扣纽扣,如果扣,应只扣上边一粒。

(4)胸卡佩戴在左胸位置,卡面整洁、清晰。

(5)胸部口袋不能装东西,其他口袋也不可装太多东西,以免鼓鼓囊囊,不雅观。

(6)穿深色皮鞋,保持亮度,不穿破损、带钉、异形鞋。

(7)工作期间不宜穿大衣或过分臃肿的服装。

(8)女接待员服装要淡雅得体,不得过分华丽。

2. 仪容

(1)经常清洗头发,保持清洁,发型普通,不染彩发。男性接待员不留长发,女性接待员不留披肩发。

(2)面部保持清洁,男性接待员不留胡须,女性接待员要化淡妆,不浓妆艳抹,不用香味浓烈的香水。

(3)指甲不能太长,女性接待员不留长指甲,不做美甲。

(4)口腔保持清洁,上班前不喝酒、不吃有异味的食品。

男、女维修接待员在仪容、仪表方面的注意事项分别见图1-1-1、图1-1-2。

3. 简单化妆

1)妆前准备

(1)洁面:选用适合自己肤质的洁面乳将脸洗净。

(2)润肤:根据自己的肤质,选用适合自己的润肤液,如紧肤水、柔肤水等。

(3)护肤:选用适合的面霜。有条件的话,可在涂面霜前,涂些精华液之类的护肤品。

(4)妆前乳:选用可以起到迅速改善肤质的乳液,例如控油乳、净白乳、保湿乳、丝滑乳等,通常会选择有细致毛孔作用的妆前乳。

2)底妆

(1)隔离:根据自己的喜好选择霜或者隔离露,可以隔离彩妆、辐射等。

1. 短发并保持清洁、整齐;
2. 面带笑容、精神饱满;
3. 白色或单色浅色衬衣且干净;
4. 正确佩戴公司徽记;
5. 西装平整、整洁,口袋不装物品;
6. 西裤平整;
7. 皮鞋光亮,无灰尘;
8. 黑色或深色袜子且无洞、干净;
9. 短指甲且清洁;
10. 领带紧贴领口,系得美观、大方;
11. 经常刮胡子

图1-1-1 男维修接待员仪容、仪表注意事项

1. 发型文雅、庄重、梳理齐整,长发可用发卡、发带等束好;
2. 面带微笑、化淡妆;
3. 上装大方、得体;
4. 指甲不宜过长,并保持清洁;
5. 裙子长短适宜;
6. 肉色丝袜,切忌有洞;
7. 鞋子光亮、整洁

图1-1-2 女维修接待员仪容、仪表注意事项

(2)修颜:选用可以修饰自己肤色的修颜乳或者粉底。肤色偏黑,选用麦色;肤色偏黄,选用淡紫色;肤色偏白,选用淡绿色。

(3)遮瑕:根据脸部情况使用遮瑕笔、遮瑕膏、遮盖霜等,对脸部进行修饰。主要是盖住黑眼圈、痘痘等脸部瑕疵。着重画眼妆的,还可在遮瑕之前涂一些眼部打底霜。

(4)粉饼:粉底和粉饼不是同一种东西,粉饼的使用是为了"改变"脸型,并非是为了修饰肤色。化妆时,至少需要用到两种粉饼,一个深色的,一个淡色的。

(5)定妆:定妆可以使用蜜粉或者散粉,从眼睛、鼻子、下巴等容易脱妆的部位开始定妆。

3)上妆

(1)眼部:先涂眼影,然后画上眼线和下眼线。

(2)睫毛:先使用睫毛夹将睫毛夹出上翘的效果,然后使用睫毛膏将睫毛拉长。

(3)眉毛:先使用眉粉调整眉形,然后使用眉粉或者眉笔进一步修饰。眉头使用浅色,眉中使用深色。

(4)腮红:使用腮红提升面部肤色,可以涂在笑肌或颧骨处。

(5)嘴唇:先使用唇线笔画出嘴唇外缘轮廓来调整嘴唇形状,再使用唇彩或口红进一步修饰嘴唇颜色和亮度。

作为职业人,一定要注意上淡妆,千万不能浓妆艳抹。

4)化妆的简易步骤

作为去实习的准上班族,由于没有太多时间化妆,加上如今美容产品层出不穷,利用这些产品,可以进行简易、快速的化妆。

简易化妆步骤:洗脸—涂护理液—涂 BB 霜—画眼线—描眉毛—涂唇蜜。

4. 仪态

1)微笑

微笑是最能赋予别人好感,增加与他人的友善和沟通,愉悦双方心情的一种表现方式。在不同场合、不同情况下,均能用微笑来接纳对方,反映出你具有高超的修养,待人至诚。

一个经常微笑的人,必能体现出他的热情、修养、魅力,从而得到他人的信任和尊重,如果我们用微笑对待他人,得到的也必将是一张张热情、温馨的笑脸。

微笑可以使强硬者变得温柔,使对立转变为和解,微笑是化解矛盾的有效手段。在维修接待过程中,接待员要对客户充满微笑。

对别人采用微笑进行表达时,需要注意以下事项:

第一,不能在客户已经走到你面前时,面部还没有一丝笑容。

第二,不能在对方痛苦时微笑,以免给人幸灾乐祸的嫌疑。

第三,笑容不能生硬、虚伪、笑不由衷、皮笑肉不笑。

假如平时你不善微笑,那么就应该注意训练。人在说"七""茄子""威士忌"时,嘴角会露出笑意。图 1-1-3 是训练微笑的两种方式。

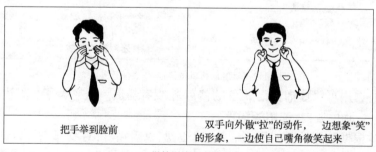

a)微笑训练方式之一

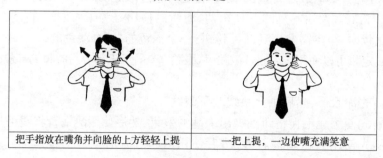

b)微笑训练方式之二

图 1-1-3　微笑训练方式

2）坐姿

人在坐下之后，应上身挺拔、端正、收腹，坐在椅子的大约三分之二处，双目平视。女性接待员双腿并拢，不得把腿向前或向后伸，更不能跷二郎腿；男性接待员双腿可齐肩宽分开。须移动座椅位置时，应先把座椅移动后放好，然后再坐。正确的坐姿如图1-1-4所示，几种错误的坐姿如图1-1-5所示。

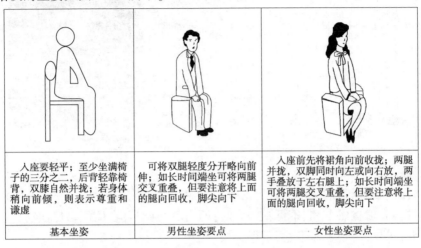

图1-1-4　正确的坐姿

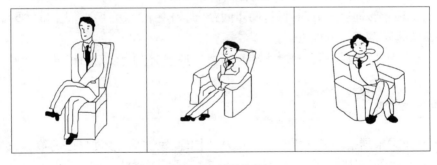

图1-1-5　错误的坐姿

3）站姿

人在站立时，应抬头，目视前方，上身挺拔，挺胸直腰，双臂自然下垂，双腿并拢直立，脚尖分开呈V字形，身体重心放到两脚中间，也可两脚分开，比肩略窄，将双手合起，放在腹前或腹后。女性接待员可双脚后跟并拢，脚尖分开约45°，亦可用小丁字步，一脚稍微向前，脚跟靠在另一脚内侧，双手在体前交叉互握；男性接待员站立时，双脚可齐肩分开，双臂自然下垂或交叉背后。

晨会时，除保持正确的站姿外，男职员两脚分开，比肩略窄，将双手合起放在背后；女职员双腿并拢，脚尖分开呈V字形，双手合起放于腹前（图1-1-6）。

4）蹲姿

如果需要在低处拾取东西，应该保持大方、端庄的蹲姿。一般来说，蹲下时应该一脚在前，一脚在后，两腿向下蹲，前脚全着地，小腿基本垂直于地面，后脚跟提起，脚掌着地，臀部向下而非翘起（图1-1-7）。

图 1-1-6　站姿图

图 1-1-7　蹲姿图

5）行姿

行走时应注意以下问题：上身挺直，收腹挺胸，重心略微前倾，不得低头驼背、摇头晃肩；双目平视，表情自然平和，不可左顾右盼；两肩平稳，双臂在体侧自然摆动，双臂摆动幅度不得太大；步幅适当，步速平稳，不得忽快忽慢。

客人来访时，需要采用"引导步"走在前边给客人带路。引导时，要尽可能走在客人左侧前方，身体半转向客人方向，保持两步间距，遇到上下楼梯、拐弯、进门时，要伸左手示意，并用语言提示请客人上楼、进门等。

与客人告别，应先后退两三步，再转身离去。退步时，脚轻擦地面，步幅要小，先转身后转头。

任务实施

小董和小梁根据指导老师所介绍的知识，周末回家之后，经过自己的策划，进行了详细的准备和具体的演练。

1. 观察 4S 店接待员

利用周末的时间，两个人相约去 4S 店观察维修接待人员的衣着、发式及具体接待工作，获得真切的直观印象。

2. 理发及准备服装

根据观察，小董发现 4S 店男性接待员的发型都是中规中矩的，而自己的头发则留的偏长。为了使自己能够融入所实习的岗位之中，他毫不犹豫地去了理发店，让理发师改掉自己心爱的发型，使自己在发型上看起来与接待员差不多。同样小梁也学着 4S 店女接待员的样子，改变了自己的发式。

在衣着方面，小董和小梁也尽量从家里找出与接待人员相近的衣服，以免使自己看起来像去实习的学生。

3. 练习化妆

作为女生，小梁深知上班时化些淡妆，既是美化自己的有利举措，也是对别人的尊重。

于是,以前几乎没有怎么化过妆的她,开始练习起了化妆。起初的两次,画完后对照镜子观察,发现画的过浓,到了第三次,才算基本满意。

作为男生的小董,则修剪了自己的指甲,清洁了耳朵等处,让自己显得更充满青春的活力,并显得更加阳光。

4. 练习坐立行蹲等各种姿势

两人也一起来到学校,根据所学知识,以准职业人的要求,反复练习坐立行蹲等各种姿势,相互监督,直到达到对方基本满意为止。

经过充分的准备和练习,小董和小梁做好了去实习的准备,就等实习那天的来临了。

知识拓展

在商用车维修企业,维修接待是指主要负责客户的接待;客户来电咨询的接听和解答;仔细问诊和安排好维修工作;做好维修人员和客户之间车辆维修信息的及时反馈;与客户交谈并向客户推荐定期维护及精品;定期对客户进行回访等工作的专业人员。

1. 汽车维修接待的作用

在如今我国的汽车维修市场,随着维修客户的多样化,尤其是面对日益增多的私人商用车客户,各厂家普遍设立了维修客户接待室(图1-1-8)及维修接待岗位。目前,该岗位已逐步成为汽车维修企业的一个重要组成部分。

图1-1-8 维修客户接待室

一个汽车维修企业,是否设立维修接待岗位,效果相差很大。

从维修客户的角度来说,如果厂家设立了维修业务接待岗位,而且工作出色,将会给其留下十分美好的印象:感觉这家汽车修理厂管理很规范、水平够档次、服务态度好;接待人员能够十分专业地解答关于汽车维修、投保、索赔、使用须知等方面的知识;在这家汽车修理厂修车,很放心。不仅自身会成为回头客,而且还会介绍亲戚、朋友、同学、同事前来接受维修服务。反之,如果客户来到了一家没有设立维修接待的汽车修理厂,无人理睬,维修消费不明不白,心中就会感觉不愉快,可能以后再也不会来此消费了。

从企业的角度来说,要将设置维修接待放在整个经营活动的大局来考虑,并不只是简单地"开辟一块场所,摆上两张桌子,安排几个闲人",就算有了业务接待了。必须将此放在"影响企业自身形象,沟通双方消费关系,关乎维修业务多少"的高度去对待。能够站在消费者的角度去看待维修接待,高标准布置接待场所,精心挑选接待人员,严格培训接

待业务,努力提高接待水平。要把维修接待与检验、维修、配件、销售、收银等各个环节协调起来,相互之间既有分工又有合作,步调一致地完成企业的经营目标。

从汽车维修的行业主管部门来说,常把业务接待的水平作为衡量汽车修理厂经营状况的一个重要因素。

客户来修车,第一步迈进的是业务接待厅,第一个接触的是维修接待员。业务接待厅的环境、维修接待员的服务水平,在很大程度上影响着客户是否信任这家企业,是否愿意在此处接受维修服务,更决定着客户能否成为回头客。

归纳来说,汽车维修接待的重要性体现在:

企业的经营管理日趋完善;

是企业与客户进行业务联系的纽带;

维修接待员代表维修企业的形象;

企业内部职责明确,步调一致,效率提高;

有效协调客户利益与厂家利益的基本一致,增强互信;

及时统计与核实服务费用,并向客户收取。

2. 汽车维修接待员的素质与职责

维修接待人员的素质,会在很大程度上左右着客户对他的喜欢程度。维修接待员的素质主要包括业务素质和技术素质两大部分。

业务素质主要是指文化素养、心理素质、礼仪形象等涉及业务接待的基本素质;而技术素质则包括业务接待人员对汽车的了解程度,对汽车维修工艺、常见故障、报价以及其他业务的了解程度。

1) 维修接待员的岗位职责

汽车维修接待是汽车企业中负责客户接待的工作人员,客户进入汽车维修企业,第一个接触到的人就是汽车维修接待人员。汽车维修岗位的主要职责包括:

接待维修车辆客户,记录和判断车辆故障并安排维修;

汽车保险索赔的处理和事故车定损;

对客户资料进行整理、归档;

与客户建立良好的沟通,做好客户的维护工作;

对维修车辆状态进行追踪跟进,确保维修质量;

协助客户做好车辆维修费用的结算工作;

负责客户的满意度跟踪,处理客户意见;

负责工作区域5S的执行落实;

宣传本企业,推销新技术、新产品,解答客户提出的相关问题,开发新客户市场;

……

2) 对汽车维修接待的工作要求

汽车维修接待工作质量的优劣,关系到客户对企业的印象,关系到企业的维修业务工作量的多少,必须高度重视。对汽车维修接待工作的具体要求是:

维修接待场所始终保持整洁、温馨;

维修接待员衣着整洁大方,仪表不卑不亢,情绪乐观热情,交往注重信用,做事雷厉风

行,工作讲究效果;

维修接待员有良好的亲和力,给维修客户以信任感;

维修接待员习惯性地使用礼貌用语;

贯彻"马上就办"原则,工作再忙,也要先打招呼、让座、上茶;

对客人提出的问题表示感兴趣,对他的困惑进行解释,对他的问题设法解决,尽快消除客户的焦虑;

维护企业与客户双方的应得利益;

接待工作中需要做到的10个"一点":微笑多一点;理由少一点;度量大一点;脾气小一点;嘴巴甜一点;行动快一点;做事勤一点;效率高一点;讲话轻一点;脑筋活一点。

3)维修接待员的技能要求

汽车维修接待人员必须具备一定的岗位技能,只有这样,才能保证汽车维修企业在客户心中的形象,确保客户满意度。汽车维修接待需要掌握的岗位技能包括:

具备汽车理论和维修方面的知识,了解汽车行业及汽车构造;

有良好的服务营销知识,沟通协调能力强;

会计算机的基本操作,熟练使用office办公软件、售后服务的操作软件;

熟悉保险公司理赔程序;

熟练掌握售后服务接待操作流程和要求;

有一定的汽车驾驶技能;

具有良好的英文听、说、读、写能力。

4)客户喜欢与反感的维修接待员

(1)客户喜欢的10种维修接待员类型。

①着装整洁,举止从容。

②诚实守信,办事高效。

③说话随和,态度诚恳。

④百问不厌,态度和蔼。

⑤实事求是,不说大话。

⑥办事认真,责任心强。

⑦办事公道,不谋私利。

⑧换位思考,心系客户。

⑨虚心讨教,认真改进。

⑩严肃活泼,善于应变。

(2)客户反感的10种维修接待员类型。

①衣着邋遢,仪容不佳。

②常说空话,随意承诺。

③态度生硬,难于接近。

④办事拖拉,效率低下。

⑤行为不当,不拘小节。

⑥不善沟通,缺乏亲和。

⑦浓妆艳抹,奇装异服。
⑧知错不改,自以为是。
⑨欺蒙顾客,谋取暴利。
⑩办事教条,不善应变。

任务评价

汽车维修服务接待自我检查及评分见表1-1-1。

汽车维修服务接待自我检查及评分表 表1-1-1

项目	检 查 要 点	分值	自评	组评	师评	得分
形象自检	发型是否合适?头发是否干净、整齐? 衣着是否有准职业人特征? 衬衫、外套是否清洁? 指甲是否过长? 耳道是否清洁? 皮鞋是否光亮、无尘	30				
办公室内自检	上班5min前是否已就位? 同事间上班是否相互打招呼? 在走廊内有无奔跑? 办公时有无窃窃私语? 有无向正在计算或写字者发问? 外出时,有无留言? 有无在办公区吸烟? 有无在办公室进食? 有无在上班时玩微信或QQ聊天? 是否整理了用过的公共物品? 是否将垃圾主动拾起? 对公共物品是否爱护? 在茶水间、洗手间、走廊内有无站着闲谈? 午休或下班时有无整理办公桌? 下班时是否与同事相互打招呼	50				
仪态自检	坐姿是否合适? 站姿是否恰当? 蹲姿是否雅观? 走姿是否恰当	20				

指导教师总体评价:

指导教师_____
____年___月___日

练 一 练

一、填空题

1. 汽车维修服务同时服务于(　　)和(　　)两个对象。
2. "礼仪"两个字中表示敬意的是(　　),表示准则、表率、仪式、风度等的是(　　)。
3. 准备坐下时,若须移动座椅位置,应先(　　)再(　　)。

二、选择题(以下各题,有的属于单选题,有的属于多选题,请选择正确答案填写在括号内)

1. 在正式场合,坐入椅子时,应该大概坐在椅子多大的面积上?(　　)(单选)
   A. 1/4　　　　B. 1/3　　　　C. 1/2　　　　D. 2/3
2. 以下哪种情况下,维修接待员应该面向客户微笑?(　　)(单选)
   A. 看见客户向自己走来　　　　B. 客户来到自己面前
   C. 客户开口问自己问题　　　　D. 客户离开
3. 女性接待员可双脚后跟并拢,脚尖分开约(　　)°,亦可用小丁字步,一脚稍微向前,脚跟靠在另一脚内侧。(单选)
   A. 30　　　　B. 35　　　　C. 40　　　　D. 45

三、判断题(以下各题,说法正确的请在括号内打"√",说法错误的请在括号内打"×")

1. 做好维修接待工作,可有效协调客户利益与厂家利益,增强双方互信。(　　)
2. 作为一名汽车维修接待员,应该重点考虑维护企业利益,而不是客户利益。(　　)
3. 行走时应上身挺直,收腹挺胸,重心略微前倾,不得低头驼背、摇头晃肩。(　　)

学习任务1.2　电话礼仪

任务目标

(1) 学会向客户拨打电话的基本方法。
(2) 学会接听不同客户的来电。
(3) 掌握在接听客户电话过程中的记录方法。
(4) 知道如何转接不属于自己接听的电话。
(5) 能够合理处理错打的电话。

小董和小梁在指导老师带领下来到了一家商用车4S店,开始从事维修接待岗位的实习。

指导老师在将他们介绍给4S店的指导师傅后,向他们交代了实习要求及注意事项,就转向其他岗位安排实习同学去了。

指导老师走后,实习指导师傅向他们二人的到来表示了欢迎,然后打量了一下二人的衣着,赞许地点了点头。

指导师傅对他们说:"你们是第一天来实习,今天刚好是星期一,来的客户也不多。这样吧,你们两个今天上午没有什么特别的任务,就自己到里屋相互模拟练习各种情况下的打电话吧。"

"练习打电话?!这还用得着练习吗?谁不会打电话啊。"小董忍不住嘟囔了几句。

"你可不能小瞧了与客户的电话联系啊,这里面也是有学问的啊。"指导师傅对他说道。然后,指导师傅简单地说明了让他们练习的内容。

于是,小董和小梁开始了打电话的练习。

任务准备

1. 如何打出电话

1) 事先准备

(1) 打电话之前,先想清楚自己打算表达的意思,通话时要尽量用简洁的话语表达清楚。

(2) 手头准备必要的纸笔,以便记录下重要信息。

(3) 确认打算拨出的电话号码是否就是要找的人的号码(图1-2-1)。

图1-2-1 拨打电话

2) 通话期间

(1) 确认对方是不是要找的人。

(2) 进行自我介绍。

(3) 询问手机机主在本地还是在外地,征求是否继续通话。

(4) 说明打这个电话的目的。

(5) 征求对方是否同意交谈。

(6) 具体商讨业务内容,保证通话质量高效,避免遗漏重要信息。

(7) 寻找共同话题。

(8) 强调或穿插客户感兴趣的内容。

(9) 为占用了客户的时间而道歉。

3) 表达例句

请问,您是王经理吗?

我是福田戴姆勒集团的汽车维修接待员梁莺。给您打电话,打扰您了。

请问您现在是否在本地?方便通话吗?

今天给您打电话,是想征求一下您的意见:我们的维修技师在更换了您汽车上破碎了的左前照灯后,发现右前照灯的一个固定爪断了,需要一并修复,您看是更换一个右前照灯呢?还是将断了的固定爪焊接起来?

哈哈,我看还是更换一个新的好!您想啊:左前照灯已经换了,新旧两灯的玻璃色差肯定是存在的,看起来多不协调啊。当然,最后我们还是要尊重您的意见。

好的,那您亲自来看看更好。

就这样,明天下午三点,我在店里等您。您还有什么需要我做的吗?

对不起,刚才的电话,耽误您时间了,希望您别介意。
4）如何提高电话联系的成功率
（1）与新车客户交流,尽可能多地掌握与客户有关的信息。
（2）了解客户职业,确定是否能在他们工作时致电。
（3）确定什么时间在什么地点最有可能联系上客户。首次联系时予以确认并记录下来。
（4）交换名片。在你的名片上写下预计跟踪调查的日期和时间,并交给客户;在他的名片上写下可以联系的最佳时间。
（5）如果客户拒接电话,不要再次拨打。最好发短信告知,请他方便时回复你的电话。
（6）在客户的车里放置一张填好了地址、邮资已付的调查问卷,并请他填好后寄给你。
（7）向客户提供他们用得上或者感兴趣的信息。

2. 如何接听电话
1）基本规则
（1）电话铃响三声之内拿起电话。
（2）问候来电者。
（3）自报单位（姓名）。
（4）询问客户是否需要帮助。
2）规则分析
为什么接听电话时有这些基本规则呢？
（1）三声之内接听。假如电话铃响了三声之后还无人接听,客户的耐心就会减退,甚至会对公司的人员素质或经营状况产生怀疑：
这家公司实力不行,人手不足,没有专门的办事人员。
这家公司管理松散,工作时间办公室居然没人。
这家公司人员素质差,明明听见客户打来的电话在响,就是不去接。
（2）问候来电者。接听电话时以问候语开始,可以向客户传达你的友好和坦诚。拿起电话应先说"您好""早上好""下午好"等问候语。
（3）自报家门。这一礼貌行为既可以让来电者知道他是否找对了人,又可以节省双方时间,及时进入通话主题。由于现在的电话基本都有来电显示,比较容易区分来电的属性,因此,向客户自报家门,分三种情况：
①陌生客户给公司打来的电话。维修接待员只需报出公司的名称而不是本人的姓名,如"您好,这里是××汽车维修店,我能为您做些什么？"
②接听找自己的电话。来电者已知是你,只需说出自己姓名,无须报公司名称,如
"王总,我是梁莺,您有何吩咐？"
"您好,我是梁莺,我可以帮你做点什么？"
③接听公司内部的电话。通常只需说出自己所属部门名称,然后报出个人姓名就足够了,如"你好,这里是维修接待前台,我是梁莺,有什么需要帮忙的吗？"
（4）询问是否需要帮助。表明你和你的公司随时准备帮助客户,满足他们的需求,如
"早上好,我是××汽车维修店负责前台接待的梁莺,您需要什么帮助吗？"

3）表达例句

下午好,我是××汽车维修店的前台接待,您需要什么帮助吗?

是的,我是负责前台接待的梁莺,您是张经理吧?

谢谢张经理,我当然记得您,您是我们非常重要的老客户啊!怎么会不记得您?!

您是问汽车维护吗?

没问题,只要您将车开来,剩下的都是我们的事情了,保证让您满意。

您放心,现在您的车在免费维护期,与上次一样,正常的维护,无须您掏一分钱。除了维护,您还有什么需要我做的吗?

没问题,您来做维护时,我们一起给您的车窗玻璃贴上车膜。

好的,就这样,明天下午三点,我在店里等您,期待您的光临。

不客气,再见!

3. 如何应对错打的电话

假如客户打错了电话,或者打电话找的不是你所在的部门,或者打电话所找的部门并不主管客户所要询问的事情,就需要给客户一个解释了。

(1) 如何向客户解释电话打错了。假如客户打错了电话,不要说一句"打错了"就挂断,而应该跟对方解释你这里是什么单位,在对方表示歉意后,表示没有关系,欢迎他方便时来访等。

(2) 如何向客户解释他要找的不是你所在的部门。假如客户打电话找的不是你所在的部门,或者所要询问的事情由另外一个部门负责,就需要给客户一个解释了。

在你打算告诉客户另外一个电话前,应该征求客户意见,询问他是否介意打另外一个电话询问。有时,客户不希望再打电话,他只是想留个口信。

告诉客户他需要打另外一个电话时,客户可能会担心"我要被推到哪里去?"所以你应告诉客户他需找什么人以及为什么要找他来解决或咨询。这样,对方就理解了。

(3) 如何转达口信。假如客户不希望再打另外一个电话,只是想留个口信,那你就应该照办,并保证把口信传达到当事人。毕竟,整个公司是一体的。

4. 如何记录留言

为了记下可以使客户对你信任、也便于你的同事与客户联系的留言,需按照下列步骤去做。

(1) 在询问来电人姓名之前,先要告诉他要找的人不在。在告诉客户他要找的人在不在之前,先问客户姓名,然后再告诉客户他要找的人不在是不妥当的,这种做法会使客户感觉到他要找的人在,只是故意不接电话。因此,在询问客户姓名之前,先要告诉他要找的人在不在。如:"我们经理不在办公室,他现在在会议室开会,请问您是哪位?"

(2) 从积极的方面解释你的同事不在的原因。无论客户,还是他要找的你的同事,都不希望听到谈论过多的他的细节问题以及私生活问题。以下对话是应该避免的:

"她现在还没来。"(暗示她今天迟到了)

"我不知道她到哪儿去了。"(表明她是一个不受纪律约束的人,无法了解其行踪)

"她有点急事,现在不在这儿。"(表明她去干自己的私事了)

"她请了病假。"(会引发客户问她的一些私人问题)

而以下的回答则是属于从积极方面解释同事不在的原因：

"对不起,她现在没在。"（可能刚刚还在,也许一会就回来）

"她刚从办公室走开！"（只是刚刚走开而已）

"她现在不在办公室。"（可能去别的部门了）

"她正在开会。"（没有去办私事）

（3）说出同事回来的大概时间。如果有可能,要告诉客户同事回来的大概时间,这样可以使客户重新安排再打电话的时间,还会让客户拥有主动的感觉。

（4）记下重要信息告知同事。在告诉客户你的同事不在的同时,要主动为客户记下留言,或询问是否其他人可以帮忙。如果客户说明打来电话的原因之后,你能够帮助他,就要尽力帮他;如果你知道其他人可以帮他,就应代为询问或介绍;如果你不能帮助,就要为客户详细记下准确的、字迹工整的留言（图1-2-2）。留言内容包括：

①客户的姓名、电话号码,应向客户重复一遍,确保准确无误。

②客户打电话的原因。

③客户要联系的同事姓名。

④客户打电话的具体时间。

图1-2-2　记录重要的电话信息

5.如何让打电话者等候

1）询问客户是否可以等候

在打算让客户等候之前,必须征得客户的同意。如果只是简单地说一句"请您稍等一会儿"是不妥当的。因为你并没有征得他的同意,然后等待他的答复。而应该说："您是否可以等我一会儿?"

征求意见之后,应该等待客户的答复。一般来说,客户都会说"好吧""可以"。如果时间很紧,你只说了"您是否可以等我一会儿?"还没有等到客户答复,就把电话挂了,会让客户感到震惊甚至气愤。如果客户较长时间没有回音,可以假定他的沉默意味着同意,就可以让客户等候一会儿了。

2）告诉客户让其等候的原因

实践证明,如果有礼貌地告诉客户必须等候的原因,大多数客户都能够接受,这样,使其等待就会变得容易。但此时一定要为客户提供可信的信息,以免让客户误认为你是在找借口推诿,避免使用"可能是""不清楚""这不归我管"等。建议的表达例句有：

"请稍候,我需要用2～3min时间在电脑中查找一下。"

"需要等一会儿才能回答您,因为我要向经理请示一下,大概5min吧。"

"我需要到其他部门核实一下,大概需要3～4min"。

3）提供时间信息

假如你向客户提供了时间信息,就可以对其起到平静、安心的作用。提供时间信息的具体程度,取决于你认为客户需要等候的时间长度,如果需要其等候的时间很长,就要认真地估计一下时间。一般来说,有如下三种情况：

(1)短暂等候(不超过1min)。等候之前,随意说一句:"请等一下,马上就好"。

(2)较长时间等候(2~3min)。这种情况下,最好不要告诉客户需要等候的确切时间,但要核实一下客户是否愿意等候。例如,"我需要用2~3min时间请示一下经理,我是过一会儿给您回电话呢?还是您现在稍等一会儿呢?"

(3)漫长等候(3min以上)。在这种情况下,客户往往会有怨言,最好的处理办法是在客户对你发泄怒气之前的等待期间告诉他,一有消息马上通知他,而且应该每隔1min左右通知他一次你所处理问题的进程。

4)对客户的等候表示感谢

无论你是处理完了客户的问题,还是无法达到客户的要求,说一句"谢谢您的等候"都是一种很好的表达方式,因为这说明你感谢了客户的理解和耐心。比如,你正在通过座机与一位客户通话,手机响了,你告诉通过座机打电话的客户:

"对不起,您可以稍等一会儿吗?我接一下手机。"

对方同意后,你接起手机,问候了来电者,然后有礼貌地说:"我正在与另外一位客户通话,很快就谈完,您愿意稍等一会儿吗?"并等待着客户的答复。

当客户表示同意后,你说一句"谢谢。"

2min打完座机,回到手机线路,对客户说:"谢谢您在等候,我能帮您做些什么?"

6. 结束通话

以一种积极的语气和恰当的用语结束通话,是圆满完成一次通话的重要象征。以下是一些结束通话的有效方式:

(1)重述打这个电话的目的及重要细节,与客户达成一致。

(2)询问客户是否需要为他提供其他服务,给客户一个最后的机会完成通话过程中没有涉及的其他事务。

(3)感谢客户打来电话,而且让他知道你非常重视他所提出的问题。

(4)让来电者先挂上电话,以免令对方感到话未讲完就被挂断电话。

(5)挂断电话后,立即记下重要信息,以免忙于其他事情而忘记。

任务实施

在商用车维修店实习的小董和小梁,一上午都在按实习指导师傅的要求练习通话。

二人相互交替扮演角色进行实习,相互监督与评价。所练习的主要内容有:

(1)接听客户电话(每人均设置了三种性格特点的客户)。

(2)给客户打电话(通话分别为预约客户来店维修车辆、联系客户追加维修项目、向客户推荐汽车养护用品)。

(3)记录客户留言。

(4)在电话中让客户稍等候。

(5)应对并非找本店人员,但却是咨询商用车相关情况的错打电话。

中午临近下班时,指导师傅来检查他们的电话练习情况,听了他们的汇报之后,师傅表示基本满意。

知识拓展

1. 电话的优缺点

今天,电话已经渗透到了人们生活的方方面面。在商用车销售及服务领域,大多数的业务需要通过电话进行联系与沟通。

但是,电话这种交往方式比较特殊,相互看不见对方的动作或表情,只能依靠语言、语音、语调来表达。当我们给不相识的人打电话时,因为看不见对方,也不了解对方,有时会出现类似下面的问题:

拨通电话后,不知道该怎么说;

说了半天对方也没有听明白你说的是什么或者没有回应;

因担心被拒绝而不愿打电话;

……

为了充分发挥电话的有效作用,有必要约定俗成一些基本规则。

1)电话的优点

(1)实行简便,交往费用低(图1-2-3)。

(2)风险低,有效果;交往工作量少。

(3)可以亲身参与,即使与远方的人也可直接对话,有更多接触的机会。

(4)与繁忙的人也可以有对话的机会。

(5)可以通过语音、语调来表示自己的真实意图。

(6)可以及时增进与维修客户的感情及相互合作。

(7)可以尽快确认客户所提供的信息,便于快速做出决策。

2)电话的缺点

(1)只能通过声音交流。

(2)看不见客户的反映。

(3)可以因借口繁忙而随时挂断电话,无法让自己完整地表达意思。

2. 使用电话的注意事项

1)语气语调

在通话时所采用的语音、语调,应该让对方感觉到自然亲切、积极自信,做到发音清楚、声音适中、抑扬顿挫(图1-2-4)。

图1-2-3 打电话

图1-2-4 声如其人的电话

2）语速

语速应该采用让对方易懂且有稳定的节奏，还要注意跟着对方的节奏走。总体来说，应该不快不慢，让人听得清楚。

3）言词

根据对方的情况（年龄、地位等）选择不同的表达言词，一般来说，选择言词时，应该选择让对方"容易听清的、能够明白的、引发兴趣的、行业相关的"用语。

4）发音

采用标准的语言或者对方容易接受的方言进行通话；称呼对方的职务、姓名时，发音应该准确，不要出现错别字。

5）打电话的时间

假如对方是公务人员，最好不要在其刚刚上班或者临近下班时打电话，因为此时往往他工作繁忙或急于上下班赶车，无暇与你细谈。

3．新兴通信方式

目前，QQ聊天群、微信群等新兴的社交工具受到了民众的普遍喜爱，利用这些新兴的社交工具与客户进行交流或者发布相关服务信息，也会起到意想不到的良好效果，值得推广使用（图1-2-5）。

图1-2-5　微信聊天截图

任务评价

商用车营销与服务电话沟通自检见表1-2-1。

商用车营销与服务电话沟通自检表　　　　表1-2-1

自检内容	分值	自评	组评	师评	得分
电话机旁有无准备记录用的纸笔？ 是否在铃响三声之内接起电话？ 接起电话是否说了"您好"？ 对客户是否使用了专业术语，简略语言？ 是否在打电话时，让对方猜测你是何人？ 是否正确听取了对方打电话的意图？ 是否重复了电话中的重要事项？ 要转达或留言时，是否告知了对方自己的姓名？ 拨打电话时，是否选择了对方不忙的时间？ 拨打电话时，是否准备好了手头所需要的资料？ 拨打电话时，是否告知了对方结果、原委？ 接到打错电话时，是否礼貌回绝？ 接到投诉电话时，是否表示了歉意？ 话言是否清晰、有条理？	共16小项，每项5分；总体评价20分				

续上表

自检内容	分值	自评	组评	师评	得分
是否拨打私人电话？ 电话听筒是否轻轻放下	共16小项，每项5分；总体评价20分				
指导教师总体评价： 指导教师_____ ____年___月___日					

商用车营销与服务通话角色扮演评价见表1-2-2。

商用车营销与服务通话角色扮演评价表　　　　　表1-2-2

通话方式	通话过程	评价内容	分值	自评	组评	师评	得分
打出电话	事先准备	□想清楚要说什么了吗？ □手头准备好记录用的纸与笔了吗？ □准备拨出的电话号码对吗？	5				
	开场白	□确认对方 □自我介绍 □确认对方在本地还是外地 □打电话的目的 □判断对方是否愿意交谈	5				
	正题	□商讨业务内容 □寻找共同话题 □特别强调客户会感兴趣的话题	8				
	结束语	□重述目的及重要细节，与客户达成一致 □询问客户是否需要其他服务 □约定具体日期和时间 □等对方挂上电话后再挂电话 □挂断电话，立即记下重要信息	5				
接听电话	事先准备	□是谁来的电话？ □铃响三声之内接了吗？	5				
	开场白	□问候对方 □自报家门	5				
	正题	□询问客户是否需要帮助 □寻找共同话题	8				
	结束语	□重述目的及重要细节，与客户达成一致 □询问客户是否需要其他服务 □约定具体日期和时间 □等对方挂上电话后再挂电话 □挂断电话，立即记下重要信息	5				

续上表

通话方式	通话过程	评价内容	分值	自评	组评	师评	得分
应对错打的电话	事先准备	□铃响三声之内接了吗？	5				
	开场白	□问候对方 □自报家门	5				
	正题	□告知对方本部门不是他要找的 □征求意见，看他是否愿找另外一个部门 □是需要转述他的口信 □告诉对方一个正确的电话号码	5				
	结束语	□等对方挂上电话后再挂电话 □挂断电话，立即记下需要转述的口信	5				
记录留言	事先准备	□铃响三声之内接了吗？	4				
	开场白	□问候对方 □自报家门	4				
	正题	□告知对方他要找的人不在 □询问对方是谁 □从积极的角度解释同事不在 □告知对方同事回来的大概时间	5				
	结束语	□等对方挂上电话后再挂电话 □挂断电话，立即记下重要信息转告同事	4				
让来电者等待	事先准备	□铃响三声之内接了吗？	4				
	开场白	□问候对方 □自报家门	4				
	正题	□询问客户是否可以等候 □告诉客户让其等候的原因 □提供需要等待的时间信息 □对客户的等候表示感谢	5				
	结束语	□等对方挂上电话后再挂电话 □挂断电话，立即记下重要信息	4				

指导教师总体评价：

指导教师_____
_____年____月____日

练一练

一、填空题

1. 给客户拨打电话之前，应该同时准备好（　　　）。

2. 接听客户电话时，应该在电话铃响（　　　）声之内拿起电话。

3. 为处理客户询问的事情,不得不让客户等候时,待处理完客户询问的事情之后,应该说一句(　　)。

二、选择题(以下各题,有的属于单选题,有的属于多选题,请选择正确答案填写在括号内)

1. 如果客户拒接电话,应该怎么办?(　　)(单选)
　A. 再次拨打
　B. 发短信告知打算要说的内容
　C. 不再理睬

2. 当接听客户电话时,应该在电话铃响(　　)声之内拿起电话。(单选)
　A. 1声　　　　B. 2声　　　　C. 3声　　　　D. 4声

3. 给客户打电话时,应该(　　)。(多选)
　A. 确认对方是不是要找的人　　B. 征求对方是否同意交谈
　C. 询问需要什么服务　　　　　D. 寻找共同话题

三、判断题(以下各题,说法正确的请在括号内打"√",说法错误的请在括号内打"×")

1. 给客户打电话之前,应该想清楚自己打算表达的意思,通话时尽量用简洁的话语表达清楚。　　　　　　　　　　　　　　　　　　　　　　　　　(　　)
2. 给客户打电话,只要不是沟通投诉的事情,就没有必要道歉。　(　　)
3. 如果客户拒接电话,应该继续拨打,以便及时联系上他。　　(　　)

学习任务1.3　见面礼仪

📖 任务目标

(1)能礼貌而正确地给客户打招呼、倒茶、引路。
(2)正确地与不同客户握手。
(3)掌握给客户递送或交换名片的基本方法。
(4)能在接待客户时正确运用肢体语言或识读客户的肢体语言。

📖 任务导入

经过了一周多时间的实习,小董和小梁给实习指导师傅留下了不错的印象,他们也在忙前忙后的实习过程中学到了不少东西。

这天,师傅对他们说:"你们两个今晚回去后做点准备,明天我给你们一个专门的实习内容,这个内容就是不需要你们说,也不需要你们做,只是在一边默默地观察就行了。明白了吗?"

小董听了,茫然地说:"师傅你是想让我们看什么啊?"

师傅说:"明天会来几个预约好了的客户,你们就仔细观察师傅我是如何在接待客户的过程中与客户见面的,都需注意哪些事项。不过,出于对客户的礼貌,你们不能离得太近,明白了吗?"

小董、小梁听了,赶忙说到:"明白了,谢谢师傅。"

任务准备

维修接待人员与客户见面时,需表现出自己的自信、专业、礼貌,同时还要体现出对客户的真诚与尊重,为此,需要注意以下几个方面的问题。

1. 整洁

个人的衣着对客户有着很大的影响,如果大家统一着装,只有你不打领带,或制服脏兮兮的,或与别人穿的不一样,就显得非常不协调。

当然,客户对不同岗位的员工、在不同时间的整洁是有不同要求的,也就是说,客户希望你的衣着和外表符合职业需要。

如果你是一名维修接待人员,乱蓬蓬的头发、脏兮兮的衣服、藏满污垢的指甲……会令客户反感。

如果你是一名维修技师,衣服呈深色,手上粘满机油,则可能是他心目中的标准形象;反之,如果你的工作服上没有一滴油渍,皮鞋锃亮,手干干净净,客户反而会认为你根本不是维修技师,或者认为你没有给他打开过发动机罩。

2. 目光交流

眼睛被人们称为心灵的窗户。一双炯炯有神的眼睛,给人以感情充沛、朝气蓬勃的感觉;而呆滞的目光,则使人感觉到疲惫与厌倦。进行目光交流时需要注意以下事项:

(1)不论是熟人,还是初次见面的客户,见面时首先要睁大眼睛,面带微笑地与对方目光接触片刻,显示出喜悦、热情。

(2)客户走近,无论你在做什么,都要立即目不转睛地看着他的脸。当目光柔和地落在客户的脸上时,就能做到目光接触。谈话继续时,应该不时地移开目光,避免给人以尴尬。

(3)客户走近,你却低头伏案工作,不与客户进行目光接触,给会客户以你不愿意和他打交道的感觉。

(4)若你始终用锐利的目光盯着对方,会使客户不敢正视,感到紧张和不安。

(5)若发现对方长时间回避你的目光而左顾右盼,表明对方对继续交谈不感兴趣,应尽快结束谈话。

图 1-3-1 握手

(6)4 种应该慎重使用的眼神:瞪眼、眯眼、斜视、紧盯。

3. 握手

握手是我们日常交往中最常使用的礼节之一。握手(图 1-3-1)通常表示欢迎、欢送,对人表示祝贺、感谢、慰问,表示友好合作等。

1)握手方式及相关要求

(1)握手一定要伸右手,手掌垂直;要注视对方并面带微笑。

(2)如果戴有手套,应先摘下手套再握手。

(3)握手时,伸手的先后顺序是主人在先、女性在先、长者在先、上级在先。

(4)握手时间的长短视关系亲近的程度而定,一般在2~3s或4~5s,关系亲近的可较长时间相握。

(5)握手力度不宜过猛或毫无力度。握手过猛,属于非礼,握手太轻,让对方觉得你在敷衍他;男性对同性,可稍重些,对女性则应轻柔些;遇到多年不见的老友,可长时间相握,且可加大力度,甚至晃上几晃。

(6)一人面对众多客户,相见时不可能一一握手,可以用点头礼、注目礼、招手礼代替。

2)几种不当握手的形式

别人主动与你握手,你却有意躲避;

用左手握手;

戴手套握手;

手不清洁时握手;

握手时没有注视对方的眼睛;

握手用力太猛,把对方握痛;

强行握手;

长时间握手;

多人交叉握手;

与一人握手的同时转头跟其他人说话;

握手时摆动幅度过大;

握手时用一条胳膊搂抱客户的肩膀或拍打客户的后背;

……

4. 名片

名片是重要的社交工具之一。名片通常包含两个方面的意义,一是表明你所在的单位,另一个是表明你的职务、姓名及承担的责任。

1)名片的准备

名片不要和钱包、笔记本等放在一起,原则上应该使用名片夹;名片可放在上衣口袋,但不可放在裤兜里;要保持名片或名片夹的清洁、平整。

2)递名片

当你准备递给对方名片(图1-3-2)时,需要注意以下事项:

(1)递名片的次序是由下级或访问方先递名片,如遇介绍,应由先被介绍方递名片。

(2)递名片时,应双手递出,并报出自己的姓名,说些"请多关照""请多指教"之类的寒暄语。

(3)互换名片时,应用右手拿着自己的名片,左手接到对方名片后,用双手托住。互换名片时,也要看一眼对方的职务、姓名等。

图1-3-2 递送名片

（4）遇到难认的字，应事先询问，避免错叫了对方的姓名。

（5）在会议室，如遇到多人相互交换名片时，可按对方座次的排列顺序交换名片。

3）接受名片

当你接受对方名片时，需要注意以下事项：

（1）起身接收名片。

（2）用双手接收名片。

（3）接收名片时，要认真地看一眼。

（4）接收的名片不可来回摆弄。

（5）不要将对方的名片遗忘在座位上，或存放时不注意落在地上。

5. 鞠躬

鞠躬，本意为不抵抗，相见时把视线移开，郑重地把头低下，告诉对方我对你不怀敌意。在今天，鞠躬是表达敬意、尊重、感谢的常用礼节。鞠躬时应从心底发出对对方表示感谢、尊重的意念，从而体现于行动，给对方留下诚意、真实的印象。

图 1-3-3　鞠躬

鞠躬要在优雅站立的基础上实现（图 1-3-3）。行鞠躬礼应停步，两臂自然下垂，躬身 15°～30°，头跟随向下，并致问候语。当与客人交错而过时，应面带笑容，可行 15°鞠躬礼，以示礼貌及打招呼；当迎接或相送客户时，可行 30°鞠躬礼；当感谢客户或初次见到客户时，可行 45°鞠躬礼。

鞠躬时不可采用这样的方式：

边工作边鞠躬；

戴着帽子鞠躬；

只是点头式的鞠躬；

看着对方的眼睛鞠躬；

一边摇晃身体一边鞠躬；

双腿没有并齐的鞠躬；

驼背式的鞠躬，或者可以看到后背的鞠躬；

鞠躬速度太快；

上身不动，只膝盖处弯曲、歪歪头的鞠躬；

起身过快的鞠躬；

连续地、重复地鞠躬；

……

6. 手势

手势在人际交往中有着重要作用，它可以加重语气，增强感染力（图 1-3-4）。

1）单独用手表示

（1）张开手（四指并拢，拇指伸开）。表示邀请向某一方向走或朝某一方向看。

（2）合拢手（伸出食指指着）。这种手势表示命

图 1-3-4　手势

令,而不是邀请。用这种手势来指向人是不礼貌的,尤其是在很近的范围内用这种手势指着别人的脸。

2)运用手和其他物品表示

(1)不停地转动手中的笔,表示很不自在或正陷入沉思。

(2)用手指叩击桌子,表示不耐烦或失望。

(3)抖动衣袋里的硬币或钥匙,意味着"我很着急,我要离开!"

(4)把笔帽套在钢笔上,并装入衣袋,表示准备结束这次谈话。

3)不当手势

不当手势视场景不同而有所区别,如:

手势太频;

手势动作太大;

把手紧贴在身体两侧,缺乏手势;

手势太少;

……

7. 身体动作

1)表现热心倾听客户谈话的动作

表现热心倾听客户谈话的动作包括:注意力集中,微微点头;面向客户,用心倾听;向前倾身,主动加入谈话。

(1)点头。当你不需要使用语言,却还要表明正在注意倾听别人讲话时的最好方式之一就是点头。当客户正向你不停地讲解某件事的一些细节时,你不插话,但又希望让他知道你正在听他讲话,这个时候点头是特别有效的。

点头有一定的规则:偶尔点头表明你正在倾听;持续不断地点头表露了你不耐烦的情绪;谈话间歇仍在点头,表明你根本没有留意他所说的。

当然,也有一些不恰当的点头方式:

客户饶有兴趣地向你述说,你却没有一点反应;

机械性地点头;

毫无表情地点头。

(2)面向客户(图1-3-5)。把身子转向客户,这是在向他传递一个信息:他得到了你全部的、毫无分散的注意力。

(3)向前倾身。与客户交谈,假如你不想结束谈话,就要轻轻向前倾身,从而让客户了解你对他所说的话很感兴趣。

2)客户想结束谈话时的身体动作

客户想结束谈话时,其身体动作包括:

面部无任何表情;

心神不安,毫不关心你的话题;

身体向后靠或走开;

图1-3-5 面向客户

推开椅子；

收拾文件；

在你仍在讲话时收拾公文包；

不停地看表；

……

8. 客人接待的一般程序

1）客人来访时

客人来访时，接待程序参照表1-3-1。

表1-3-1 客人来访接待的一般程序

内　容	所使用的语言	处 理 方 式
打招呼	您好！（早上好！下午好！） 欢迎光临！	马上起立； 目视对方，面带微笑，握手或行鞠躬礼
询问客人姓名	请问您是…… 请问您贵姓？找哪一位？	必须确认来访者的姓名； 如接收客人名片，应重复"您是××公司××先生"
事由处理	请稍候。 对不起，他刚刚外出公务，请问您是否可以找其他人或需要留言？	尽快联系客人要寻找的人； 如客人要找的人不在时，询问客人是否需要留言或转达，并做好记录
引路	请您到会议室稍候，××先生马上就来。 这边请！	在客人左前方2~3步前引路，让客人走在路的中央
送茶水	请！ 请慢用。 请喝茶（水）	若有女士在场，先给女士倒茶； 保持茶具清洁； 摆放时要轻； 行鞠躬礼后退出
送客	欢迎下次再来。 再见（或再会）	表达出对客人的尊敬和感激之情； 道别时，招手或行鞠躬礼

2）访问客户

访问客户时，需要注意以下几点：

（1）访问前应与对方预约时间、地点及目的，并将访问日程记录下来。

（2）遵时守约，前往拜访。

（3）到达访问单位的前台时，先做自我介绍。如"我是同××先生预约过的××汽车维修店销的××，能否通知一下××先生？"如果访问单位没有前台，应向附近人员询问。

（4）如果被访问人繁忙，可以先去办理其他事情或改其他时间再来访问。如"您现在很忙，那么我们约在明天××点再见面，好吗？"

（5）如需等候访问人时，可听从访问单位接待人员的安排，在会客室或办公室等候。可以边等候边准备使用的名片和资料文件等。

（6）看见被访问人后，应起立（初次见面，递上名片）问候。

（7）如遇到被访问人的上司，应主动起立（递上名片）问候，会谈重新开始。

（8）会谈时，应注意谈话或发言声音不要过大，会谈尽可能在预约时间内结束。

（9）告辞时，应与被访问人打招呼道别。

任务实施

根据实习指导师傅的要求,小董与小梁针对这个实习内容具体做了以下事情:

1. 学习知识点

虽然之前在日常生活中,接受过一定程度的与人交往的教育,但作为面向客户的具体见面交往礼节,之前没有仔细考虑其中的细节及注意事项。

这次指导师傅提出了要求,他们就根据要求学习了与客户见面的礼节,并进行了相互之间的模拟演练。

2. 认真观察师傅

在师傅接待客户的过程中,他们在不远处细细观察,认真揣摩,体会其中的每个细节,并与之前自己不恰当的做法进行比较。

3. 记录心得,加以改进

两人相约,下班回家后,分工整理白天的所见与所思,写下心得,罗列出自己之前不当的做法,并逐条提出改进意见。写完后相互交换自己所写的心得,补充完善,作为日后工作的参考。

知识拓展

在办公时间,你的一言一行均需注意必要的礼仪,如果能准确掌握它,就会使你的工作变得更加自如,客户也会产生宾至如归的感觉。办公室礼仪的主要内容见表1-3-2。

办公室礼仪一览　　　　　　　　　　　表1-3-2

内　容	要　领
办公秩序	①上班前的准备: 充分计算时间,保证准时出勤; 如有可能缺勤、迟到,应提前跟上司联系; 计划当天的工作内容。 ②在办公室: 不要私下议论、窃窃私语; 接待柜台应保持清洁,办公用品排列整齐; 以饱满的工作态度投入到一天的工作之中; 离开座位时,将去处、时间及办事内容写在留言条上以便他人安排工作(应将机密文件、票据、现金和贵重物品存放好),将办公台面整理好,椅子放回办公台下。 ③在走廊、楼梯、电梯间: 走路要舒展肩背,不要弯腰、驼背,有急事也不要跑步,可快步行走; 按照右侧通行原则,如在反方向行走遇与迎面来人时,应主动让路; 遇到客人找不到想要去的部门时,应主动为其指路,在电梯内为客人提供正确引导。 ④午餐: 不得提前下班就餐; 在食堂内,遇人要礼让,排队有秩序,饭菜不浪费; 用餐后,保持座位清洁。 ⑤在洗手间、茶水间、休息室: 上班前、午餐后等人多的时间,注意不要影响他人,要相互礼让;

续上表

内　容	要　领
办公秩序	不要忘记关闭洗手间、茶水间的水龙头,如发现没有关闭的水龙头,应主动关好; 注意保持洗手间、茶水间、休息室的清洁、卫生。 ⑥下班 下班前将待处理的工作记录下来,以方便第二天的工作; 整理好办公桌上的物品、文件(应将机密文件、票据和贵重物品存放好); 不提前下班
办公室规定	①办公室内严禁吸烟、喝茶、看报、闲聊。 ②进入他人办公室,必须先敲门,再进入;已开门或没有门的情况下,应先打招呼(如"您好""打扰一下"),再进入。 ③传话时不可交头接耳,有条件时可以使用记事便签传话;传话给客人时,不要直接说出来,而是应将事情要点转告客人,由客人与待传话者直接联系。 ④从办公室退出时,按照先上司、后客人的顺序打招呼后退出。 ⑤若会谈中途上司到来,必须起立,将上司介绍给客人,并向上司简单汇报会谈内容,然后重新开始会谈
引路	在走廊或院落引路时: ①应走在客人左前方的2~3步处。 ②引路人走在走廊的左侧,让客人走在路中央。 ③要与客人步伐保持一致。 ④引路时要注意客人,适当做些介绍。 ⑤拐弯或有台阶的地方应使用手势,并提醒客人"这边请"或"注意楼梯"等
	在楼梯间引路时: 让客人走在正方向(右侧),引路人走在左侧
开门	向外开门时: ①先敲门,打开门后握住门把手,站在门旁,对客人说"请进"并施礼。 ②进入房间后,用右手将门轻轻关上。 ③请客人入座,安静退出。此时可用"请稍候"等语言
	向内开门时: ①敲门后,自己先进入房间。 ②侧身,握住门把手,对客人说"请进"并施礼。 ③轻轻关上门,请客人入座后,安静退出
搭乘电梯	电梯没有其他人的情况: ①在客人之前进入电梯,先按住"开"的按钮,再请客人进入电梯。 ②如到大厅时,按住"开"的按钮,请客人先下
	电梯内有人时: 无论上下都应客人、上司优先
	电梯内: ①先上电梯的人应靠后面站,以免妨碍他人乘电梯。 ②电梯内不可大声喧哗或嬉笑吵闹。 ③电梯内已有很多人时,后进的人应面向电梯门站立
电话	参见学习任务1.2电话礼仪
文明用语	参见学习任务1.4交谈礼仪中的"常用礼貌用语和禁忌语"

任务评价

办公室人员自我检查内容见表1-3-3。

办公室人员自我检查表　　　　　表1-3-3

项目	检 查 要 点	分值	自评	组评	师评	得分
办公室篇	头发是否干净、整齐？ 衬衫、外套是否清洁？ 指甲是否过长？ 皮鞋是否光亮、无尘？ 上班5min前是否已就位？ 上班是否相互打招呼？ 走廊内有无奔跑？ 办公时有无窃窃私语？ 有无向正在计算或写字者发问？ 外出时，有无留言？ 有无在办公区吸烟？ 有无在办公室进食？ 是否整理了用过的公共物品？ 是否将垃圾主动拾起？ 对公共物品是否爱护？ 在茶水间、洗手间、走廊内有无站着闲谈？ 午休或下班时有无整理办公桌？ 下班时是否相互打招呼？	50				
接待篇	对客人是否面带微笑？ 在走廊遇到客人时，有无让路？ 遇到客人是否马上接待或引导？ 是否双手接收名片？是否认真看过一遍？ 接待客人，是否将客人姓名、公司名称、事件正确传达给他人？ 引路时是否照顾到客人感受？ 转弯时是否提醒客人注意？ 在电梯内是如何引导客人的？ 在电梯内是否告知客人所要去的地方和楼层？ 是否了解开门、引导客人的顺序？ 进入会客室时是否敲门了？ 是否保持会客室的清洁？ 是否了解会客室主座的位子？ 使用茶具是否清洁？ 客人久等时，是否中途出来向客人表达歉意？ 介绍时是否从下级开始？ 送客人时，是否看不见客人背影后才离开？	50				

续上表

指导教师总体评价：

指导教师_____
_____年___月___日

练一练

一、填空题

1. 在接待维修客户时，需要尽量避免使用的眼神有（　　）、（　　）、（　　）、（　　）。
2. 握手时，伸手的先后顺序是（　　）在先、（　　）在先、（　　）在先、（　　）在先。
3. 当感谢客户或初次见到客户时，可行（　　）°鞠躬礼。

二、选择题（以下各题，有的属于单选题，有的属于多选题，请选择正确答案填写在括号内）

1. 握手一定要伸（　　），手掌垂直；要注视对方并面带微笑。（单选）
   A. 右手　　　　　B. 左手　　　　　C. 双手
2. 当接受对方名片时，需要注意的事项有（　　）。（多选）
   A. 起身接收名片　　　　　　　B. 用双手接收名片
   C. 认真地看一眼对方的名片　　D. 不可来回摆弄别人的名片
3. 给客人倒水时，应该先给（　　）倒水。（单选）
   A. 男士　　　B. 女士　　　C. 长者　　　D. 领导

三、判断题（以下各题，说法正确的请在括号内打"√"，说法错误的请在括号内打"×"）

1. 两人互换名片时，应左手拿着自己的名片，右手接到对方名片后，用双手托住。（　　）
2. 给客人引路，应该走在客人的右前方2~3步。（　　）
3. 遇到客人找不到想要去的部门时，应主动为其指路。（　　）

学习任务1.4　交谈礼仪

任务目标

(1) 学会与客户交谈的基本礼仪。
(2) 能准确记录客户的诉求。
(3) 会引导客户说出自己的需求。

任务导入

经过一段时间的实习，小董和小梁越来越能适应4S店的工作节奏了，做一些简单的工作也能得到指导老师的认可了,他们很有成就感。

这天,学校的指导老师来检查他们的实习情况,4S店的指导师傅将他们的表现向老师进行了通报,介绍了他们实习的工作项目,点评了他们的具体表现,提出了对他们的工作要求,基本认可了他们的实习表现。

不过,接下来,指导师傅在询问了老师上午是否有其他任务,并在得到了否定回答之后,提出了一个令小董、小梁和指导老师谁也没有想到的建议:建议老师扮演一下来店看车的客户,让小董、小梁分别"接待"这位"老师客户"进行交谈,一人"接待"的同时,另外一人进行记录、负责点评。

这个建议得到了指导老师的极大肯定,表示很愿意扮演这样一个客户。

这可让小董、小梁一下子紧张了起来。

任务准备

作为4S店的维修接待人员,假如只是自己注意了仪表、仪容与仪态,只能说会给客户一个良好的第一印象,但客户最终是需要你给他解决问题的,而问题的解决,就必须通过交谈与沟通去实现。

1. 称谓

称谓是指对亲友、社会人员等相互之间关系的称呼。在古代,人们使用称谓时是有严格区分的,一点马虎不得。今天,我们在从事汽车售后服务时,要在充分借鉴前人良好经验的基础上,提倡一些体现时代特色的称谓。

称谓要表现出尊敬、亲切和文雅,使双方易于沟通、缩短距离。人际交往,礼貌当先;与人交谈,称谓在先。

1)称谓的种类

称谓主要有四大类:通用称谓、亲属称谓、姓名称谓、职务称谓。

(1)通用称谓。如"阁下""先生""女士""小姐"等。

(2)亲属称谓。不同的亲属关系,称谓方式不一。

血亲关系:祖父、父亲、伯父、叔父、姑姑、母亲、胞兄、胞妹等。

姻亲缘关系:姻伯、姻兄、姻妹等。

面对亲属时自己的谦称,可加"愚"字:如愚伯、愚岳、愚兄、愚甥、愚侄等。

面对别人称呼自己的亲属时,前面加"家"字:如家父、家母、家叔、家兄、家妹等。

对别人称自己的平辈、晚辈时,前面加"敝""舍""小":如敝兄、舍弟、舍侄、小儿、小婿等。

称呼别人的亲属,加"令"或"尊":如尊翁、令堂、令郎、令爱、令侄等。

(3)姓名称谓。不同的场合、不同的关系,采用姓名称谓时的方式也不相同。

全姓名称谓:即直呼其姓氏和名字,如"梁莺""张建设""陈建国"等。称呼全姓名时,显得庄重、严肃,一般用于学校、部队或其他郑重的场合。在日常交往中,指名道姓称呼对方,显得不够礼貌。

姓氏加修饰称谓:即在姓氏前面或后面加上一个修饰字。如"老刘""陈老""小李""大张"等。这种称呼亲切、真挚,一般用于相互比较熟悉的人之间。

名字称谓:即省去姓氏,只呼其名字,如"建设""建国"等,显得既礼貌又亲切。
(4)职务称谓。职务称谓在公共场合使用的较多。
职业尊称:如"赵老师""甘医生""郑会计""冯师傅"等。
行政职务:如"王处长""季经理""陈厂长""邓船长"等。
专业技术职务:如"李教授""唐高工""辛会计师"等。
新型称谓:如"姜博士""蔡导演""钱编剧"等。
2)使用称谓注意事项
(1)慎用"哥儿们""爷儿们""姐儿们"之类的称谓,以免给人以"团伙"之嫌。
(2)不在公共场合使用不礼貌的称谓。如"老头""老太婆""小子""丫头"等。
(3)不使用侮辱人的称谓。如"傻大个儿""吕瘦猴儿""武矬子""高逗眼儿"等。

2. 交谈礼节

(1)与人交谈时,表情要自然,语气要和蔼、亲切(图1-4-1)。为详细表达,可适当做一些手势,但动作不宜过大,更不要用手指着对方讲话。与对方所处位置要适度,离得太远,对方听不清;离得太近,又涉嫌侵入对方私人区域。应注意口腔卫生,对着别人说话时,不能唾沫四溅。

图1-4-1 交谈的礼节

(2)交谈过程中,要始终保持热情。在讲话内容方面,要多谈对方关心、对对方有益的内容;表情要自然亲切,行为要得体大方。

(3)克服交谈中不良的动作、姿态。那些不顾对方讲话,左顾右盼、摸这儿摸那儿、看手表、发短信、打哈欠、伸懒腰等漫不经心的谈话中的动作,是极其不礼貌的行为。

(4)不要态度傲慢、趾高气扬地与人交谈。特别是与晚辈或学识、专业水平不如自己的人交谈时,更应注意这一点。如果自视过高、目中无人,势必在交谈中出现不尊重对方的口气和动作。

(5)与人谈话时,不宜高声辩论,更不能出言不逊。对一些问题如有不同看法,即便发生分歧,不得已争执起来,也不要大声斥责,可以避开话锋,先谈其他问题。

(6)自己讲话时,要给别人发表意见的机会。别人说话时,也应适时发表自己的看法。要善于聆听,不轻易打断别人的发言。一般不提与谈话内容无关的问题。如某人谈到一些不便谈论的问题时,不轻易表态,可以灵活地转移话题。

(7)参与别人谈话时,要先打招呼,不要随便打断别人的谈话。有人主动与你交谈,应乐于接受。对于别人的个别谈话,不要凑前旁听。当欲与某人讲话时,应待别人讲完后,再与之交谈。多人交谈时,不应冷落某人,要不时地向其他人打打招呼,以示礼貌。

(8)谈话结束时,应该告别。如果是与多人交谈,结束后应一一告辞。告辞语应简洁,尽可能用高度概括性的语言。不要把说过的话再重复一遍,更不要在临近结束时又提出新的话题,应尽量减少告别时的话语。

3. 积极聆听

在客户谈到有关车的售后服务问题或其他重要问题时,认真听取对方的谈话,适度为其作出补充,鼓励对方深谈,收取关键信息并强调其重要性,这就是聆听。

与人交谈时,聆听是一门艺术。积极的聆听可以增强提问的效果,如能很好地搭配使用"聆听"和"提问",就能提高和客户面谈的成效。

1)积极聆听的特征

是否在积极聆听(图1-4-2),有两种判别方法:一是语言,二是态度。

(1)用语言表示时,表现在不干扰对方说话;运用开放式提问以鼓励对方说下去;不妄下结论等。如:

我对您的话很感兴趣;

您说得很有道理;

是的,确实是这样;

我非常喜欢您讲的;

还真是这么回事;

是吗?这点您能不能说得再详细些?

我是这样理解您所说的……,对吗?

……

图1-4-2 积极聆听

(2)用态度表示时,具体表现在积极的聆听态度,如:

耐心听;

适当的眼神接触;

身体略向前倾;

不停地点头,表示出兴趣;

用笔记录对方所说的要点;

……

2)提问的形式

(1)开放式提问是为了取得信息,或者让对方充分表达他的想法。如:

汽车跑起来,有什么症状?

您认为您的汽车是什么出了故障?

有什么我可以帮忙的吗?

(2)封闭式提问的目的是:获取确认、引导对方进入谈话主题、缩小谈话主题的范围、确定谈话的优先顺序。如:

您的车用了几年了?

制动时总是向左跑偏,对吗?

星期一下午或者星期二上午,您有时间吗?

4. 常用礼貌用语和禁忌语

在社交场合,常用的礼貌用语和禁忌语见表1-4-1。

常用礼貌用语和禁忌语　　　　　　　　　　　　　表1-4-1

常用礼貌用语		禁 忌 语
分 类	内　　容	
常规礼貌用语	您好； 没关系/不客气； 请指教/请多关照； 对不起； 抱歉； 再见/再会	嘿！ 老头儿。 土老冒儿。 问别人去！ 不知道。 有完没完。 到点儿了，你快点儿。 我不管，少问我。 叫唤什么，等会儿！ 我就这态度！ 靠边点儿。 交钱,快点。 听见没有,长耳朵干嘛使的。 你吃饱了撑的呀！ 有能耐你告去，随便告，哪儿都不怕。 到底要不要，想好了没有。 买得起就快点，买不起别买。 没看见我正忙着吗，着什么急！ 刚才和你说过了，怎么还问。 买的时候，你怎么不挑好啊。 谁卖给你的，你找谁去。 有意见，找经理去。 那上边都写着呢，你不会自己看呀。 不能换，我们就这规矩。 你问我，我问谁。 瞎叫什么，没看见我在吃饭。 你管不着。 没上班呢，等会儿再说。 不是告诉你了吗，怎么还不明白。 现在才说，早干嘛来着。 怎么不提前准备好。 别装糊涂。 我有什么办法，又不是我让它坏的
欢迎礼貌用语	请； 欢迎您光临/欢迎惠顾； 见到您(你)很高兴	
问候礼貌用语	您好； 您早/早上好； 多日不见，您好吗？	
祝贺礼貌用语	祝您节日愉快/祝您生日快乐； 祝您生意兴隆； 恭喜发财	
告别礼貌用语	晚安/明天见(晚上休息前)； 祝您一路平安/一路顺利； 欢迎您再来	
征询礼貌用语	需要我帮您做些什么吗？ 您还有别的事情吗？ 如果您不介意的话，我可以…… 有劳您了/麻烦您…… 请您讲慢点好吗？ 我可以记录下来您的意见吗？ 对不起,请问…… 麻烦您，请您……	
应答礼貌用语	不客气(没关系)； 这是我应该做的； 请多多指教； 我马上就办； 非常感谢	
致歉礼貌用语	打扰了/打扰您了； 请原谅/抱歉…… 实在对不起； 让您久等了； 谢谢您的提醒 是我们的错，对不起； 请不要介意； 不好意思,打扰一下……	
推托礼貌用语	很遗憾； 承您的好意，但是…… 对不起,这事不好办	
其他礼貌用语	欢迎您，××先生/女士/经理/教授/主任； 真对不起，您要的这种货刚好没有了； 这件和您要的差不多，您看可以吗？ 我很乐意为您服务； 真抱歉,请再等几分钟	

任务实施

根据4S店指导师傅的建议,小董首先与扮演客户的老师进行交谈,小梁在旁边进行观察、记录。

小董与老师交谈了几句之后,老师突然说道:"等一下,今天你们指导师傅提的建议非常好,我们得珍惜这个机会,将这次演练做得更加逼真些。我看这样吧,咱们不能只是很平常地去演练一些基本的交谈礼仪,而是应该更加贴近你们的工作实际去演练,好吗?"

小董听了老师的话,虽然没有完全理解老师的话,有点茫然,但也不好拒绝老师的意思,只能是机械地点头表示同意。

老师说:"这样,我按照你们店经常接触到的维修客户的年龄层次、所维修车辆的类型及用途来扮演不同的车主,你们来'接待'我,好吗?"

"啊,这样啊,那难度可是大了。"小梁插话道。

不过,老师没有理会他们的顾虑,还是按照自己的设想开始了角色扮演,要求小董、小梁分别予以"接待"。

老师扮演的客户类型、车辆用途、维修诉求分别有:

青年车主、普通货运车辆、日常维护;

青年车主、自卸汽车、日常维护;

青年车主、普通货运车辆、事故索赔维修;

中年车主、大型货运车辆、正常维修;

中年车主、自卸汽车、事故索赔维修。

小董和小梁,按照老师的要求,分别接待了各种"角色"的老师,接待完每个"角色"的老师之后,都会被老师点评一番,那可真叫一个"累"啊!

知识拓展

不同的商用车用户,在进行汽车维修消费时,心理特征也不相同。作为一名接待人员,要了解不同客户的维修心理,并根据客户预期尽量满足其消费需求,使用户"乘兴而来,满意而归"。

根据我国目前商用车的使用情况,客户大致可以分为营运车辆用户、公务用车用户。

1. 汽车消费者购买行为的6W2H

消费者消费汽车的过程基本可以分为三个阶段:购前、购中、购后。作为一名汽车营销、维修接待人员,如果能将反映消费者购买行为的6W2H解决了,就可以分析出消费者购买行为的规律及变化趋势,以便制订和实施相应的营销策略。

所谓6W2H,即Who、What、Which、Why、When、Where、How、How much(表1-4-2)。作为汽车营销、维修接待人员,既要了解市场,又要熟悉对手,还要知道潜在顾客在哪里,谁有消费决策权等,这样才能做好自己的岗位工作。

消费者购买行为的6W2H 表1-4-2

项 目	内 容
Who	区域市场由谁构成?谁是竞争者?谁做得最好?谁做得不好?谁需要本产品?谁参与购买本产品?谁决定购买?谁使用所购产品?谁是购买的发起者?谁影响购买?等

续上表

项目	内容
What	顾客追求什么？顾客需求什么（安全？操控性？经济性？顾客看中产品的哪些方面？）对顾客最有吸引力的产品是什么？满足顾客购买愿望的效用是什么？顾客追求的利益是什么？顾客购买什么品牌或型号的汽车？等
Which	顾客准备购买哪种型号的汽车？接受哪些项目的维修服务？在多家经销商、维修商中，顾客会到哪家接受服务？在多个品牌中购买哪个品牌的产品？购买著名品牌的产品还是非著名品牌的产品？在有多种替代品的产品中决定购买哪种？等
Why	顾客为何要进行汽车消费？为何喜欢这个品牌？为何喜欢这个型号？为何讨厌我们的服务？为何不愿购买？为何买这不买那？为何选择到本公司消费而不到竞争对手处消费？为何选择到竞争对手处消费而不是本店？等
When	顾客何时产生需求？准备何时购买？什么季节购买？何时需要？何时使用？曾经何时购买过？何时重复购买？何时换代购买？顾客需求何时发生变化？顾客何时过生日？什么时刻可以促成交易？等
Where	顾客在哪里上班？家住哪个小区？用车习惯走哪条路？配偶在哪里上班？孩子在哪里上学？喜欢到哪家4S店维修？等
How	如何购买？如何决定购买行为？以什么方式购买？顾客对产品及其广告如何反应？顾客对这个品牌的汽车质量、维修服务如何评价？如何服务才能满足顾客的需要？如何与顾客进行沟通？如何提高用户的满意度？等
How much	消费者计划购买什么价位的汽车？年支配资金是多少？什么价位的车畅销？市场占有率多高？一般喜欢接受什么样的维修服务？等

2. 营运车车主维修心理分析

1）营运车主定义

所谓营运，就是营业性运输，也叫经营性运输，是指独立核算的运输企业，或者以运输

图1-4-3 营运车队

为业的个体经营者，以运输车辆作为基本工具，以道路货物运输作为经营内容，以收取运费获利作为主要目的的道路运输活动。参与营运活动的车辆就是营运车辆（图1-4-3），拥有营运车辆的车主就是营运车主。

道路运输经营，包括道路旅客运输经营（以下简称客运经营）和道路货物运输经营（以下简称货运经营）。

2）货运经营要求

《中华人民共和国道路运输条例》规定：道路货物运输经营者必须拥有与其经营业务相适应并经检测合格的车辆，危险货物运输要用专用车辆并配备必要的通信工具，有健全的安全生产管理制度。

3）客运经营要求

道路客运经营，是指用客车运送旅客、为社会公众提供服务、具有商业性质的道路客运活动，包括班车客运、包车客运、旅游客运。

道路客运及客运站经营者应当遵循依法经营，诚实信用，公平竞争，优质服务，以人为

本、安全第一的宗旨。

国家相关部门对于客运车辆的技术要求、客车类型的等级等都有严格的要求。严禁任何单位和个人为客运经营者指定车辆维护企业。客运经营者应当依据国家有关技术规范对客运车辆进行定期维护，确保客运车辆技术状况良好。

客运车辆的维护作业项目和程序应当按照国家标准《汽车维护、检测、诊断技术规范》（GB 18344—2016）等有关技术标准的规定执行。

客运经营者应当定期进行客运车辆的检测，车辆检测结合车辆定期审验一并进行。客运经营者应在规定的时间内，到符合国家相关标准的机动车综合性能检测机构进行检测。客运车辆技术等级分为一级、二级和三级。

4）营运车辆的检测要求

机动车综合性能检测机构，应按照国家标准《道路运输车辆综合性能要求和检验方法》（GB 18565—2016）和《汽车、挂车及汽车列车外廓尺寸、轴荷和质量限值》（GB 1589—2016）的规定进行检测，出具全国统一式样的检测报告，并依据检测结果，对照行业标准《道路运输车辆技术等级划分和评定要求》（JT/T 198—2016）进行车辆技术等级的评定。

机动车综合性能检测机构，应当使用符合国家和行业标准的设施、设备，严格按照营运车辆技术检测标准对客运车辆进行检测，如实出具车辆检测报告，并建立车辆检测档案。

5）营运车主维修心理

营运车主维修自己的车辆时所具有的心态，见表1-4-3。

营运车主维修心理分析　　　　　　　表1-4-3

客运车主	需要正点开车接送旅客，一旦错过了时机，不仅会损失客运收入，而且还会面临客运管理部门的处罚，因此，对于维修时间的要求是第一要素，尤其是在节假日，必须确保能够按时出车
	由于运送的是旅客，安全第一。所以，在维修车辆时，一般会选择正规的、有资质的维修企业，非常重视汽车的维修质量
	目前我国客运车辆的属性，绝大多数属于挂靠（真正的车主其实是个人），维修成本由个人承担，因此，维修价格也是需要重点考虑的一个因素
货运车主	车辆运输的主要是各种货物（包括危险品），对车辆的要求主要在于安全、耐用、效率，而对车辆的舒适性则要求较低
	日常维修时，选择便利、高效、价格公道的维修厂
	大修时，一般会到具有较高资质的正规维修厂去接受维修服务

3. 公务车用户维修心理分析

公务用车（包括党政机关、企事业单位等）是指因工作需要，由单位支付购置、运行、维修经费的车辆，包括代表单位履行公务活动用车、参加其他活动时单位派出的车辆。

一般来说，各地都规定了公务车的保险、维修、加油定点供应商（或维修商），明确了保险公司、维修单位、供油单位、使用单位等相关部门的职责。同时，与定点供应商（或维修商）联网，实时跟踪与监控，以便堵塞公务用车管理中的漏洞。公务车用户维修心理，见表1-4-4。

公务车用户维修心理分析　　　　　　　　　　　表1-4-4

特点	因公派车，而公事是不能耽搁的
	所有费用由单位支付
	公务用车对于维修费用的在意程度相对较低
	主要考虑的是车辆的维修质量、外观美观、维修及时等
维修选择	一般会选择到正规的4S店或特约维修站维修，对于零配件的选择则以质量作为首选要素
	实际操作中，部分公务用车的管理人员与维修厂人员有可能采用副厂配件，却按原厂件结账

任务评价

请你扮演维修接待人员，针对表1-4-5中所示的某种组合的客户，进行礼貌接待。

不同组合的维修客户接待评价表　　　　　　　　表1-4-5

维修客户				分值	自评	组评	师评	得分
车主	性格	车辆	维修诉求					
A1. 男性青年 A2. 男性中年 A3. 男性老年 A4. 女性中年	B1. 外向 B2. 内向 B3. 暴躁	C1. 普通货车 C2. 半挂牵引车 C3. 自卸汽车 C4. 罐车	D1. 质保期内维护 D2. 质保期外维护 D3. 正常维修 D4. 事故索赔维修	100				

注：在A、B、C、D栏中任选一项进行组合，即可组合出一种类型的客户及维修诉求。如A2 + B2 + C3 + D4，表示一位性格内向的中年男性车主，驾车进站，要求维修其需要进行保险事故索赔的自卸汽车。

指导教师总体评价：

指导教师_____
_____年___月___日

练 一 练

一、填空题

1. 对于公务用车的维修客户来说，其最为在意的三个维修要素为：（　　）、（　　）、（　　）。
2. 反映消费者购买行为的6W2H是指（　　）、（　　）、（　　）、（　　）、（　　）、（　　）、（　　）、（　　）。
3. 称谓要表现出（　　）、（　　）和（　　）。

二、选择题（以下各题，有的属于单选题，有的属于多选题，请选择正确答案填写在括号内）

1. 谈话结束告别时，如果是与多人交谈，结束后应如何告辞？（　　）（单选）
   A. 与离得最近的人告辞　　　　B. 与主要领导告辞
   C. 逐一告辞　　　　　　　　　D. 与女士告辞

2. 称谓主要有以下哪几类?(　　)(多选)
　A. 姓名称谓　　　　　　　　　　　B. 职务称谓
　C. 亲属称谓　　　　　　　　　　　D. 通用称谓
3. 判别是否在积极聆听的方法有(　　)。(多选)
　A. 语言　　　　B. 沉默　　　　C. 态度　　　　D. 微笑

三、判断题(以下各题,说法正确的请在括号内打"√",说法错误的请在括号内打"×")
1. 参与营运活动的车辆就是营运车辆,与车辆类型无关。　　　　　　　　(　　)
2. 与人交谈时,表情要自然,语气要和蔼、亲切。　　　　　　　　　　　　(　　)
3. 假如客户所说的话很不专业,应该不给他发表意见的机会,以免浪费时间。(　　)

模块小结

1. 商用车的营销与维修服务需要同时服务于两个对象:商用车与客户。因此,不仅要求维修接待人员有面向商用车的商品介绍、保险理赔、配件管理、维修服务、转卖定价等,还要求有面向车主的良好的服务态度、恰当的服务技巧、满意的休息场所、舒心的等待方式、温馨的用车提醒等。

2. 为做好商用车维修接待工作,从业人员应该充分注意自己的仪容、仪表、仪态,给客户以良好的印象。

3. 在商用车维修接待工作中,维修接待员需要做到10个"一点":微笑多一点;理由少一点;度量大一点;脾气小一点;嘴巴甜一点;行动快一点;做事勤一点;效率高一点;讲话轻一点;脑筋活一点。

4. 使用电话联系、沟通商用车维修客户是维修接待人员经常采用的手段,使用电话时需准确把握语气、语调、语速、言词、发音及拨打电话的时间。基本掌握接听电话、拨打电话、记录留言、结束通话、让打电话者等候、应对错打电话等的技巧,让客户感觉到方便与舒服。

5. 商用车维修接待人员需要经常接待客户,与客户见面时应该衣着整洁、握手恰当、目光和善、肢体动作协调,并熟知交换名片的礼节,能按照规范的程序去接待客户和走访客户。

6. 与客户交谈,可以获取非常多的有效信息,商用车维修接待人员需学会与客户交谈的技巧,能够有效沟通车辆的维修信息。

7. 不同的维修客户,由于其商用车的用途、车辆技术复杂程度、使用频率、维修经费来源等的不同,有着不同的诉求和心理,需要准确把握。

学习模块 2　商用车营销

模块概述

商用车的营销,作为汽车营销的有机组成部分,很多内容自然与汽车营销是一致的。不过,由于商用车与供家庭使用的轿车相比,存在着车辆结构与配置、使用目的、付款方式等的很多不同,所以销售方式也与轿车的销售存在很多的不同。

为发掘商用车用户需求,需先熟悉本店所售车型的特点,在接触客户过程中设法了解到客户对商用车的具体需求,然后能够在本店所销售的车型中,匹配出客户需求的具体车型。

在初步匹配好了客户需求的车型之后,就要通过销售人员对自己所销售产品的熟悉与了解,以及对竞品各项指标的具体掌握,在与客户的交流中,了解客户的具体异议内容,并尽量消除客户在购买商用车时的异议,促成与客户的交易。

【建议学时】

16 学时。

学习任务 2.1　用户需求发掘

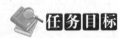任务目标

(1)熟悉所销售车型的特点。
(2)了解客户的用车需求。
(3)能够在本店所销售的车型中,匹配出客户需求的具体车型。

任务导入

这天下雨,店里几乎没有多少客人。实习生小董、小梁因为没有具体任务,便在店里自行温习相关功课。

小梁在看到关于商用车销售方面的知识时,产生了疑惑:用户的需求五花八门,可我们所卖的车辆品种有限,如何才能做到满足这么多客户的各种不同需求呢?

对此问题,小董也是一头雾水,说不出个所以然。

他们向师傅请教,师傅笑了,让他们先自行温习在学校所学习过的商用车销售方面的知识,以后再具体讨论。

任务准备

1. 商用车基本型谱与形式

1) 商用车定义

所谓商用车,是指在设计和技术特征上用于运送人员和货物的汽车。商用车包含了所有的载货汽车和9座以上的客车,分为载客汽车、载货汽车、半挂牵引车、载客汽车非完整车辆和载货汽车非完整车辆,共五类。

按照传统观念,商用车概念主要是从其自身用途不同来定义的,习惯上把商用车划分为载客汽车和载货汽车两大类。

2) 中重卡商用车的分类

按照《汽车和挂车类型的术语和定义》(GB/T 3730.1—2001),汽车被分为乘用车和商用车两大类,而商用车又被分为客车和货车两类。但我国的传统习惯是,根据载货后总质量的不同,将载货汽车划分为微型、轻型、中型、重型四大类,其中:

微型货车:总质量≤1.8t;

轻型货车:1.8t＜总质量≤6t;

中型货车:6t＜总质量≤14t;

重型货车:总质量＞14t。

在我国,习惯上将重型、中型简称为中重卡商用车。根据产品的完整性,重卡又分为重卡整车、重卡非完整车辆(重卡底盘)和半挂牵引车。

世界各国对商用车分类标准差异较大。根据国际通用的分类,真正意义上的重卡是指载重15t以上的产品(图2-1-1)。

中重卡作为商用车辆产品,其产品型谱是产品的基本结构形式的描述,一般按驱动形式来组合产品系列。图2-1-2为六轴重卡。国内各企业的基本型谱参见表2-1-1。

图2-1-1 德国MAN重卡

图2-1-2 六轴重卡

中重卡的基本型谱　　表2-1-1

分类	驱动桥数量						适用车型
	1	2	3	4	5	6	
二轴车	4×2	4×4					平板车、自卸汽车、牵引头

续上表

分类	驱动桥数量						适用车型
	1	2	3	4	5	6	
三轴车	6×2	6×4	6×6				平板车、自卸汽车、牵引头
四轴车	8×2	8×4	8×6	8×8			平板车、自卸汽车、牵引列车
五轴车	10×2	10×4	10×6	10×8	10×10		牵引列车
六轴车	12×2	12×4	12×6	12×8	12×10	12×12	牵引列车

3) 中重卡产品形式

产品形式是产品型谱的具体表现,一个产品型谱可有多种表现形式,如4×2型谱下有两种形式,一种是常见的后桥驱动,前桥转向;另一种是前桥为转向驱动桥,后桥为随动桥。

4) 商用车常用发动机型号

发动机型号是发动机生产企业按照有关规定、企业或行业惯例以及发动机的属性,为某一批相同产品编制的识别代码,用以表示发动机的生产企业、规格、性能、特征、工艺、用途和产品批次等相关信息。如燃料类型、汽缸数量、排量和静制动功率等。发动机型号由四部分组成。

首部:包括产品系列代号、换代符号和地方、企业代号,有制造厂根据需要自选相应的字母表示,但须经行业标准化归口单位核准、备案。

中部:由缸数符号、汽缸布置形式符号、冲程符号和缸径符号组成。

后部:由结构特征符号和用途特征符号组成。

尾部:区分符号。同一系列产品因改进等原因需要区分时,由制造厂选择适当的符号表示,后部与尾部可用"-"分隔。我国几家主要发动机厂家的代码符号见表2-1-2。

我国几家主要发动机厂家代码符号　　表2-1-2

型号代码	WP	CY	EQB	CA	YC	SC
生产厂家	潍柴	朝柴	康明斯动力	一汽无锡发动机厂	广西玉柴	上柴

部分柴油机生产厂家的产品代码及含义如下。

(1) 潍柴发动机。潍柴主要生产WD615、WD618、226B、R6160、CW6200Z、X6170、R及95八大系列产品,功率范围8~551kW,年生产能力1000万kW,共600多个变型品种。产品广泛应用于重型汽车、大客车、各类工程机械、农用机械以及发电、排灌和船舶动力(表2-1-3)。

部分潍柴发动机参数　　表2-1-3

柴油机型号	缸数	功率(PS❶)	排量(L)	额定功率(kW)/转速(r/min)	净功率(kW)	最大转矩(N·m)/转速(r/min)	缸径(mm)×行程(mm)
WP10.270N	6	270	9.726	199/1900	197	1270/(1000~1500)	126×130
WP10.300N	6	300	9.726	221/1900	219	1390/(1000~1500)	126×130
WP10.336N	6	336	9.726	247/1900	245	1500/(1000~1500)	126×130
WP12.336N	6	336	11.596	247/1900	245	1600/(1000~1400)	126×155
WP12.375N	6	375	11.596	276/1900	274	1800/(1000~1400)	126×155

❶ PS是德制单位,1PS=9.80665W,下同。

续上表

柴油机型号	缸数	功率(PS)	排量(L)	额定功率(kW)/转速(r/min)	净功率(kW)	最大转矩(N·m)/转速(r/min)	缸径(mm)×行程(mm)
WP12.430N	6	430	11.596	294/1900	314	2060/(1000~1400)	126×155
WP12.336E30	6	336	11.596	247/1900	245	1550/(1000~1400)	126×155
WP12.375E30	6	375	11.596	276/1900	274	1700/(1000~1400)	126×155
WP12.400E30	6	400	11.596	294/1900	292	1820/(1000~1400)	126×155

（2）上柴发动机。上柴公司主要生产卡车、客车、工程机械、农用、船舶、发电机组用的柴油发动机、天然气发动机、二甲醚发动机以及混合动力,功率范围覆盖为100~1000马力❶,排放可达到欧Ⅳ、欧Ⅴ标准,产品走向世界(表2-1-4)。

部分上柴发动机参数　　　　　　　　　　　　表2-1-4

柴油机型号	缸数	功率(PS)	排量(L)	额定功率(kW)/转速(r/min)	最大转矩(N·m)/转速(r/min)	缸径(mm)×行程(mm)
SC8DK230Q3	6	230	8.27	170/2200	830/1400	114×135
SC8DK240Q3	6	240	8.27	177/2200	970/(1300~1500)	114×135
SC8DK260Q3	6	260	8.27	192/2200	1000/1400	114×135
SC8DK280Q3	6	280	8.27	206/2200	1112/1400	114×135
SC9DK300Q3	6	300	8.82	221/2200	1250/1400	114×114
SC9DK336Q3	6	336	8.82	247/2200	1340/1400	114×114
SC9DK340Q3	6	340	8.82	251/2200	1340/1400	114×114
SC9DK290Q3	6	280	8.82	215/2200	1200/(1300~1500)	114×114
SC9DK340Q3	6	340	8.82	251/2200	1430/(1300~1500)	114×114
SC9DK375Q3	6	375	8.82	276/2200	1500/(1300~1500)	114×114

（3）玉柴发动机。玉柴集团主营业务包括柴油发动机、工程机械、汽车零部件、汽车化工、物流机电和专用汽车六大板块,具有年产销各型柴油发动机70万台、中小型工程机械1万台的实力,占据国内高档柴油机油半壁江山,位居我国道路运输企业前三甲(表2-1-5)。

部分玉柴发动机参数　　　　　　　　　　　　表2-1-5

柴油机型号	缸数	功率(PS)	排量(L)	额定功率(kW)/转速(r/min)	最大转矩(N·m)/转速(r/min)	缸径(mm)×行程(mm)
YC6J180-30	6	180	6.49	—/2500	650/(1200~1700)	105×125
YC6J220-30	6	200	6.49	177/2200	800/(1200~1700)	105×125
YC6J240-30	6	240	7.8	192/2200	950/(1200~1700)	112×132

5）商用车常见名词术语

整车长(mm):汽车长度方向两极端点间的距离。

整车宽(mm):汽车宽度方向两极端点间的距离。

整车高(mm):轮胎气压正常情况下,从地面到汽车最高点的距离。

---

❶　1马力=735.499W,下同。

轴距(mm):汽车最前轴中心到最后轴中心的距离。如果为两轴以上的多轴车辆,则为轴间距离之和,如 1700 + 5000(三轴)、1800 + 3000 + 1350(四轴)等。

轮距(mm):同一车轴左右轮胎中心线间的距离。轮距分前轮距和后轮距。对于单轮胎而言,轮距为左右轮胎胎面中心线间的距离;对于双轮胎而言,轮距为左双轮中心线到右双轮中心线间的距离。

前悬(mm):汽车最前端至前轴中心的距离。

后悬(mm):汽车最后端至后轴中心的距离。

最小离地间隙(mm):汽车满载静止时,地面与汽车上中间区域最低点的距离。最小离地间隙是衡量汽车通过性的重要指标,指汽车无碰撞通过有障碍物或凹凸不平地面的能力。

接近角(°):汽车满载静止时,水平面(地面)与切于前轮轮距外缘的平面之间最大夹角,且前轴前面任何固定在车辆上的零部件不得在此平面的下方。接近角是衡量汽车通过性能的一个重要指标。

离去角(°):汽车满载静止时,水平面(地面)与切于后轮轮距外缘的平面之间最大夹角,且后轴后面任何固定在车辆上的零部件不得在此平面的下方。离去角也是衡量汽车通过性能的一个重要指标。

最小转弯半径(mm):当转向盘转到极限位置,汽车以最低稳定车速转向行驶时,外侧转向轮的中心平面在支撑平面上滚过的轨迹圆半径。转弯半径越小,汽车机动性能越好。

整车装备质量(kg):汽车完全装备好的质量,包括润滑油、燃料、随车工具、备胎等所有装置的质量,即空车时的质量。

最大装载质量(kg):汽车在道路上正常行驶时能承载的最大质量。

最大总质量(kg):汽车满载时的总质量。

最大轴载质量(kg):汽车单轴所承载的最大总质量。

排量(mL):发动机排量是各缸工作容积的总和。

功率(kW):单位时间内所做的功。在一定的转速范围内,转速越快功率越大,但在一定转速以后,功率反而呈下降趋势。

转矩(N·m):发动机从曲轴端输出的力矩。功率固定条件下,转速越快,转矩越小;转矩输出越大,承载量越大,加速性能越好,爬坡能力越强。

压缩比:活塞在行程的最远点和最近点时的汽缸体积之比。

风阻系数:计算汽车空气阻力的一个重要系数。风阻系数越低,汽车加速性能越好,高速行驶时越省油。

百公里油耗(L/100km):汽车在道路上行驶时每百公里平均燃油消耗量。车辆出厂时标定的百公里油耗为在特定工况下试验测量的数据。

最大爬坡度(%):汽车满载时的最大爬坡能力。

最高车速(km/h):汽车在平直道路上能达到的最高行驶车速。

加速时间(s):包括原地起步加速时间和超车加速时间。前者是指汽车从静止状态下,由第一挡起步,并以最大加速强度(包括选择最恰当换挡时机)逐步换至高挡后,到某一预定距离或车速所需时间,常用 0 ~ 100km/h 所需时间(s)来评价。超车加速时间,用最高挡或次高挡全力加速至某一高速所需的时间。加速时间越短,汽车的加速性就越好。

制动距离(m):车辆处于某一时速下,从开始制动到完全停止时,车辆所行驶的距离。

主减速比:驱动桥的减速比,对汽车的动力性、燃料经济性有较大影响。一般来说,主减速比越大,加速性能和爬坡能力越强。而燃油经济性比较差;主减速比越小,最高车速较高,燃油经济性较好,但加速性和爬坡能力较差。

变速器挡位:不同挡位有不同的变速比,变速比越大整车速度越低,一般所说的几挡变速器是指有几个前进挡,此外还有一个倒挡。多挡位变速器如12挡、16挡变速器有两个倒挡。

6)我国重卡市场主要产品

在我国的重卡行业,国内三大商用车企业包括重汽、东风、一汽三大元老级商用车集团。重卡新秀包括福田欧曼、陕汽、北奔、红岩等重卡集团。这些产品各有特点,可以满足用户的不同需求。

2. 用户需求分析

重卡是我国对重型载货汽车的一种简称。这是一种地道的、传统的、非正式的对重型载货汽车和半挂牵引车的称谓,包括各种专用车(如洒水车、消防车、公路清洁车、油罐车、搅拌车等)、自卸汽车、载货汽车(运货类的各种载货汽车,包括运送大牲口的等)以及一些不多见的越野车(包括军用、地矿类用车等)。

目前重卡的三大使用领域是工程用车、物流车队以及城市环卫。

1)工程用车(图2-1-3)

国民经济的总体回暖以及国家三大战略的逐步实施,给重卡市场带来十分积极的影响。

统计表明,工程类重卡的保有量与GDP走势相关性不是十分明显。2012~2016年,我国的GDP不断上升,但工程类重卡的保有量却基本保持不变,预计未来几年我国工程类重卡保有量将稳定在200万辆以上的水平。据此可以测算出2018~2020年工程车的销量分别为36万辆、35万辆和32万辆(图2-1-4)。

图2-1-3 工程用车

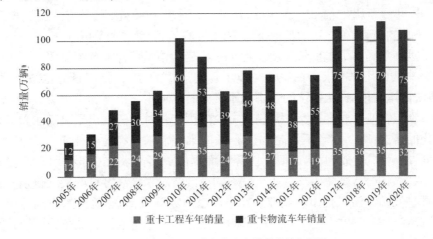

图2-1-4 重卡工程车与物流车销量统计与预测

2) 物流用车

在商用车市场,因物流行业的高速发展而对物流用车(图2-1-5)的需求增长显得异常诱人,引起了各商用车生产企业的高度重视。

图2-1-5 物流车队

（1）快递物流的快速增长。近年来,快递行业以50%以上的年增速快速发展,它以数倍于国民经济的增速,成为目前国民经济产业里面比较少见的产业。据国家邮政局数据显示,我国每年快递物流的复合增长率在25%以上,但是我国物流业整体增速为10%左右(图2-1-6),快递业的增速远远高于物流业。

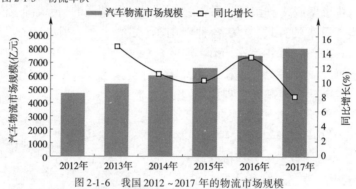
图2-1-6 我国2012~2017年的物流市场规模

（2）汽车物流政策。汽车物流是物流领域的重要组成部分,具有与其他物流种类所不同的特点,是一种复杂程度极高的物流活动。我国目前还没有出台针对汽车物流行业的法律、法规等相关政策,主要是从物流行业整体的角度对汽车物流的发展、车辆管理、交通管制、降本增效、税收等方面做了相关的规定。

但是,2016年7月新的强制性国家标准《汽车、挂车及汽车列车外廓尺寸、轴荷及质量限值》(GB 1589—2016)批准发布,对车辆的最大荷载做了详细说明和规定,比如六轴列车的限重49t,相比之前55t减少了16%;四轴重卡限重31t,相比之前40t减少了22.5%……总的来看,单车运力普遍下降10%~23%,导致全行业运力不足,对重卡数量需求上升,进一步提高了重卡景气度。近年来物流车销量统计与预测见图2-1-4。

（3）汽车物流用户需求。在互联网技术普遍运用的今天,物流企业也被互联网技术改变了传统的运营模式,从传统的效率成本模式转到成本与价值的平衡模式。

过去,物流企业以成本、效率为目标。现在,因客户对物流提出了更高的差异化、多元化、快变化的需求,所以成本不再是物流企业的唯一需求。有时物流企业会追加一些成本,在速度、准确率、时效性、沟通便利性等方面提出更多需求。对于商用车企业来说,这就是客户的新需求,需要商用车企业在成本约束的情况下提高客户的最大价值。

（4）哪些物流车将最受市场欢迎。在商用车市场领域,同样需要考虑细分市场,只有最深入挖掘客户需求,提供满足客户需求的产品才是整车企业提升竞争力,获得更高市场占比的保证和根本。

近年来,快递车、冷藏冷链运输车、危化品公路运输车(年公路运输量约为1亿t)成为增长最快的物流车,同时也是卡车厂家竞争最激烈的市场。面对这样的需求,车辆的大规模制造和大规模定制是该细分市场占据优势厂家的主要选择。其中各自不同的具体要求是:快递车匹配小发动机、大车厢;冷链车则匹配不大的车厢、大马力;危化品公路运输车则要注重安全,重点做好侧翻与泄露的主动防御功能以及事故发生后的应急处置措施。

针对细分的商用车需求,商用车企业应该做到以下几点:

①整车企业对物流企业的定制应根据不同的物流企业有所差别。

②整车企业对某一个细分市场应该有特殊定制。

③互联网技术应用与车辆技术结合得越来越紧密,对货运物流车来说物流公司内部系统和车辆系统对接是未来的发展趋势。物流企业通过采集的车辆数据提高运营效率、降低运营成本,实现物流企业和制造企业的双赢。

④物流企业和生产制造企业应该共同研究汽车寿命全周期管理。

⑤整车企业需要在车辆的能源清洁化、功能个性化、性能定制化、管理智能化、销售方案化五个方面综合做好工作。

3)城市环卫用车

(1)城镇环卫车保有量现状。目前,我国环卫机械化程度仍然较低,许多城市均未达到机械化标准,只有上海、北京等一线城市和沿海发达地区道路机械化清扫率达到70%左右。截至2015年,我国城市平均道路机械化清扫率为55%,县城道路机械化清扫率为43%,而道路机械化清扫率达到70%以上才能算较为全面,未来环卫市场机械化程度的提高势在必行。这就势必会带动对包括道路清扫在内的各种环卫车辆的需求。

2015年各城市的环卫车总数依然存在较大缺口,无法达到较为理想的机械化作业程度。

我国在"十三五"期间,对于城镇环卫方面的投资为近600亿元,对各类环卫车辆的需求必定大增,会有效促进相关车辆的生产与销售(图2-1-7)。

(2)城镇环卫车辆市场现状。截至2015年,我国从事城市环卫车辆中的垃圾转运车辆生产的厂家并不多,各家生产企业的销售规模均不大(图2-1-8)。

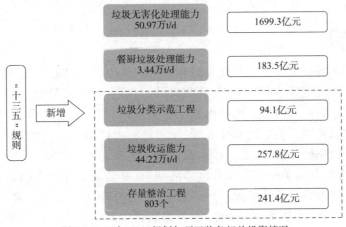

图2-1-7 "十三五"规划与环卫装备相关投资情况

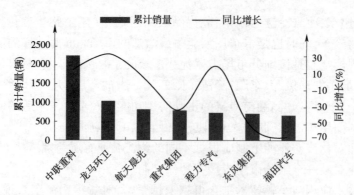

图 2-1-8　2015 年各公司垃圾转运车销量

(3)对城镇环卫车辆的需求。目前我国环卫装备共有 34.75 万辆,其中县、乡、镇的环卫装备数量不断上涨,占比已经达到 52%。根据之前预测的道路机械化清扫率(图 2-1-7)及完整的垃圾转运体系指标,预计未来环卫市场总装备保有量为 80 万辆左右,未来仍有 48.38 万辆的市场空间。

根据统计,2016 年度我国环卫车总产量为 86752 辆,增产 20308 辆,增幅 30.56%。从产品细分品来看,环卫清洁类车辆产量为 39140 辆,占 45.12%;垃圾转运类车辆为 47612 辆,占 54.88%。环卫市场中高端产品(主要包含洗扫车、扫路车、高压清洗车、多功能抑尘车、压缩式垃圾车、餐余垃圾车等)总产量为 35285 辆,占 40.67%,中高端产品在总产量中的占比逐步增大(图 2-1-9)。

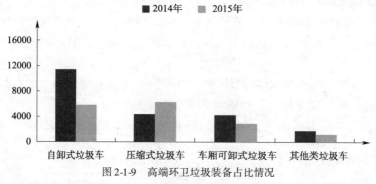

图 2-1-9　高端环卫垃圾装备占比情况

任务实施

在学习了相关的行业知识以及部分轿车销售的技巧等知识之后,小董、小梁感觉自己还是无法适应商用车销售的岗位要求,认为自己很失败,情不自禁地产生了消极情绪,并且将这种情绪在日后的实习中表现了出来。

师傅明显地感觉到了他们的消极表现,便对他们说:"商用车的销售与轿车销售虽有相同之处,但也有自身独特的特点。轿车销售现在以私人用户居多,一次交易大多只成交一辆车,销售过程中是对单一客户展开推销活动,只要满足了他个人的诉求,基本就可以成交。而商用车销售的主流是集团用户,他们有自己的价值诉求,要求你所推销的商用车首先要满足这一点,然后才能进行价格、服务等项目的具体介绍。而对于集团用户来说,现在进行批量采购时,大多需要走招标程序,所以就需要我们的销售人员学会了解客户诉求,分析产品特点,尽量找出可以满足客户价值诉求的产品进行介绍,以期打动客户。另外,需要学会投标,适应集团客户的招标采购模式。而对于个体客户来说,也要认真研究他购买商用车的用途,重点介绍你所推销的产品能够给他带来的利益,以期说服客户购买。

你们现在需要做的工作主要是先熟悉我们所销售产品的具体特点,再慢慢学习如何去了解客户诉求。只要认真学习,假以时日,是可以胜任这份工作的。"

国家三大战略对重卡市场的拉动

国家三大战略的核心是发展新的区域政策及经济。这三大战略是指:一带一路、长江经济带、京津冀协同发展。

1. 国家三大战略

1) 一带一路

一带一路项目的重点是通过周边国家实现更大范围的国际经济与产业辐射发展。

(1) 覆盖范围:我国大多数省份以及东南亚、中亚、西亚、北非等地区。

福建是"一带一路""两圈两线"的核心,新疆、广西则成为关键区,包括陕西、江苏等的十多个省区市成为辐射区(表2-1-6)。

"一带一路"相关省市　　　　　　　　　　　表2-1-6

区域类别	省市	重要节点城市	省市	重要节点城市
核心区	福建	厦门、福州、泉州		
关键区	新疆	乌鲁木齐、喀什	广西	南宁、钦州、北部湾
重要辐射区	陕西	西安	江苏	连云港、徐州
	天津	天津	河南	洛阳、郑州
	河北	唐山、石家庄	广东	广州、深圳、湛江、汕头
	内蒙古	满洲里、二连浩特	海南	海口
	辽宁	大连	云南	昆明
	上海	上海	甘肃	兰州
	浙江	宁波—舟山	青海	西宁、海东
	安徽	合肥	宁夏	银川
	山东	青岛、烟台		

(2) "一带一路"项目建设带来的机遇:

① 沿线国家基建投资规模快速增长,工程类重卡出口市场或将迎来增长。

② 提供新的投资机遇,拉动相关省份投资建设,对国内工程类重卡市场需求有一定支撑。

③ 长远来看,"一带一路"通过带动多边经贸往来,铁路、港口周边物流将更加发达,或将拉动物流运输车辆需求。

2) 长江经济带

长江经济带项目的重点是解决我国东、中、西部经济发展水平差异较大地区之间的经济合作与协同发展关系。

(1)覆盖范围:11个省市,横跨东、中、西部,实现东、中、西部三大区域的联动,是桥接陆上和海上丝绸之路的唯一通道,经济带动效应强。

长江经济带的发展目标:从交运基建、产业转移升级、城市群三个方面影响经济发展。

(2)长江经济带项目建设带来的机遇:

①长江黄金水道打造,干线和支线航道建设、港口建设、隧道及桥梁建设等工程项目将促进工程车辆市场,港口运输的建设,或将加强内陆港口牵引车市场的稳步增长。

②强化铁路运输网络,强化快速铁路建设,大量铁路建设项目将加大政府对于基建项目的投资,为重卡需求提供一定保障,尤其是利好工程车辆的销售。

③优化公路运输网络,积极推进国家高速公路建设,加大普通国省道改造力度,对工程车辆需求及道路优化带来的运输车辆需求均有正向作用。

④拓展航空运输网络,形成长江上、中、下游机场群,对工程车辆的需求有一定的支撑。

⑤建设综合交通枢纽利好工程车辆、城际运输车辆;加大天然气管道建设,大力推广天然气等清洁能源,加快放开天然气气源或将利好天然气重卡的销售。

3)京津冀协同发展

京津冀协同发展项目的重点是解决城镇化地区城市间的经济社会协同发展问题。

(1)覆盖范围:"一核、双城、三轴、四区、多节点",有序疏解北京非首都功能。

一核:北京。

双城:北京和天津。

三轴:京津、京保石、京唐秦三个产业发展带和城镇聚集轴。

四区:中部核心功能区、东部滨海发展区、南部功能拓展区和西北部生态涵养区。

多节点:石家庄、唐山、保定、邯郸等区域性中心城市和张家口、承德、廊坊、秦皇岛、沧州、邢台、衡水等节点城市。

(2)京津冀协同发展项目带来的机遇:

①铁路建设,1小时城际铁路交通圈规划建设,将为加大工程车辆需求提供机会。

②公路、航空建设,形成大外环放射格局,公路项目建设将利好工程车辆的销售。京津冀一体化格局形成后,交通的便利化或将促进物流运输车辆,尤其是载货车市场的增加。

③产业转移加速,以天津、河北为主要承接地,以重大产业基地和特色产业园区为平台,重点承接信息技术、装备制造等八大产业,将直接或间接影响重卡的需求和结构,利好工程车辆、天然气车辆以及城际运输车辆。

2. 国家三大战略对重卡行业的影响

(1)影响时间长。基本为20~50年的战略规划,且实施中存在资源到位等因素,对重卡行业的带动虽不是短期爆发,但仍将会有持续支持作用;重卡需求保持稳定。

(2)国内外需求比例变化。尤其是"一带一路"规划,对重卡车辆出口增长有较大的带动;出口占比增长。

(3)边贸带动。对越南、缅甸、俄罗斯等与我国边境相邻国家的出口量有所带动;边贸销售增长。

(4)基建支持。交通运输与物流通道建设,"三大战略"中均将公路、铁路、航道、机场、城市建设放到重要位置,未来较长期内对工程车辆仍有一定需求支撑。

(5)物流发展。区域经济一体化、物流运输的互联互通,多式联运、高效运输与物流体系、国际合作、物流服务升级,利好高端牵引车、甩挂运输、后市场合作。

(6)产品结构调整。"三大战略"中均加强了消费物流、产业物流等运输,将影响重卡产品结构调整。牵引车增长成为主流,且持续向好。

(7)产品升级。道路优化、高速网建设,物流信息化,将对重卡产品技术升级提出新的要求:排放清洁化、车辆高端化、控制智能化、乘坐舒适化。

(8)细分市场。规划中均提到对港口、生活物品运输相关的市场加快发展,尤其是与环保和消费相关。快递、冷链、危化、日用百货、农副产品、渣土、环卫、港口为重点细分趋势市场。

(9)区域机会。注重战略性、据点性枢纽节点建设。河北、天津及长江河道节点城市,尤其是"一带一路"所涉及的西部区域,为机会重点。地域、节点城市及机会型市场重要度提升。

(10)运输模式:甩挂运输等新的产品运输模式将成为增长机会,利好甩挂运输、中置轴、列车运输车辆。客户模式:产业的升级及改造,将使集团客户及大客户占比增加,客户对营销的要求更加综合化,大客户(尤其是细分市场)重要度提升。销售模式:相关行业的整合和转移,以及互联网战略的加入,将对营销模式产品影响,合作销售、专用车厂、网络营销更加重要。

任务评价

重卡销售领域重点归纳见表2-1-7。

重卡销售领域重点归纳表　　　　　表2-1-7

序号	内容及要求		评分	评分标准	自评	组评	师评	得分
1	工程用车	客户关注	25	客户关注,10分;介绍要点,15分				
		介绍要点						
2	物流用车	客户关注	25					
		介绍要点						
3	环卫用车	客户关注	25					
		介绍要点						
4	其他用车(自选用车领域)	客户关注	25					
		介绍要点						
指导教师总体评价:								

指导教师_____
____年___月___日

练 一 练

一、填空题

1. 商用车,是在设计和技术特征上用于运送(　　　)和(　　　)的汽车。
2. 代表潍坊柴油机厂生产的产品的代码是(　　　)。
3. 重型载货汽车是指总质量大于(　　　)t的车。

二、选择题(以下各题,有的属于单选题,有的属于多选题,请选择正确答案填写在括号内)

1. 以下哪些属于商用车? (　　　)(多选)
　　A. 载货汽车
　　B. 载客汽车
　　C. 载货汽车非完整车辆
　　D. 半挂牵引车
2. 为应对激烈的市场竞争,除做好车辆的能源清洁化之外,重卡生产企业还应该重点在以下哪几个领域做好工作? (　　　)(单选)
　　A. 功能个性化　　　　　　B. 性能定制化
　　C. 管理智能化　　　　　　D. 销售方案化
3. 目前,我国重卡使用的三大使用领域分别是(　　　)。(多选)
　　A. 工程用车　　　　　　　B. 长途客车
　　C. 物流车队　　　　　　　D. 城市环卫

三、判断题(以下各题,说法正确的请在括号内打"√",说法错误的请在括号内打"×")

1. 商用车车高是指轮胎未充气的情况下,从地面到汽车最高点的距离。(　　　)
2. 对于安装了双轮胎的车轴而言,轮距为左双轮外侧轮胎胎面中心线到右双轮外侧轮胎胎面中心线间的距离。(　　　)
3. 国家三大战略是指:"一带一路"、长江经济带、京津冀协同发展。(　　　)

学习任务2.2　异议消除与成交

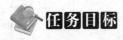

(1) 通过与客户的交流,了解客户的具体异议内容。
(2) 尽量消除客户在购买商用车时的异议。
(3) 促成与客户的交易。

基于向客户推销车辆的诉求,小董、小梁向师傅请教:假如我们面对一位私人客户,应如何完成一个完整的了解客户诉求、介绍所售车辆、消除客户异议、达成双方交易的过程呢?

任务准备

1. 客户对商用车的关注项目

作为商品,顾客关注的是其性能。对于同样作为商品的商用车来说,标准规定其性能标志主要有16项(图2-2-1)。

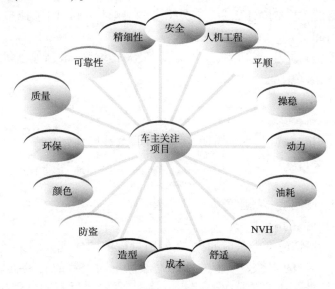

图2-2-1　评价商用车性能的16项指标

注:NVH 是指"噪声、振动与声振粗糙度"——Noise、Vibration、Harshness。

当然,这16项性能指标之间是相互联系的,但一般车辆又是不可能全部兼顾的。能够让各项性能指标达到理想状态,从而形成一个完整的圆是汽车设计者永远追求的目标,但难度相当大。因此,平衡各项指标的关系是性能开发的前提。

1)客户对车辆自身的关注

不同的顾客,选购车辆时所关注的车辆自身性能也是不一样的。同样作为承担货运的顾客,由于运输的货物不同,对车辆性能的关注也是不一样的(表2-2-1)。

不同货运客户的关注度　　　　　表2-2-1

客户	高 关 注	中 关 注	低 关 注
高端	安全性、人机工程、平顺性、操作、稳定性、动力性、油耗、NVH、舒适性、成本、造型、防盗、颜色、环保、质量、可靠性、精细度		
中端	平顺性、操作、稳定性、动力性、油耗、舒适性、成本、质量、可靠性	安全性、人机工程、精细度	造型、防盗、颜色、环保、NVH
低端	平顺性、操作、稳定性、动力性、油耗、成本、质量	安全性、人机工程、可靠性	造型、防盗、颜色、环保、NVH、精细度、舒适性

2)根据顾客要求对商用车性能指标进行分解

(1)不同的产品,如牵引车、平板车、自卸汽车等,顾客对车辆性能的要求是各不相同

的;同理,即使在牵引车系列中,由于所运货物、运距、载质量等的不同,对商用车性能的要求也是各不相同的。

(2)作为商用车销售人员,要充分了解顾客对车辆性能的需求和所销售车辆的性能,对顾客进行推荐、解释,有效地推销商用车产品。

(3)顾客在选择车辆时,基本上是按以下顺序做出选择的:

①确定作业目的(主要拉什么货、一次拉多少、跑什么路、回来拉多少、几天一个来回、如何装货、如何卸货)。

②确定车辆性能(动力,含功率、起步速度、最大爬坡度、最高速度等,油耗,质量,环保,公告吨位,舒适,颜色等)。

③确认产品配置。

④确认价格。

⑤确认交货期(根据货存、生产周期、运输周期、改装周期)。

⑥车辆在指定交货地点交货。

⑦验收及交付。

⑧车辆在上牌、使用、强保、服务方面的待遇。

3)车辆配置对性能的影响

在车辆产品中,所谓的性能是虚的,是在使用过程中的体现或感觉;而车辆的配置是实的,是看得见、摸得着的实物。车辆的性能是通过不同配置的有机组合来实现的。因此,配置在车辆的性能中发挥着关键的作用。每一项配置对不同性能指标的影响各不相同。

4)随车书面材料

随车书面材料的作用是可以帮助顾客提前了解车辆的性能、使用注意事项、使用要求。

(1)内容。随车书面材料包括以下内容:

①装箱清单一份;

②车辆使用说明书一份;

③车辆保修手册一份;

④发动机随机资料一份;

⑤变速器使用说明书一份;

⑥汽车收放机或CD机使用说明书一份;

⑦车辆交接质量验收表一份;

⑧车辆合格证一份;

⑨合格产品入库通知单一份。

(2)内容介绍。以下几项随车书面材料的主要内容包括:

①装箱清单。装箱清单说明产品包含的品种、随车技术文件、备附件以及通用随车工具的名称和数量。

②车辆使用说明书。主要介绍车辆各部件操纵、驾驶、检查与维修等方面的使用说明和注意事项。

③车辆保修手册。主要介绍汽车强制维护及定期维护规定、保修规定、汽车保修卡、服务网络等内容。

④发动机随机资料。主要介绍发动机使用特别提示、柴油机随机文件清单、柴油机装箱清单、柴油机随机备件清单等。

⑤变速器使用说明书。主要介绍变速器结构、使用注意事项、常用备件明细表、销售服务网络等。

⑥车辆交接质量验收表。主要介绍车辆交接时双方应检验的内容,检收合格签字认可。

⑦车辆合格证。按国家发展和改革委员会、公安部发表的规范机动车整车出厂合格证明管理的式样和内容,由生产厂家统一打印的车辆合格证。

2. 如何推荐商用车

1) 车辆推荐时应考虑的要素

向客户推荐商用车时,应考虑的要素主要有 12 个(表 2-2-2)。

车辆推荐时应考虑的要素 表 2-2-2

序号	项目	内容
1	载质量	①国家允许标准载质量(准牵引)以内的载重需求:一般有 3.5~10t、10~15t、15~20t、20~25t、25~30t、30~35t、35~40t、40~52t 几种需求。 ②国家不允许标准载(准牵引)质量以外的载重需求:一般有 52~60t、60~80t、80~100t、100t 以上几种需求
2	运输距离	长途、中途、短途
3	装卸方式	人工装卸、机械装卸
4	货物相对密度(t/m³)	0.5 以下、0.5~0.7、0.7~1.0、1.0~1.5、1.5~2.0、2.0~2.5、2.5~3.0、3.0 以上
5	货物状态	气体、液体、固体
6	货物性质	非金属、金属、易燃品、危险品
7	货物包装	有包装、无包装
8	地理环境	①高原、非高原; ②热带、温带、寒带; ③山区、丘陵、平原; ④沙尘大的区域
9	道路环境	①高速公路、国道/省道、县道/乡道农村道路、无道路; ②重载时上坡、重载时下坡
10	顾客	个人用户自己开车、个人用户雇人开车、大客户雇人开车、大客户自己开车
11	使用地点	厂(场、矿区)内、厂(场、矿区)外
12	行驶速度	高速(90~110km/h)、中速(70~90km/h)、低速(70km/h 以下)

2) 考虑单一要素时的推荐车辆

当推荐商用车只考虑单一要素选车时,需要考虑的内容见表 2-2-3。

考虑单一要素时的推荐车辆要素　　　　　　　　　　　　　　　　　　　表2-2-3

考 虑 要 素	项　　目
考虑载质量(总质量)	载质量(总质量)的分类： ①4×2平板车、自卸汽车及其底盘； ②6×2平板车、自卸汽车及其底盘； ③6×4平板车、自卸汽车及其底盘； ④8×4(8×2)平板车、自卸汽车及其底盘； ⑤牵引车
	对车辆性能的要求： ①动力：拉得动。 ②装载能力：压不坏。 ③起步：能起步
	根据性能推荐(选择)配置的依据： ①动力； ②装载能力
考虑运输距离	运输距离分类：短途、中途、长途。 ①长途运输：同样的运输货物、道路，路途越长，所需运输时间越长。为缩短运输时间，减少驾驶员疲劳，就要求提高车辆行驶速度(包括超速、爬坡)。要想速度快，就要使车辆起步、超车、爬坡的速度都快，动力也就必须大。 ②短途运输：运输距离越短，装、卸货及等待所占用时间占总工作时间的比例就越大，车辆行驶时间相对就少，对车辆动力性的要求相对就低
	单程载货车辆对性能的要求：各种罐式、水泥搅拌车、大多数自卸汽车等，一般回程不载货，用户要求在回程能有更快的速度。因此在变速器的选择上，中、长途运输时一般应有超速挡。 **不同产品短途、中途、长途的公里数参考值** | 产品(品牌) | 短途(km) | 中途(km) | 长途(km) | |---|---|---|---| | 重型牵引车 | 0~1000 | 1001~2000 | 2001以上 | | 重型平板车及其各类厢式车 | 0~1000 | 1001~2000 | 2001以上 | | 重型自卸汽车 | 0~50 | 51~100 | 101以上 | | 中型车 | 0~200 | 201~500 | 501以上 | | 罐车 | 0~500 | 501~1000 | 1001以上 | | 水泥搅拌车 | 0~50 | 51~100 | 101以上 | | 固定用途车 | 不分(平均距离40km) |||
考虑装卸方式	装卸方式分类：机械方式、人工方式。 货物：有包装(如工业品)、没包装(如散货)。 不同装卸方式下的车辆推荐： ①没有包装的机械方式、没有包装的人工方式、散货装卸时推荐使用：自卸汽车(底盘强度高)。 ②有包装的机械方式、有包装的人工方式、装卸工业品等时推荐使用：平板车及其专用车(仓栅车、厢式车)、牵引列车(仓栅车、厢式车)、专用车等

续上表

考虑要素	项 目
考虑货物相对密度	货物比重分类： ①相对密度≤0.8； ②0.8＜相对密度≤1.2； ③相对密度＞1.2
	不同相对密度的货物对车辆的要求： ①同等质量下，货物密度越小，体积越大；反之，体积越小。 ②运输同等质量货物，货物密度越小，所需货厢容积越大；反之，所需货厢容积越小
	推荐车辆方法： 货物容积＝货物质量÷相对密度
	不同货物相对密度： ①多种材料混合结构，按压实混合料干密度计算。 ②各种路面材料松方干密度。 ③单一材料结构，按压实系数计算密度。 ④其他不同材料的密度
考虑货物状态	货物状态分类：气体、液体、固体。 不同货物状态下对车辆的推荐： ①对车辆安全性能有要求时，推荐安全性配置高的，如装 ABS 等。 ②货物状态不同，推荐车辆的上装方式就应不同。如 a. 气体：一般为易燃、易爆。 b. 液体：分有毒、有害、易燃、易爆类液体和一般液体(如：水)。 c. 固体：分为有包装、无包装。 注：对所有毒、有害、易燃、易爆类货物的运输，国家都有特别规定，选择车辆时，一定要先学习有关法规再推荐车辆
考虑货物性质	按货物物理特性分类： 一般可分为：非金属、金属； 还可分为：一般物品、易燃品、易爆品、危险品等
	不同性质货物对车辆性能的要求： ①金属(机械)制品(不包括日用百货)的特点是相对密度大，选择车辆时，对货厢容积要求低，而对底盘要求高：大动力、抗冲击、承载能力强。运输金属(机械)制品时，一定要选择大动力、大后桥及加强车架和悬架的车。 ②危险金属物品一般为放射性物质、流体金属(如水银、铁水等)，应选用特种车辆运输
考虑地理环境	①根据不同海拔推荐(选择)车辆。 ②根据不同气候(热带、温带、寒带)推荐(选择)车辆。 ③根据不同地形(山区、丘陵、平原)推荐(选择)车辆。 ④考虑沙尘环境推荐(选择)车辆。 ⑤不同车辆因用途不同，应根据具体工况进行推荐
考虑道路环境	道路分为：高速公路、国道、省道、农村道路、无道路。 ①在载质量相同时，根据道路的不同推荐(选择)车辆。 ②"载重上坡"时推荐大功率的车辆。 ③"载重下坡"时选择制动性好的车辆
考虑顾客	顾客：所有购买商用车的个人、团体、组织。 顾客的分类：个体、团体。 在相同载质量前提下，尽量满足不同顾客的特殊要求
考虑使用地点	使用地点的分类：厂(场、矿区)内、外。 不同使用地点对车辆的要求：速度、性能、货厢、公告

续上表

考 虑 要 素	项　　目
考虑行驶速度	速度分类：低速、中速、高速。 不同速度下对车辆性能的要求。 不同顾客对速度的追求不同

3. 客户需求分析

客户在选购商用车时，会重点关注商用车的底盘、空间尺寸、动力性、配置以及其他细节，销售人员的职责就是在了解客户基本需求的前提下，通过自己的介绍，与客户一道"造"一辆他所需要的车。

1) 客户类型

客户在选购商用车时，会表现出来与其性格特征相对应的行为，也有可能犯一般规律性的错误，销售人员应该事先准备相应的应对策略（表2-2-4）。

客户行为类型及应对策略　　　　表2-2-4

类　型	行　为　类　型			易 犯 错 误	应 对 策 略
	行为及衣着	交流方式	关注重点		
主导型	独断、攻击性强； 自信、控制欲强； 喜欢炫耀； 充满战斗精神； 蔑视他人； 服饰及饰品考究	声音大、语言生动； 肢体语言多； 眼神交流多； 个人荣誉话题多； "你必须！" "我认为……"	效率； 效益； 实现目标； 权利	抗拒； 逃避； 充满攻击性	低姿态迂回； 公式化处理； 迅速切入重点
分析型	客观； 保留自己的意见； 性格内向； 喜着实用、正式的服装； 相对保守和朴实	眼神交流少； 面部表情少； 技术性话题多； 说话有根据； "你不认为……"	数据； 证据； 权威结论； 公信力； 口碑	讲话过多； 虚张声势	准确的事实； 精确的数据； 用行动证明
社交型	友好、人际导向； 有疑虑； 决定慢； 感兴趣的事情多； 喜欢交谈； 着大众化、舒适的服装	有部分肢体语言； 有眼神交流； 话题丰富多彩； 善掩饰真实想法而迎合他人	关系； 面子； 名声； 广泛的认可； 他人的感受	不耐烦； 过分逼迫对方	强有力的建议； 建立私人关系； 影响其身边人； 关心与耐心

2) 竞品对比分析

(1) 竞品对比方向。销售人员在面向客户进行竞品对比分析时，自己要首先相信同时也要让客户清楚以下几点：

①世界上没有十全十美的车，所谓的"好"与"不好"，都是相对而言的。

②客户不是去买一台世界上最好或者最便宜的商用车，而是买一台最符合自己使用需求的商用车。

③不要一味地去贬低竞争对手，自己要清楚：你在贬低对手的同时，其实就是在贬低

你自己(车或人)。

(2)竞品对比层次。不同层次级别的人,所关注的商品内容是不一样的,自然就会对竞品有着不同的对比层次(图2-2-2)。

(3)有效设定对比标准。在很多时候,面对商用车个体用户时,他们往往会只从价格等某个单一的方面与竞品进行比较,指责所收商品的不足。针对客户的这种单方面指责,可以采用设立竞品对比标准的方法去说服客户(图2-2-3)。

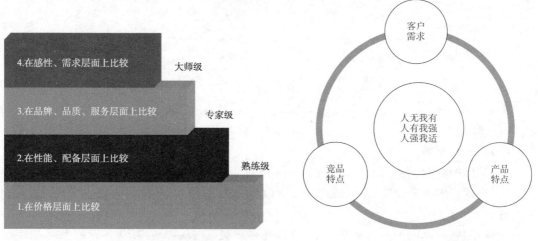

图 2-2-2 竞品对比层次　　　　　图 2-2-3 竞品对比标准

(4)常见对比技巧。

①优势对比技巧。如果所销售的商品具有多方面的优势,可以向客户就商品自身以及厂家的品质、服务、保值这三个方面进行优势比较,让客户明白他正在考察的商品从综合指标来看是物有所值的。

②弱势对比技巧。如果所销售的商品不具有优势,可以采用表2-2-5所示的某种方法向客户进行对比,说服客户下定决心购买。

弱 势 对 比 技 巧　　　　　　　　表2-2-5

方法	内容
转移法	与竞争品牌比较时要力求做到扬长避短,如客户提出众所周知的我方产品缺点时,可以先同意再解释,将损失降到最低。用转移法转移客户注意到我方产品独有的优点上,强化产品的独特卖点,把独特卖点变成客户的购买标准
乒乓球法	客户提出的我方产品的弱势其实反而是我方的优势亮点时,可以予以直接回应解释,要重点突出我方优势
直接否定法	当客户提出的我方对比弱势是错误见解时,可以直接予以否定
递延法	当客户提出的问题不能马上予以解答时,可以采用拖延策略,寻求解答应对办法之后再给客户答复,在此过程中可以顺势留下客户的联系方式
以退为进法	承认我方产品不行,但其实是行业中大家都不行

③竞品对比销售工具——富兰克林对比卡。在使用"富兰克林对比卡"向客户进行对比说明产品优势时,首先需要完全了解本品牌及竞争品牌的优劣点,其次要尽量请客户

提出他的看法并列入表内。

制作"富兰克林对比卡"的基本原则是:在一张白纸上画一个"T"字形,左边可以写自己产品的特点、右边写竞品的卖点;针对不同的客户顾虑做出不同的对比,并逐一记录下来,然后与客户一起讨论评估(图2-2-4)。

所售商品特点	竞品特点
1.外形尺寸:	1.外形尺寸:
2.造型:	2.造型:
3.动力:	3.动力:
4.制动性能:	4.制动性能:
5.舒适性:	5.舒适性:
……	……

图 2-2-4　富兰克林对比卡

3)应对价格咨询

(1)价格应对的基本原则。进行价格应对的基本原则是:

①准确把握价格商谈的时机,价格商谈时机把握不对,大多是无法达成交易最主要、最直接的因素。

②应对客户询问价格的基本策略:争取与客户交流的缓冲时间;为客户留下思考及还价的空间和余地;注重细节,给客户留下良好的印象。

(2)价格商谈需考虑因素:客户背景;家庭状况;购车用途;购车预算;决策者和参与者。

(3)建立价值平衡。在进行价格谈判时,往往会出现以下现象:

①价格 > 价值——太贵了。

②价格 = 价值——物有所值。

③价格 < 价值——很便宜。

假如你的报价让客户感觉偏高了,就需要建立商用车价格与其显性、隐形价值之间的平衡,使客户相信你的报价是物有所值的(表2-2-6)。

产品价值与增益附加价值　　　　　　　　表 2-2-6

	产品特点	带给客户的利益
产品	造型亮丽	美丽、优雅、舒适
	性能优越	随心所欲、享受快感
销售人员	充实的专业知识	使客户完全了解,享受产品利益
	信守承诺的语言	信守诺言及购买的保证
	诚实友善的态度	使客户感受到安心
	积极的自信心	带给客户信心

任务实施

小董、小梁学习了如何向客户介绍商用车的知识后,对于如何说服客户、达成交易还是心中没底。于是,他们便去向师傅做进一步的请教。

师傅听他们述说了困惑后,就告诉说:"假如我们已经摸清了客户的诉求,推介了合适的车型,之后可能就会进入到说服客户下决心确定车型的阶段了。

其实在今天的社会,任何商品几乎都有多款竞品的存在,要想说服客户同意,就要与竞品有合理的比较,打消客户的疑虑。为实现这一目的,利用"富兰克林对比卡"对所售商品与竞品进行比较是一个不错的做法。

为此,你们两个每人找出咱们店里的一款典型车型,再自己去寻找与之对应的 2~3 款竞品进行独立的逐一比较;比较之后,在相互不沟通的前提下,再互换各自的对比对象进行比较。最后再一起看看比较结果有什么差别。"

小董、小梁听了师傅的话,立马感觉到了肩上的压力,但也感觉这样做很有意义,便分头去准备了。

十五条汽车价格谈判技

在商用车销售价格谈判过程中,报价是最关键的环节,销售顾问和客户之间,进行的是一场心理的较量,谁先报出底价,就等于是露出了自己的底线,就没有了退路,也就失去了主动权。所以,需要掌握一些商用车销售的技巧,遵循一条基本的原则,尽量设法探询客户的底线,同时保护好自己的底线,一般不要过早透露自己的底价。

1. 确认客户购车时间后再报价格优惠

可以说:"价格优惠都好商量的啦,您打算今天就订车了吗?"

2. 确认真正购车客户后再报价格优惠

可以说:"价格优惠都好商量,不知道您是帮朋友来看车,还是您自己要购车呢?"

3. 确认客户确定车型后再报价格优惠

可以说:"价格都好商量,关键是您要先看好车子,不知您看好的是哪一款车型呢?"

4. 确认客户询价目的后再报价格优惠

可以说:"价格优惠肯定有的,关键要看您是买来自己开的,还是雇佣其他驾驶员开车?"

5. 确认偏好后再报价格优惠

可以说:"价格优惠肯定有,关键是您喜欢不喜欢这款车呢?要是不喜欢的话,价格再优惠也没有什么意义的,您喜欢它吗?"

6. 确认配置后再报价格优惠

可以说:"价格优惠可以等一下再商量,不知道您是否了解了这款车的具体配置?对这些配置能够带给您的好处都了解的怎么样了呢?"

7. 确认购买数量后再报价格优惠

可以说:"价格优惠肯定有,只是不知道您打算购买多少辆呢?我们是可以根据您采购的数量来给出不同的价格优惠幅度的。"

8. 确认提车时间后再报价格优惠

可以说:"大哥,价格优惠不多了,我们现在货源紧张,不知道您打算什么时候提车?"

9. 确认购买方式后再报价格优惠

可以说:"价格优惠好商量,不知您是打算付全款,还是以部分按揭的方式来购车呢?"

10. 确认上牌地后再报价格优惠

可以说:"价格优惠好商量,只是我们这是包牌一块卖的,您打算上哪里的牌照呢?"

11. 确认是否有现车之后再报价格优惠

可以说:"大哥,您稍等,您问的这款车是卖得最好的,我先查一下有无现车,再回答您,可以吗?"然后再去查看库存。回来之后,再用货源紧缺理由建议马上成交。

12. 约束客户期望后再报价格优惠

可以说:"哎哟,大哥,您真是会选车呀,这可是我们店里最畅销的车型,现车没有几辆了,价格优惠也没多少了。"

13. 约束客户的过分要求后再报价格优惠

可以说:"大哥,价格优惠要说没有嘛,我想您也不会相信,不过我在告诉您之前,想先确认一个问题,我把优惠报给您之后,您还会再往下砍价吗?如果还要再砍价的话,我报给您的优惠就少一点,好让您再砍一次。如果您不再砍价了,我就报给您底价,您看如何?"

14. 虚让主动权后再报价格优惠

可以说:"价格优惠还有的,只是多或者少,不是我说了算的,得由您说了算。"客户很可能会好奇,怎么会是他说了算?他一问,你就再回答:"因为钱在您口袋里,买不买也是由您决定,所以价格优惠得取决于您啦。比如,取决于您今天是否能订车,是否带了定金,是否就在我们这里订,是否要提现车等。这些问题,您都考虑好了吗?"

15. 按官方报价规定报价格优惠

如果你觉得以上15招都有难度的话,你就语气坚定地说:"大哥,我们这是品牌4S店,价格优惠不多的,如果您今天能定下来的话,只可以享受2000元的价格优惠,多要一分都没有了。"说完把嘴巴闭上,等客户说话。

任务评价

采用"富兰克林对比卡"对商用车项目进行分析(表2-2-7)。

"富兰克林对比卡"比对商用车项目分析表　　　　表2-2-7

序号	内容及要求		评分	自评	组评	师评	得分
1	商用车外形	商品特点	20				
		竞品特点					
2	商用车配置	商品特点	20				
		竞品特点					
3	商用车性能	商品特点	20				
		竞品特点					
4	商用车服务	商品特点	20				
		竞品特点					
5	其他方面	商品特点	20				
		竞品特点					

练一练

一、填空题

1. 用竞品对比标准的方法去说服客户时,要从"人无我有、人有我强、（　　　）"的角度去比较、说服客户。

2. 如果所销售的商用车具有多方面优势,可以向客户就商用车自身以及厂家的品质、（　　　）、保值这三个方面进行优势比较,让客户明白他正在考察的商品从综合指标来看是物有所值的。

3. （　　　）把握不对,大多是无法达成交易最主要、最直接的因素。

二、选择题（以下各题,有的属于单选题,有的属于多选题,请选择正确答案填写在括号内）

1. 低端的货运客户,对以下哪项指标的关注度不是太高？（　　　）（单选）
   A. 油耗　　　　B. 动力性　　　　C. 舒适性　　　　D. 购车成本

2. 向客户推荐商用车时,应主要考虑以下哪几项要素？（　　　）（多选）
   A. 载质量　　　B. 货物性质　　　C. 装卸方式　　　D. 地理环境

3. 对车辆性能的要求包括以下哪几项？（　　　）（多选）
   A. 动力性　　　B. 装载能力　　　C. 起步性能　　　D. 运输距离

三、判断题（以下各题,说法正确的请在括号内打"√",说法错误的请在括号内打"×"）

1. 高端的货运客户,对商用车的精细度的关注度不是太高。（　　　）

2. 客户不是去买一台世界上最好或者最便宜的商用车,而是买一台最符合自己使用需求的商用车。（　　　）

3. 客户在选购商用车时,会重点关注商用车的底盘、空间尺寸、动力性、配置以及其他细节。（　　　）

模块小结

1. 所谓商用车,是在设计和技术特征上用于运送人员和货物的汽车,包含所有载货汽车和9座以上客车,分载客汽车、载货汽车、半挂牵引车、载客汽车非完整车辆和载货汽车非完整车辆五类。

2. 商用车发动机型号是发动机生产企业按照有关规定、企业或行业惯例以及发动机的属性,为某一批相同产品编制的识别代码,用以表示发动机的生产企业、规格、性能、特征、工艺、用途和产品批次等相关信息的。

3. 重卡是我国对重型载货汽车的一种简称。这是一种地道的、传统的、非正式的对重型载货汽车和半挂牵引车的称谓,包括各种专用车(如洒水车、消防车、公路清洁车、油罐车、搅拌车等)、自卸汽车、载货汽车(运货类的各种载货汽车,包括运送大牲口的)以及一些不多见的越野车(包括军用、地矿类用车等)。

4. 对于物流车的需求来说,快递车匹配小发动机、大车厢;冷链车则匹配不大的车厢、大马力;危化品公路运输车则要注重安全,重点做好侧翻与泄露的主动防御功能以及事故发生后的应急处置措施。为应对企业所需,整车企业需要在车辆的能源清洁化、功能个性化、性能定制化、管理智能化、销售方案化五个方面综合做好工作。

5. 作为商用车,客户关注的性能标志主要有16项:人机工程、平顺性、操稳性、动力、油耗、NVH、舒适性、成本、造型、防盗、车身颜色、环保、自重、可靠性、精细性、安全性。尽管这16项性能指标不可能全部兼顾,但也应该尽量做到平衡各项指标的关系。

6. 向客户推荐商用车时,应考虑的要素主要有12个:载质量、运输距离、装卸方式、货物相对密度(t/m^3)、货物状态、货物性质、货物包装、地理环境、道路环境、顾客、使用地点、行驶速度。

7. 客户在选购商用车时,会重点关注商用车的底盘、空间尺寸、动力性、配置以及其他细节,销售人员的职责就是在了解客户基本需求的前提下,通过自己的介绍,与客户一道"造"一辆他所需要的车。

8. 客户分为主导型、分析型、社交型,每种客户都有自己的行为、交流方式及关注重点,销售人员应该区别对待,事先策划好应对策略。

9. 进行销售商品与竞品对比时,可以使用销售工具"富兰克林对比卡",销售人员首先需要完全了解本品牌及竞争品牌的优劣点,其次要尽量请客户提出他的看法并列入表内。

学习模块 3　商用车保险与理赔

模块概述

俗话说"天有不测风云,人有旦夕祸福",在我们的现实生活中存在着许多风险,时刻威胁着人们的生命和财产安全。

为规避风险,保护自我,人们已经想出了多种举措进行风险管理,比如对风险事故采取预防措施、发生事故后采取减损措施、购买人身和财产保险等。其中,购买保险是一种比较简单、便于计算成本的风险管理方法,在现实生活中充分发挥了稳定社会生产和生活的作用。

在商用车使用过程中,也面临多种风险,比如碰撞、火灾、水灾、被盗抢等,这些风险除造成车辆损失外,还往往会造成第三者人员伤亡或财产损坏,以及车上人员伤亡或车上货物损坏,因此事故损失惨重(图3-0-1)。有时因一次事故会使家庭生活陷入困境甚至债台高筑,或者企业经营困难。因此,人们除谨慎驾驶外,还考虑购买机动车交通事故责任强制保险和商业汽保险。车险各险种的保障范围基本覆盖了汽车常见的使用风险。因此,销售人员应根据客户意愿及支付能力为其制订多套保险保障组合方案,供客户选择与购买。

a) 商用车被淹

b) 商用车起火燃烧

图 3-0-1　商用车事故

【建议学时】

24 学时。

学习任务3.1 保险产品介绍

(1) 掌握我国汽车保险产品的构成。
(2) 能够向客户介绍机动车交通事故责任强制保险的保险责任、责任免除、垫付与追偿。
(3) 能够向客户介绍商业汽车保险产品的保险责任、责任免除。

王先生刚刚花费30多万元买了一辆福田戴姆勒欧曼ETX 9系重卡自卸汽车以满足自己的营运之需,并又花费3000多元新增加了导航装置等附加设施。

交接车之前,王先生已经购买了机动车交通事故责任强制保险,接车之后顺利办理了车辆的"挂牌"等相关手续,取得了正常上路行驶的资格。此时有朋友劝他还要购买汽车的商业保险产品。他不解:商业汽车保险与机动车交通事故责任强制保险是什么关系?商业汽车保险有哪些险种?又分别保障什么?

为此,他向在店里的小董提出了咨询。

1. 我国汽车保险概述
1) 我国汽车保险险种框架
我国汽车保险险种框架见表3-1-1。

我国汽车保险险种框架   表3-1-1

序号	分类		特点
1	机动车交通事故责任强制保险		强制购买,险种单一,无选择余地
2	商业汽车保险	主险	机动车第三者责任保险、机动车损失保险、机动车车上人员责任保险、机动车盗抢保险	种类丰富,数量众多;根据需要,量力而行
		附加险	玻璃单独破碎险、车身划痕损失险、可选免赔额特约条款、不计免赔特约条款等	

2) 机动车交通事故责任强制保险与商业汽车保险的关系
(1) 机动车交通事故责任强制保险必须投保。机动车交通事故责任强制保险(以下简称交强险)是我国首个由国家法律规定实行的强制保险制度。《中华人民共和国道路交通安全法》《机动车交通事故责任强制保险条例》等法律规定机动车所有人、管理人必须投保交强险,否则公安机关交通管理部门将扣留在道路上行驶的机动车,并通知机动车所有人、管理人依照规定投保,同时处依照规定投保最低责任限额应缴纳保费的2倍罚款。因此,交强险作为车辆上道路行驶的必备条件,是必须购买的险种,这也是客户遵守法律的良好表现。

(2)商业汽车保险(以下简称商业车险)应量力而行。交强险只是对第三者损害的基本保障,对车辆损失、车上人员受伤等不予保障,即使对第三者的赔偿许多情况下交强险也不能完全补偿。商业车险险种很多,不同的险种对应不同的保险范围,投保险种越多,保障越全面,但需交保费越多,所以客户为获得保险的充足保障,对商业车险应根据自身风险状况和经济实力综合考虑后选择购买。

3) 交强险与商业车险的实施方式

我国的交强险和商业车险采用分离实施方式。分离实施是指交强险与商业车险分别实施,前者按照法律规则设计,后者按照一般商业保险的原则设计,投保人分别办理,理赔时也分别办理。

4) 商业车险主险险种与附加险险种的关系

商业车险险种分主险和附加险两部分。

主险是对车辆使用过程中大多数车辆使用者经常面临的风险给予保障。

附加险是对主险保险责任的补充,它承保的一般是主险不予承保的自然灾害或意外事故。附加险不能单独承保,必须投保相应主险后才能承保。

随着汽车保险业的发展,主险险种、附加险险种都不断进行补充丰富或改革创新,使险种数量及其保障内容都大大增加。

2. 交强险

1) 保险责任及责任限额

在中华人民共和国境内(不含港、澳、台地区),被保险人在使用被保险机动车过程中发生交通事故,致使受害人遭受人身伤亡或者财产损失,依法应当由被保险人承担的损害赔偿责任,保险人按照交强险合同的约定对每次事故在相应赔偿限额内负责赔偿。

交强险责任限额是指被保险机动车发生道路交通事故,保险公司对每次保险事故所有受害人的人身伤亡和财产损失所承担的最高赔偿金额。目前我国的交强险赔偿限额如表3-1-2所示。**注意**:交强险规定无责任也要履行赔偿义务。

交强险赔偿限额 表3-1-2

赔偿限额名称	赔偿限额数额(元)
总赔偿限额	122000
其中:死亡伤残赔偿限额	110000
医疗费用赔偿限额	10000
财产损失赔偿限额	2000
无责任死亡伤残赔偿限额	11000
无责任医疗费用赔偿限额	1000
无责任财产损失赔偿限额	100

其中,死亡伤残赔偿限额和无责任死亡伤残赔偿限额项下负责赔偿:丧葬费、死亡补偿费、受害人亲属办理丧葬事宜支出的交通费用、残疾赔偿金、残疾辅助器具费、护理费、康复费、交通费、被扶养人生活费、住宿费、误工费,被保险人依照法院判决或者调解承担的精神损害抚慰金。

医疗费用赔偿限额和无责任医疗费用赔偿限额项下负责赔偿:医药费、诊疗费、住院费、住院伙食补助费,必要的、合理的后续治疗费、整容费、营养费。

2)垫付与追偿

被保险机动车在以下四种情形之一下发生交通事故,造成受害人受伤需要抢救的,保险人在医疗费用赔偿限额内垫付:

(1)驾驶人未取得驾驶资格的;

(2)驾驶人醉酒的;

(3)被保险机动车被盗抢期间肇事的;

(4)被保险人故意制造交通事故的。

被保险机动车发生交通事故,造成受害人受伤需要抢救的,保险人在接到公安机关交通管理部门的书面通知和医疗机构出具的抢救费用清单后,按照国务院卫生主管部门组织制定的交通事故人员创伤临床诊疗指南和国家基本医疗保险标准进行核实后才能垫付。

被保险人在交通事故中有责任的,保险人在医疗费用赔偿限额内垫付;被保险人在交通事故中无责任的,保险人在无责任医疗费用赔偿限额内垫付;对于其他损失和费用,保险人不负责垫付和赔偿。

保险人垫付抢救费用后有权向致害人追偿。

3)责任免除

交强险不负责赔偿和垫付的损失和费用,具体为:

(1)因受害人故意造成的交通事故的损失;

(2)被保险人所有的财产及被保险机动车上的财产遭受的损失;

(3)被保险机动车发生交通事故,致使受害人停业、停驶、停电(图3-1-1)、停水、停气、停产、通信或者网络中断、数据丢失、电压变化等造成的损失以及受害人财产因市场价格变动造成的贬值、修理后因价值降低造成的损失等其他各种间接损失;

(4)因交通事故产生的仲裁或者诉讼费用以及其他相关费用。

图3-1-1 大货车撞倒电线杆导致停电

4)保险期间

一般交强险合同的保险期间为一年,以保险单载明的起止时间为准。有下列情形之一的,投保人可以投保短期保险:

(1)临时入境的境外机动车;

(2)距报废期限不足一年的机动车;

(3)临时上道路行驶的机动车;

(4)保监会规定的其他情形。

3.机动车第三者责任保险

机动车责任保险(以下简称三者险)。第三者是指因被保险机动车发生意外事故遭受人身伤亡或者财产损失的人,但不包括投保人、被保险人、保险人和保险事故发生时被保险机动车本车上的人员。通俗的说,在保险合同中,保险公司是第一方,也叫第一者;被保险人或致害人是第二方,也叫第二者;除保险公司与被保险人之外的、因保险车辆的意外事故而遭受人身伤害或财产损失的受害人是第三方,也叫第三者。

1)保险责任

保险期间内,被保险人或其允许的合法驾驶人在使用被保险机动车过程中发生意外事故,致使第三者遭受人身伤亡或财产直接损毁,依法应当由被保险人承担的损害赔偿责任,保险人依照保险合同的约定,对于超过交强险各分项赔偿限额以上的部分负责赔偿。

2)责任免除

(1)被保险机动车造成下列人身伤亡或财产损失,不论在法律上是否应当由被保险人承担赔偿责任,保险人均不负责赔偿:

①被保险人及其家庭成员的人身伤亡、所有或代管的财产的损失;

②被保险机动车本车驾驶人及其家庭成员的人身伤亡、所有或代管的财产的损失;

③被保险机动车本车上其他人员的人身伤亡或财产损失。

(2)下列情况下,不论任何原因造成的对第三者的损害赔偿责任,保险人均不负责赔偿:

①地震及其次生灾害。

②战争、军事冲突、恐怖活动、暴乱、扣押、收缴、没收、政府征用。

③竞赛、测试、教练,在营业性维修、养护场所修理、养护期间。

④利用被保险机动车从事违法活动。

⑤驾驶人饮酒、吸食或注射毒品、被药物麻醉后使用被保险机动车。

⑥事故发生后,被保险人或其允许的驾驶人在未依法采取措施的情况下驾驶被保险机动车或者遗弃被保险机动车逃离事故现场,或故意破坏、伪造现场、毁灭证据。

⑦驾驶人有下列情形之一者:无驾驶证或驾驶证有效期已届满;驾驶的被保险机动车与驾驶证载明的准驾车型不符;实习期内驾驶公共汽车、营运客车或者载有爆炸物品、易燃易爆化学物品、剧毒或者放射性等危险物品的被保险机动车,实习期内驾驶的被保险机动车牵引挂车;持未按规定审验的驾驶证,以及在暂扣、扣留、吊销、注销驾驶证期间驾驶被保险机动车;使用各种专用机械车、特种车的人员无国家有关部门核发的有效操作证,驾驶营运客车的驾驶人无国家有关部门核发的有效资格证书;依照法律法规或公安机关交通管理部门有关规定不允许驾驶被保险机动车的其他情况下驾车。

⑧非被保险人允许的驾驶人使用被保险机动车。

⑨被保险机动车转让他人,被保险人、受让人未履行保险合同规定的通知义务,且因转让导致被保险机动车危险程度显著增加而发生保险事故。

⑩除另有约定外,发生保险事故时被保险机动车无公安机关交通管理部门核发的行驶证或号牌,或未按规定检验或检验不合格。

(3)下列损失和费用,保险人不负责赔偿:

①被保险机动车发生意外事故,致使第三者停业、停驶、停电、停水、停气、停产、通信或者网络中断、数据丢失、电压变化等造成的损失以及其他各种间接损失;

②精神损害赔偿;

③因污染(含放射性污染)造成的损失;
④第三者财产因市场价格变动造成的贬值、修理后价值降低引起的损失;
⑤被保险机动车被盗窃、抢劫、抢夺期间造成第三者人身伤亡或财产损失;
⑥被保险人或驾驶人的故意行为造成的损失;
⑦仲裁或者诉讼费用以及其他相关费用。

(4)应当由交强险赔偿的损失和费用,保险人不负责赔偿。保险事故发生时,被保险机动车未投保交强险或交强险合同已经失效的,对于交强险各分项赔偿限额以内的损失和费用,保险人不负责赔偿。

(5)其他不属于保险责任范围内的损失和费用。

4. 机动车损失保险

机动车损失保险(以下简称车损险)的合同为不定值保险合同。不定值保险合同是指双方当事人在订立保险合同时不预先确定保险标的的保险价值,而是按照保险事故发生时保险标的的实际价值确定保险价值的保险合同。

1)保险责任

保险期间内,被保险人或其允许的合法驾驶人在使用被保险机动车过程中,因下列原因造成被保险机动车的损失,保险人依照保险合同的约定负责赔偿:

(1)碰撞、倾覆、坠落;
(2)火灾、爆炸;
(3)外界物体坠落、倒塌;
(4)暴风、龙卷风;
(5)雷击、雹灾、暴雨、洪水、海啸;
(6)地陷、冰陷、崖崩、雪崩、泥石流、滑坡;
(7)载运被保险机动车的渡船遭受自然灾害(只限于驾驶人随船的情形)。

发生保险事故时,被保险人为防止或者减少被保险机动车的损失所支付的必要的、合理的施救费用,由保险人承担,最高不超过保险金额的数额。

2)责任免除

(1)下列情况下,不论任何原因造成被保险机动车损失,保险人均不负责赔偿:
①地震及其次生灾害。
②战争、军事冲突、恐怖活动、暴乱、扣押、收缴、没收、政府征用。
③竞赛、测试,在营业性维修、养护场所修理、养护期间。
④利用被保险机动车从事违法活动。
⑤驾驶人饮酒、吸食或注射毒品、被药物麻醉后使用被保险机动车。
⑥事故发生后,被保险人或其允许的驾驶人在未依法采取措施的情况下驾驶被保险机动车或者遗弃被保险机动车逃离事故现场,或故意破坏、伪造现场、毁灭证据。
⑦驾驶人有下列情形之一者:无驾驶证或驾驶证有效期已届满;驾驶的被保险机动车与驾驶证载明的准驾车型不符;持未按规定审验的驾驶证,以及在暂扣、扣留、吊销、注销驾驶证期间驾驶被保险机动车;依照法律法规或公安机关交通管理部门有关规定不允许驾驶被保险机动车的其他情况下驾车。

⑧非被保险人允许的驾驶人使用被保险机动车。

⑨被保险机动车转让他人,被保险人、受让人未履行本保险合同规定的通知义务,且因转让导致被保险机动车危险程度显著增加而发生保险事故。

⑩除另有约定外,发生保险事故时被保险机动车无公安机关交通管理部门核发的行驶证或号牌,或未按规定检验或检验不合格。

(2)被保险机动车的下列损失和费用,保险人不负责赔偿:

①自然磨损、朽蚀、腐蚀、故障;

②玻璃单独破碎,车轮单独损坏;

③无明显碰撞痕迹的车身划痕;

④人工直接供油、高温烘烤造成的损失;

⑤自燃以及不明原因火灾造成的损失;

⑥遭受保险责任范围内的损失后,未经必要修理继续使用被保险机动车,致使损失扩大的部分;

⑦因污染(含放射性污染)造成的损失;

⑧市场价格变动造成的贬值、修理后价值降低引起的损失;

⑨标准配置以外新增设备的损失;

⑩发动机进水后导致的发动机损坏;

⑪被保险机动车所载货物坠落、倒塌、撞击、泄漏造成的损失;

⑫被盗窃、抢劫、抢夺,以及因被盗窃、抢劫、抢夺受到损坏或车上零部件、附属设备丢失;

⑬被保险人或驾驶人的故意行为造成的损失;

⑭应当由交强险赔偿的金额。

(3)其他不属于保险责任范围内的损失和费用。

5.机动车车上人员责任险(以下简称车上人员责任险)

1)保险责任

保险期间内,被保险人或其允许的合法驾驶人在使用被保险机动车过程中发生意外事故,致使车上人员遭受人身伤亡(图3-1-2),依法应当由被保险人承担的损害赔偿责任,保险人依照本保险合同的约定负责赔偿。

2)责任免除

(1)被保险机动车造成下列人身伤亡,不论在法律上是否应当由被保险人承担赔偿责任,保险人均不负责赔偿:

①被保险人或驾驶人的故意行为造成的人身伤亡;

②被保险人及驾驶人以外的其他车上人员的故意、重大过失行为造成的自身伤亡;

图3-1-2 车上人员受伤

③违法、违章搭乘人员的人身伤亡;

④车上人员因疾病、分娩、自残、斗殴、自杀、犯罪行为造成的自身伤亡;

⑤车上人员在被保险机动车车下时遭受的人身伤亡。
(2)下列情况下,不论任何原因造成的对车上人员的损害赔偿责任,保险人均不负责赔偿:
①地震及其次生灾害;
②战争、军事冲突、恐怖活动、暴乱、扣押、收缴、没收、政府征用;
③竞赛、测试、教练,在营业性维修、养护场所修理、养护期间;
④利用被保险机动车从事违法活动;
⑤驾驶人饮酒、吸食或注射毒品、被药物麻醉后使用被保险机动车;
⑥事故发生后,被保险人或其允许的驾驶人在未依法采取措施的情况下驾驶被保险机动车或者遗弃被保险机动车离开事故现场,或故意破坏、伪造现场、毁灭证据;
⑦驾驶人不合法的规定同三者险;
⑧非被保险人允许的驾驶人驾驶被保险机动车;
⑨被保险机动车转让他人,被保险人、受让人未履行本保险合同规定的通知义务,且因转让导致被保险机动车危险程度显著增加而发生保险事故;
⑩除另有约定外,发生保险事故时被保险机动车无公安机关交通管理部门核发的行驶证或号牌,或未按规定检验或检验不合格。
(3)下列损失和费用,保险人不负责赔偿:
①精神损害赔偿;
②因污染(含放射性污染)造成的人身伤亡;
③仲裁或者诉讼费用以及其他相关费用;
④应当由交强险赔偿的损失和费用。
(4)其他不属于保险责任范围内的损失和费用。

6.机动车盗抢保险(以下简称盗抢险)
1)保险责任
保险期间内,被保险机动车下列损失和费用,保险人依照本保险合同的约定负责赔偿:
(1)被保险机动车被盗窃、抢劫、抢夺,经出险当地县级以上公安刑侦部门立案证明,满60天未查明下落的全车损失;
(2)被保险机动车全车被盗窃、抢劫、抢夺后,受到损坏或车上零部件、附属设备丢失需要修复的合理费用;
(3)被保险机动车在被抢劫、抢夺过程中,受到损坏需要修复的合理费用。
2)责任免除
(1)下列情况下,不论任何原因造成被保险机动车损失,保险人均不负责赔偿:
①地震及其次生灾害;
②战争、军事冲突、恐怖活动、暴乱、扣押、收缴、没收、政府征用;
③竞赛、测试、教练,在营业性维修、养护场所修理、养护期间;
④利用被保险机动车从事违法活动;
⑤驾驶人饮酒、吸食或注射毒品、被药物麻醉后使用被保险机动车;
⑥非被保险人允许的驾驶人使用被保险机动车;
⑦租赁机动车与承租人同时失踪;

⑧被保险机动车转让他人,被保险人、受让人未履行保险合同规定的通知义务,且因转让导致被保险机动车危险程度显著增加而发生保险事故;

⑨除另有约定外,发生保险事故时被保险机动车无公安机关交通管理部门核发的行驶证或号牌,或未按规定检验或检验不合格;

⑩被保险人索赔时,未能提供机动车停驶手续或出险当地县级以上公安刑侦部门出具的盗抢立案证明。

(2)被保险机动车的下列损失和费用,保险人不负责赔偿:

①自然磨损、朽蚀、腐蚀、故障;

②遭受保险责任范围内损失后,未经必要修理继续使用被保险机动车,致使损失扩大部分;

③市场价格变动造成的贬值、修理后价值降低引起的损失;

④标准配置以外新增设备的损失;

⑤非全车遭盗窃,仅车上零部件或附属设备被盗窃或损坏;

⑥被保险机动车被诈骗造成的损失;

⑦被保险人因民事、经济纠纷而导致被保险机动车被抢劫、抢夺;

⑧被保险人及其家庭成员、被保险人允许的驾驶人的故意行为或违法行为造成的损失。

(3)被保险机动车被盗窃、抢劫、抢夺期间造成人身伤亡或本车以外的财产损失,保险人不负责赔偿。

(4)保险人在依据本保险合同约定计算赔款的基础上,按下列免赔率免赔:

①发生全车损失的,免赔率为20%;

②发生全车损失,被保险人未能提供机动车行驶证、机动车登记证书、机动车来历凭证、车辆购置税完税证明(车辆购置附加费缴费证明)或免税证明的,每缺少一项,增加免赔率1%;

③投保时指定驾驶人,保险事故发生时为非指定驾驶人使用被保险机动车的,增加免赔率5%;

④投保时约定行驶区域,保险事故发生在约定行驶区域以外的,增加免赔率10%。

(5)其他不属于保险责任范围内的损失和费用。

7. 不计免赔率特约条款

1)保险责任

经特别约定,保险事故发生后,按照对应投保的险种规定的免赔率计算的、应当由被保险人自行承担的免赔金额部分,保险人负责赔偿。

2)责任免除

下列情况下,应当由被保险人自行承担的免赔金额,保险人不负责赔偿:

(1)机动车损失保险中应当由第三方负责赔偿而无法找到第三方的;

(2)被保险人根据有关法律法规规定选择自行协商方式处理交通事故,但不能证明事故原因的;

(3)因违反安全装载规定而增加的;

(4)投保时指定驾驶人,保险事故发生时为非指定驾驶人使用被保险机动车而增加的;

(5)投保时约定行驶区域,保险事故发生在约定行驶区域以外而增加的;

(6)因保险期间内发生多次保险事故而增加的;

(7)发生机动车盗抢险规定的全车损失保险事故时,被保险人未能提供机动车行驶证、机动车登记证书、机动车来历凭证、车辆购置税完税证明(车辆购置附加费缴费证明)或免税证明而增加的;

(8)可附加本条款但未选择附加本条款的险种规定的;

(9)不可附加本条款的险种规定的。

任务实施

小董虽然大概明白商用车保险的相关知识,但还是没有底气向客户做出介绍,生怕因自己介绍得不够详细而影响了客户的选择。只好坦诚地向客户王先生说明自己是实习生,并叫来了师傅向客户做出解释。

指导师傅在接待区让客户王先生落座,向他做出了相关介绍,给出了保险险种的购买建议。小董在征得师傅和客户同意后,坐在旁边一道听取了师傅的介绍。

1. 介绍交强险

师傅向王先生介绍交强险为法定保险,是新车上牌的前提,是所有车辆年审的必要条件,车主必须购买该险种,而且日后还需年年续保。

2. 介绍商业车险

师傅向王先生说明商业车险与交强险的关系。交强险强制购买,商业车险自愿购买,交强险只是对第三方受害人的最基本保障,保额有限;而商业车险险种类繁多,针对不同的车辆使用风险有不同的保险产品,因此,王先生应该根据自身风险情况和经济基础再选择一些必要的商业车险险种,以获取比较全面的保险保障。

3. 商业车险险种较多

师傅再向王先生说明商业车险险种较多(分主险和附加险)。选购较多的险种有:三者险、车损险、车上人员责任险、不计免赔率特约条款等。

师傅简单明了地说明了每个险种的保险责任要点和责任免除要点(表3-1-3),以使车主王先生心中明白。

客户王先生听后,非常感谢师傅的介绍,使自己基本明白了车险的概念及保障范围,小董也更加明白了这个知识点的内容。

汽车保险险种的保险责任和责任免除要点 表3-1-3

步骤	性质	险种	保险责任要点	责任免除要点
1	强制险	交强险	因意外事故造成第三者人身伤残、医疗费用、财产损毁所负经济赔偿责任	①故意行为导致损失; ②被保险人财产损失; ③6停2中断1丢失1变化损失(停业、停驶、停电、停水、停气、停产、通信或者网络中断、数据丢失、电压变化); ④贬值损失

续上表

步骤	性质	险种	保险责任要点	责任免除要点
2	商业主险	三者险	因意外事故造成第三者人身伤残、医疗费用、财产损毁所负经济赔偿责任	①不属于三者范围的损失;②不可保风险(如地震、修理养护期间、饮酒、逃逸、驾驶员不合法等)造成的损失;③不属于可赔偿范围的损失(如故意行为导致损失,6停2中断1丢失1变化损失、精神损害赔偿、贬值损失、污染损失、交强险应赔偿损失等);④条款规定免赔部分
		车损险	因自然灾害、意外事故导致的车辆损失,以及施救费用。①意外事故包括:碰撞、倾覆、坠落、火灾、外界坠落、倒塌等。②自然灾害包括:暴风、龙卷风、雷击、雹灾、暴雨、洪水、海啸、地陷、冰陷、崖崩、雪崩、泥石流、滑坡等	①不可保风险(如地震、修理养护期间、饮酒、逃逸、驾驶员不合法等)造成的损失;②不属于可赔偿范围的损失(如故意行为导致损失、自然磨损及故障损失、玻璃单独破碎、车轮单独损坏、车身划痕、自燃损失、贬值损失、污染损失、新增设备损失、发动机进水损失、交强险应赔偿损失等);③条款规定免赔部分
		车上人员责任险	因意外事故造成车上驾驶员或乘员的人身伤残、医疗费用所负经济赔偿责任	①不属于车上人员范围(如违法违章搭乘人员、车上人员在车下等)的损失;②不可保风险(如地震、修理养护期间、饮酒、逃逸、驾驶员不合法等)造成的损失;③不属于可赔偿范围的损失(如故意行为导致损失、精神损害赔偿、污染损失、交强险应赔偿损失等);④条款规定免赔部分
		盗抢险	车辆被盗窃、抢劫、抢夺导致的车辆损失及盗抢期间车辆损坏修复费用	①不可保风险(如地震、修理养护期间、饮酒、逃逸、驾驶员不合法等)造成的损失;②不属于可赔偿范围的损失(如故意行为导致损失、自然磨损及故障损失、贬值损失、新增设备损失、非全车遭盗窃、被诈骗损失、民事经济纠纷导致损失、车辆被盗抢期间导致的三者损失、交强险应赔偿损失等);③条款规定免赔部分
3	附加险	可选免赔额特约条款	车损险赔款时,扣减本特约条款约定的免赔额	条款规定免赔额
		不计免赔率特约条款	对应险种规定的事故责任免赔部分	事故责任免赔以外的免赔

> **知识拓展**

1. 自燃损失险

投保了家庭自用汽车损失保险的机动车,可投保本附加险。

1)保险责任

(1)因被保险机动车电器、线路、供油系统、供气系统发生故障或所载货物自身原因起火燃烧造成本车的损失;

(2)发生保险事故时,被保险人为防止或者减少被保险机动车的损失所支付的必要的、合理的施救费用。

2)责任免除

(1)自燃仅造成电器、线路、供油系统、供气系统的损失;

(2)所载货物自身的损失。

2. 油污污染责任险

投保人在同时投保了车损险和三者险的基础上,可投保本附加险。

1)保险责任

保险期间内,被保险机动车在使用过程中发生意外事故,由于被保险机动车或第三方机动车自身油料或所载油料泄漏造成道路的污染损失及清理费用,依法应由被保险人承担的损害赔偿责任,保险人依照合同约定负责赔偿。

2)责任免除

(1)道路以外的损失;

(2)由于污染所导致的罚款及任何间接损失;

(3)应当由交强险赔偿的损失和费用。

3. 车上货物责任险

投保了三者险的机动车,可投保本附加险。

1)保险责任

保险期间内,发生意外事故致使被保险机动车所载货物遭受直接损毁,依法应由被保险人承担的损害赔偿责任,保险人负责赔偿。

2)责任免除

(1)偷盗、哄抢、自然损耗、本身缺陷、短少、死亡、腐烂、变质造成的货物损失;

(2)违法、违章载运或因包装不善造成的损失;

(3)车上人员携带的私人物品;

(4)应当由交强险赔偿的损失和费用。

> **任务评价**

将学生分成若干组,每组调查一家保险公司,调查清楚其以《中国保险行业协会机动车辆商业保险示范条款》为蓝本制订的车辆损失险的费率标准。

分别列举 10 家保险公司各自开发了哪些附加险种,并了解这些险种的保险责任与责任免除。任务落实情况调查评价见表3-1-4。

学习模块 3　商用车保险与理赔

《中国保险行业协会机动车辆商业保险示范条款》落实情况调查评价表　表 3-1-4

序号	内容及要求	评分	评分标准	自评	组评	师评	得分
1	列举 10 家保险公司以《中国保险行业协会机动车辆商业保险示范条款》为蓝本制订的车辆损失险的费率标准	30	每准确调查到一家公司的费率标准,得 3 分				
2	列举 10 家保险公司各自开发了哪些附加险种	30	每列出一家公司的附加险种,得 1~3 分				
3	列举 10 家保险公司所开发附加险种的保险责任与责任免除	40	每列出一家公司的附加险种的保险责任与责任免除,得 1~4 分				

指导教师总体评价：

指导教师_____
_____年___月___日

练一练

一、填空题

1. 交强险责任限额分为三类,分别为(　　)、(　　)、(　　)。
2. 车轮单独损坏是指未发生被保险机动车其他部位的损坏,仅发生(　　)、(　　)、(　　)的分别单独损坏,或上述三者之中任意二者的共同损坏,或三者的共同损坏。
3. (　　)合同是指双方当事人在订立保险合同时不预先确定保险标的的保险价值,而是按照保险事故发生时保险标的的实际价值确定保险价值的保险合同。

二、选择题(以下各题,有的属于单选题,有的属于多选题,请选择正确答案填写在括号内)

1. 交强险中不负责赔偿的是(　　)。(多选)
   A. 因受害人故意造成的交通事故的损失
   B. 被保险人所有的财产及被保险机动车上的财产遭受的损失
   C. 受害人财产因市场价格变动造成的贬值、修理后因价值降低造成的损失
   D. 因交通事故产生的仲裁或者诉讼费用以及其他相关费用

2. 三者险中规定的,不属于第三者范围的是(　　)。(多选)
   A. 本车上人员　　　　　　B. 被保险人
   C. 保险人　　　　　　　　D. 被保险人家庭成员

3. 购买了车损险不计免赔率特约条款后,仍不能获得保险人赔偿的是(　　)。(多选)
   A. 机动车损失保险中应当由第三方负责赔偿而无法找到第三方的
   B. 被保险人根据法律法规规定选择自行协商处理交通事故,但不能证明事故原因的
   C. 投保时指定驾驶人,保险事故发生时为非指定驾驶人使用被保险机动车而增加的
   D. 投保时约定行驶区域,保险事故发生在约定行驶区域以外而增加的

· 77 ·

三、判断题(以下各题,说法正确的请在括号内打"√",说法错误的请在括号内打"×")
1. 标的车辆在事故中无责任时,交强险不负责赔偿。   (   )
2. 三者人员伤亡时的精神损害费用,交强险负责赔偿,三者险不负责赔偿。   (   )
3. 暴雨中汽车被淹,发动机因进水导致损失,此属于车辆损失保险赔偿范围。 (   )

学习任务3.2 车险方案与购买

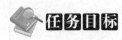

(1)针对客户风险情况和个人意愿帮助客户制订合适的保险方案。
(2)帮助客户确定各险种保险金额。
(3)帮助客户计算应缴保费。

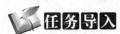

实习的小董和小梁,在听了师傅向王先生介绍的保险险种之后,非常佩服师傅对保险险种熟悉的程度。暗自下决心要向师傅多学习,掌握更多的专业知识,为将来做好自己的工作而积累。

临近下班,师傅看出了他们的心思,给出了一个作业题:就以今天前来咨询的王先生所购买的车为例(花费30多万元买了一辆福田戴姆勒欧曼ETX9系重卡自卸汽车,载重25t),替他制订车险购买方案,并初步计算保险费用。

保险方案包括哪些险种? 又如何确定保险金额并计算应缴保费呢?

王先生的考重卡自卸汽车主要是从石料厂向沥青搅拌厂运送石子,偶尔也会承接一些客户委托的其他货物运输,王先生本人38岁,驾龄10年,家里有一个11岁男孩。

1. 常见汽车保险方案

汽车保险包括多个险种,除交强险是强制性险种外,其他险种都以自愿为原则。车主可以根据自己的经济实力与实际需求,进行投保。以下是4个汽车保险常见方案,供车主参考。

1)最低保障方案
险种组合:交强险。
保障范围:只对第三者的损失负基本赔偿责任。
适用对象:只想完成法律规定的人,以及很少使用车辆、驾驶技术非常熟练的人。
特点:只有最低保障。
优点:只是完成了法律规定,费用低。
缺点:一旦撞车或撞人,对方的损失能得到保险公司的部分赔偿,如果对方伤害严重,自己负担的部分可能较高,而自己车的损失只有自己负担。

2)基本保障方案
险种组合:交强险 + 三者险 + 车损险。

保障范围:只投保了交强险和最主要的主险险种。

特点:费用适度,能够提供基本的保障。

适用对象:经济实力不强的车主。

优点:必要性最高。

缺点:不是最佳组合,车损险中有许多车辆的损失不予赔偿,车上人员得不到保障,且车损险和三者险都有免赔率。

3)经济保障方案

险种组合:交强险+三者险+车损险+车上人员责任险+盗抢险+不计免赔率特约条款。

特点:投保了交强险和4个最必要、最有价值的主险险种及主险相对应的不计免赔率特约条款。

适用对象:精打细算的车主。

优点:投保最有价值的险种,保险性价比最高,人们最关心的车辆丢失和100%赔付等大风险都有保障,保费不高但包含了比较实用的不计免赔特约条款。当然,这仍不是最完善的保险方案。

缺点:车身划痕、新增设备等仍无法得到保障。

4)完全保障方案

险种组合:交强险+三者险+车损险+车上人员责任险+盗抢险+不计免赔率特约条款+可选免赔额特约条款+新增加设备损失险+自燃损失险+发动机特别损失险+油污污染责任险+交通事故精神损害赔偿责任保险。

特点:保障全面,居安思危才能有备无患。常见风险的对应险种全部投保,能从容上路,不必担心交通所带来的种种风险。

适用对象:经济充裕的车主。

优点:作为商用车,绝大部分事故损失都能得到赔偿。投保人不必为少投保某一险种而担心。

缺点:险种数量多,保费高,某些险种出险的概率可能比较小。

2. 保险金额确定及保费计算

1)交强险

(1)责任限额:责任限额为12.2万元,为一固定限额。

(2)保费计算:先根据基础费率方案计算出基础保险费,再根据费率浮动办法计算出与道路交通事故相联系的浮动比率,两者相乘即为最终保险费,即

最终保险费 = 基础保险费 × (1 + 与道路交通事故相联系的浮动比率)

交强险基础费率方案将所有机动车共分为8大类42小类,如表3-2-1所示。

交强险基础费率方案　　　　　　　　表3-2-1

车辆大类	序　号	车辆明细分类	保费(元)
一、家庭自用车	1	家庭自用汽车6座以下	950
	2	家庭自用汽车6座及以上	1100
二、非营业客车	3	企业非营业汽车6座以下	1000
	4	企业非营业汽车6~10座	1130
	5	企业非营业汽车11~20座	1220
	6	企业非营业汽车20座以上	1270

续上表

车辆大类	序号	车辆明细分类	保费(元)
二、非营业客车	7	机关非营业汽车6座以下	950
	8	机关非营业汽车6～10座	1070
	9	机关非营业汽车11～20座	1140
	10	机关非营业汽车20座以上	1320
三、营业客车	11	营业出租租赁6座以下	1800
	12	营业出租租赁6～10座	2360
	13	营业出租租赁11～20座	2400
	14	营业出租租赁21～36座	2560
	15	营业出租租赁36座以上	3530
	16	营业城市公交6～10座	2250
	17	营业城市公交11～20座	2520
	18	营业城市公交21～36座	3020
	19	营业城市公交36座以上	3140
	20	营业公路客运6～10座	2350
	21	营业公路客运11～20座	2620
	22	营业公路客运21～36座	3420
	23	营业公路客运36座以上	4690
四、非营业货车	24	非营业货车2t以下	1200
	25	非营业货车2～5t	1470
	26	非营业货车6～10t	1650
	27	非营业货车10t以上	2220
五、营业货车	28	营业货车2t以下	1850
	29	营业货车2～5t	3070
	30	营业货车6～10t	3450
	31	营业货车10t以上	4480
六、特种车	32	特种车一	3710
	33	特种车二	2430
	34	特种车三	1080
	35	特种车四	3980
七、摩托车	36	摩托车50CC及以下	80
	37	摩托车50～250CC(含)	120
	38	摩托车250CC以上及侧三轮	400
八、拖拉机	39	兼用型拖拉机14.7kW及以下	**按保监产险[2007]53号文件实行地区差别费率**
	40	兼用型拖拉机14.7kW以上	
	41	运输型拖拉机14.7kW及以下	
	42	运输型拖拉机14.7kW以上	

注:1. 座位和吨位的分类都按照"含起点不含终点"的原则来解释。

2. 特种车一:油罐车、汽罐车、液罐车。

特种车二:专用净水车、特种车一以外的罐式货车,以及用于清障、清扫、清洁、起重、装卸、升降、搅拌、挖掘、推土、冷藏、保温等的各种专用机动车。

特种车三:装有固定专用仪器设备从事专业工作的监测、消防、运钞、医疗、电视转播等的各种专用机动车。

特种车四:集装箱拖头。

(3) 低速载货汽车参照运输型拖拉机 14.7kW 以上的费率执行。

《机动车交通事故责任强制保险费率浮动暂行办法》规定在全国范围统一实行交强险费率浮动与道路交通事故相联系，暂不实行与道路交通安全违法行为相联系。交强险费率浮动因素及比率见表 3-2-2。

交强险费率浮动暂行办法考虑因素及比率 表 3-2-2

浮动因素			浮动比率(%)
与道路交通事故相联系的浮动 A	A1	上一个年度未发生有责任道路交通事故	-10
	A2	上两个年度未发生有责任道路交通事故	-20
	A3	上三个及以上年度未发生有责任道路交通事故	-30
	A4	上一个年度发生一次有责任不涉及死亡的道路交通事故	0
	A5	上一个年度发生两次及两次以上有责任道路交通事故	10
	A6	上一个年度发生有责任道路交通死亡事故	30

2）三者险

(1) 责任限额：分为 5 万元、10 万元、15 万元、20 万元、30 万元、50 万元、100 万元、100 万元以上等档次。责任限额为 100 万元以上时，必须是 50 万元的整数倍。责任限额由投保人和保险人在签订保险合同时协商确定。

(2) 保费计算：按照被保险人类别、车辆用途、座位数/吨位数/排量/功率、责任限额从费率表中直接查找保费。

如果责任限额为 100 万元以上，则：

$$保险费 = A + 0.9 \times N \times (A - B)$$

式中：A——同档次限额为 100 万元时的保险费；

B——同档次限额为 50 万元时的保险费；

$N = ($限额 $- 100$ 万元$)/50$ 万元。

3）车损险

(1) 保险金额：由投保人和保险人从下列三种方式中选择确定，保险人根据确定保险金额的不同方式承担相应的赔偿责任。

①按投保时被保险机动车的新车购置价确定。新车购置价根据投保时保险合同签订地同类型新车市场销售价格（含车辆购置税）确定，并在保险单中载明，无同类型新车市场销售价格的，由投保人与保险人协商确定。

②按投保时被保险机动车的实际价值确定。实际价值根据投保时的新车购置价减去折旧金额后的价格确定。被保险机动车的折旧按月计算，不足一个月的部分，不计折旧。折旧率因车辆种类不同而有所不同，最高折旧金额不超过投保时被保险机动车新车购置价的 80%。

折旧金额 = 投保时的新车购置价 × 被保险机动车已使用月数 × 月折旧率

③在投保时被保险机动车的新车购置价内协商确定。

(2) 保费计算：按照被保险人类别、车辆用途、座位数/吨位数/排量/功率、车辆使用年限所属档次查找基础保费和费率。

保费 = 基础保费 + 保险金额 × 费率

4)车上人员责任险

(1)责任限额:驾驶人每次事故责任限额和乘客每次事故每人责任限额由投保人和保险人在投保时协商确定。投保乘客座位数按照被保险机动车的核定载客数(驾驶座除外)确定。

(2)保费计算:按照被保险人类别、车辆用途、座位数查找费率。

$$驾驶人保费 = 每次事故责任限额 \times 费率$$

$$乘客保费 = 每次事故每人责任限额 \times 费率 \times 投保乘客座位数$$

5)盗抢险

(1)保险金额:由投保人和保险人在投保时被保险机动车的实际价值内协商确定。实际价值根据投保时的新车购置价减去折旧金额后的价格确定。折旧按月计算,不足一个月的部分,不计折旧。最高折旧金额不超过投保时被保险机动车新车购置价的80%。

$$折旧金额 = 投保时的新车购置价 \times 被保险机动车已使用月数 \times 月折旧率$$

(2)保费计算:按照被保险人类别、车辆用途、座位数查找基础保费和费率。

$$保费 = 基础保费 + 保险金额 \times 费率$$

6)不免赔率特约条款

保费计算:按照适用的险种查找费率。

$$保费 = 适用本条款的险种标准保费 \times 费率$$

不计免赔率特约条款费率表适用险种中未列明的险种,不可投保不计免赔率特约条款。

7)费率调整系数(表3-2-3)

(1)无赔款优待及上年赔款记录费率调整系数。根据历史赔款记录,按照规定的费率调整系数进行费率调整。

(2)约定行驶区域系数。"场内"指仅在工地、机场、厂区、码头等固定范围内使用。"省内""固定路线""场内"三项系数不能同时使用;家庭自用车不能使用"固定路线"及"场内"费率调整系数。

(3)承保数量系数。根据同一被保险人或同一投保人在一个投保年度内,在保险公司投保车辆数的情况选择使用。家庭自用车不能使用该费率调整系数。

(4)指定驾驶人、性别、驾龄、年龄系数。仅适用于家庭自用车指定驾驶人的情况,当指定多名驾驶人时,以乘积高者为准。

(5)经验及预期赔付率系数、管理水平系数。适用于车队。经验及预期赔付率系数、管理水平系数不能同时使用。

(6)使用规则。

①费率调整系数采用系数连乘的方式:

$$费率调整系数 = 系数1 \times 系数2 \times 系数3 \times \cdots\cdots$$

②使用费率调整系数后,各险别的费率优惠幅度超过监管部门规定的最大优惠幅度,按照监管部门规定的最大优惠幅度执行。

费率调整系数见表3-2-3。

费率调整系数表　　　　　　　表3-2-3

序号	项目	内容	系数	适用范围
1	无赔款优待及上年赔款记录	连续三年没有发生赔款	0.7	所有车辆
		连续两年没有发生赔款	0.8	
		上年没有发生赔款	0.9	
		新保或上年赔款次数在3次以下	1.0	
		上年发生3次赔款	1.1	
		上年发生4次赔款	1.2	
		上年发生5次及以上赔款	1.3	
2	多险种同时投保	同时投保车损险、三者险	0.95~1.00	
3	客户忠诚度	首年投保	1.00	
		续保	0.90	
4	平均年行驶里程	平均年行驶里程<30000km	0.90	
		平均年行驶里程≥50000km	1.1~1.3	
5	安全驾驶	上一保险年度无交通违法记录	0.90	
6	约定行驶区域	省内	0.95	所有车辆
		固定路线	0.92	不适用于家庭自用车
		场内	0.80	
7	承保数量	承保数量<5台	1.00	不适用于家庭自用车
		5台≤承保数量<20台	0.95	
		20台≤承保数量<50台	0.90	
		承保数量≥50台	0.80	
8	指定驾驶人	指定驾驶人员	0.90	仅适用于家庭自用车
9	性别	男	1.00	
		女	0.95	
10	驾龄	驾龄<1年	1.05	
		1年≤驾龄<3年	1.02	
		驾龄≥3年	1.00	
11	年龄	年龄<25岁	1.05	
		25岁≤年龄<30岁	1.00	
		30岁≤年龄<40岁	0.95	
		40岁≤年龄<60岁	1.00	
		年龄≥60岁	1.05	
12	经验及预期赔付率	40%及以下	0.7~0.8	仅适用于车队
		40%~60%	0.8~0.9	
		60%~70%	1.00	
		70%~90%	1.1~1.3	
		90%以上	1.3以上	
13	管理水平	根据风险管理水平和业务类型	0.7以上	
14	车辆损失险车型	特异车型、稀有车型、古老车型	1.3~2.0	所有车辆

注:费率调整系数表不适用于摩托车和拖拉机。

任务实施

1. 险种设计

经小董、小梁的设计,因为王先生的自卸汽车运输项目相对单一,行驶路线基本确定,建议选购的险种组合为:交强险+三者险+车损险+车上人员责任险+盗抢险。

2. 计算王先生应缴保费

1) 交强险

王先生购买的福田戴姆勒欧曼 ETX 9 系重卡自卸汽车,载重 25t,保费为 4480 元,第一个年度购买,无法享受折扣优惠。

2) 商业车险

目前,各家公司普遍在《中国保险行业协会机动车辆商业保险示范条款》基础上进行了个性化设计,对于不同的车型、不同的驾驶人、不同的使用目的、不同的索赔经历、不同的投保区域等均有对应的费率调整标准,需依据具体投保的公司在本地的费率标准进行计算。

1. 自燃损失险

(1) 保险金额:由投保人和保险人在投保时被保险机动车的实际价值内协商确定。

(2) 保费计算:费率按表 3-2-4 计算。

$$保费 = 保险金额 \times 费率$$

自燃损失险费率表(单位:%)　　表 3-2-4

地区	1 年以下	1~2 年	2~6 年	6 年以上
深圳	0.15	0.18	0.20	0.30
其他地区	0.15	0.18	0.20	0.23

2. 发动机特别损失险

保费计算:

$$保费 = 车损险标准保费 \times 5\%$$

3. 油污污染责任保险

(1) 责任限额:每次事故责任限额由投保人和保险人按 5 万元、10 万元、20 万元、30 万元、50 万元的档次协商确定。

(2) 保费计算:按照责任限额直接查找保费(表 3-2-5)。

附加油污污染责任保险费率表　　表 3-2-5

责任限额	5 万元	10 万元	20 万元	30 万元	50 万元
保费(元)	500	900	1600	2200	3000

4. 交通事故精神损害赔偿责任保险

(1) 责任限额:每次事故责任限额和每次事故每人责任限额由投保人和保险人在签订保险合同时协商确定,其中每次事故每人责任限额不超过 5 万元。

(2)保费计算:费率为固定费率。

$$保费 = 每次事故责任限额 \times 费率$$

5. 车上货物责任险

(1)责任限额:由投保人和保险人在投保时协商确定。

(2)保费计算:按照营业用、非营业用查找费率。

$$保费 = 责任限额 \times 费率$$

任务评价

保险方案制作及保费计算调查评价见表3-2-6。

保险方案制作及保费计算调查评价表　　　　　表3-2-6

序号	内容及要求	评分	评分标准	自评	组评	师评	得分
1	制定3种以上载质量车型的保险方案	20	每少1种车型,扣7分				
2	查询3种以上载质量车型交强险费用标准	20	每少1种车型,扣7分				
3	查询5家不同公司商业车险中的车损险费用标准	20	每少1家公司,扣4分				
4	查询5家不同公司商业车险中的三者险费用标准	20	每少1家公司,扣4分				
5	查询5家不同公司商业车险中的盗抢险费用标准	20	每少1家公司,扣4分				
指导教师总体评价:							

指导教师_____

____年___月___日

练 一 练

一、填空题

1. 交强险基础费率将所有机动车共分为(　　)大类(　　)小类。

2. 车辆损失险的保费计算公式为(　　)。

3. 第四年个使用年度购买交强险时,假如之前三个年度均未出险,购买时的优惠额度为(　　)%。

二、选择题(以下各题,有的属于单选题,有的属于多选题,请选择正确答案填写在括号内)

1. 不属于三者险的责任限额档次为(　　)。(多选)

　　A. 10万元　　　　　　　　　　B. 35万元

　　C. 70万元　　　　　　　　　　D. 150万元

2.车辆损失险的保险金额可按照( )方式确定。(多选)
　　A.投保时车的新车购置价　　　　　　B.投保时车的实际价值
　　C.投保时车的新车购置价内协商确定　　D.全国市场上该类型车的最低价
3.交通事故精神损害赔偿责任保险,每次事故每人责任限额不超过( )万元。(单选)
　　A.1　　　　　　B.2　　　　　　C.3　　　　　　D.5
三、判断题(以下各题,说法正确的请在括号内打"√",说法错误的请在括号内打"×")
1.同一商用车,用于自用和用于营业时,其交强险应缴保费相同。　　　　　　( )
2.甲车辆在上一年度发生了12次有责任道路交通事故,乙车辆在上一年度发生了1次有责任道路交通死亡事故,则购买交强险时,甲车浮动比例比乙车高。　　　　　　( )
3.三者险责任限额提高一倍,则其应缴保费随之提高一倍。　　　　　　( )

学习任务3.3　商用车出险索赔

任务目标

(1)知道如何在紧急路况下规避车辆出险。
(2)知道在车辆出险之后,如何进行现场保护及报案。
(3)清楚保险理赔及拒赔的基本范畴。
(4)知道在不同的出险情况下,如何准备索赔材料。
(5)清楚保险理赔的索赔流程。

任务导入

车主王先生从本店渠道购买了汽车保险之后,一天来电询问轮胎爆胎了能否得到保险公司的赔偿。电话是来店里实习的小梁接的,她根据自己的所学告诉车主这样的损失无法获得保险公司赔偿的。

可是车主王先生又问了几个问题:

使用商务车的过程中,如果发生紧急情况,应该如何避险?

出险之后如何准备报案材料?

索赔时先走哪一步,再走哪一步?

对于这些问题,小梁懵了,不知道该如何回答王先生,只好先表示了道歉,说第二天打电话给他进行解释。

任务准备

1.部分故障的应急处理

1)制动失灵

(1)下坡检验制动效果。商务车自重及载重均较大,在下长坡、陡坡时,不论有无情况都应该先踩制动踏板,检验制动的效果。这样做的好处在于一旦发现制动失灵,可以赢得控制事故的时间,减少惊慌情绪,做到冷静控制车辆。

(2)平路或下坡制动失灵。当制动失灵时,驾驶员首先要保持冷静,根据路况和车速控制好方向的同时迅速减挡,学会利用发动机的牵引阻力来控制车速。减挡时,把高速挡迅速抢入中低速挡,这时发动机会有很大的牵引阻力使车速迅速降低,同时也可以用手制动配合抢进低速挡,然后用手制动控制车辆停住。如果驻车制动器效果不好,可以快速观察判断利用周围障碍物使车辆停下,或低速控制车辆至平坦路段逐渐停下。

(3)上坡制动失灵。碰到上坡制动失灵时,应适时减入中低挡,保持足够的动力驶上坡顶停车。如果需要半坡停车,应保持前进低挡位,拉紧手制动,随车人员要及时用石块、垫木等物卡住车轮,假如出现后滑现象,车尾应朝山坡或安全一面,并打开前照灯和紧急信号灯,这样可以引起前后车辆的注意和避让。车子不减速,直接向周围物体上靠的方法是极危险的,高速剧烈地乱撞会直接损坏车辆,同时容易被物体反弹造成碰撞和翻车。

2)转向失控

(1)现象。当转向机构中有零件破裂、脱落、卡滞时,会使转向机构突然失控。

(2)对策。遇到转向失控,要沉着冷静判明险情程度,尽快制动停车,同时对其他汽车的驾驶员和行人信号示警,如打开紧急闪烁灯,开前照灯,鸣喇叭并打手势。对于装有动力转向和动力制动的汽车,若突然发现转向困难,或制动不灵,说明动力部件有了故障,要谨慎驾驶,低速前进,在适当地点将车修好。

3)轮胎爆胎

爆胎之前,往往不易被发现。听到爆炸声,并随之出现强烈的跑偏、摇摆等现象时才意识到轮胎爆裂。前轮爆胎危险较大,往往导致急剧跑偏,容易造成撞车、冲出路面乃至翻车等严重事故。

一般来说,驾驶员听到爆胎声的第一反应是踩制动踏板,而这是最危险的动作。正确做法是:不要惊慌,双手紧握转向器,保持车辆直线行驶,同时缓抬加速踏板,让车辆自然减速,待车速降低后,再轻踩制动踏板,并打开右转向灯,让车辆向路边安全地带缓缓停靠。

(1)前轮爆胎处置。前轮爆胎后,汽车会立即向爆胎侧偏驶,危险较大。此时驾驶员一定要极力控制转向器,及时矫正汽车大幅度的偏驶倾向,轻踩制动踏板,千万不要紧急制动,以免车头部分承受太大的力量。爆胎的前轮会不平稳地滚动甚至可能脱离轮辆。此时,也可以迅速换低速挡,用发动机牵阻作用把车速将下来,并停到较为安全的地方。

(2)后轮爆胎的处置。后轮爆胎,汽车尾部会摇摆不定、颠簸不止,但汽车不会失控,相对安全。正确做法:保持镇定,双手控制住转向器,让车保持直线行驶,最好使用反复"点制动"的方式,把汽车重心前移,使完好的前轮受力,以减轻后轮胎所受负荷,同时注意不要过分踩制动踏板。

4)车轮脱落

行驶过程中若车轮脱落非常危险,这会导致汽车失控甚至翻车;脱落下来的车轮甩出去,还会伤及路人和其他车辆。

轮胎脱落多因轮轴固定螺母脱落或轮胎固定螺母断裂所致。遇到这种情况,整车会失去平衡,车轮脱落就会露出制动盘(鼓)或轮轴,这些机件戳入地面,就会形成回转中心,使车辆绕其转动。发生车轮脱落时,驾驶员应立即松开加速踏板,采取紧急制动,并用双手将转向器向汽车回转相反方向打,尽快将车停下,以防止危险程度进一步发展。

5) 离合器分离不开

发动机起动后,完全踩下离合器踏板仍难以挂上挡;或变速杆在一挡上,踩下离合器踏板,起动发动机时,汽车就立即前行或起动不了,这是手动挡车离合器分离不开的典型表现。这种故障,轻则换挡困难,并发出打齿声;重则,挂不上挡,无法正常起步。

途中应急处理时,应首先检查储油罐内油液是否缺失。如果油液为普通的缺失,可进行补充;如果补充后无效,应请修理厂进行救援。

如离合器分离不开,无法正常起步,应急情况下可不用离合器起步,方法有以下三种:

(1) 首先起动发动机,怠速下,用人力或其他外力推动汽车前进后,再挂入一挡行驶。

(2) 当无人可助时,可先挂一挡带挡起动发动机,当车辆起步后再加速至二挡换挡。

(3) 如果无法带挡起动,只能先起动发动机,在加一脚大的空加速踏板的同时迅速换入低速挡强行起步。此法操纵较难,也易损坏变速器,尽量不用。

6) 润滑油表指零

汽车在运行中,润滑油表针突然指在零位,这可能是个非常严重的问题,处理不好会出大事故,造成很大的损失;也可能只是个普通的小毛病,因为润滑油压力表指针指令不一定等于润滑油压力为零。但遇到这种情况,必须引起重视。处理方法如下:

(1) 要立即停车查明原因。先检查外部有没有润滑油泄露的痕迹,5min 后检查油尺的刻度,如果有泄漏,说明润滑油管路、滤清器盖等某处破裂或油底壳防污螺塞松脱而漏油,应及时给予修复,然后加油,之后再起动发动机。

(2) 若润滑油数量足够,且外部没有泄露痕迹,在检查润滑油压力表到感应塞的连线是否完好。如果松脱,接好后起动发动机观察润滑油压力是否正常。

(3) 如果润滑油压力表到感应塞的连线完好,不能盲目起动发动机,则需要查看供油情况,没有问题,可继续开车,到维修点详细检查。

7) 油底壳破碎

果油底壳穿孔,可用锥形木棒塞住,也可用布条卷成锥形塞住,塞得越紧越好。然后用一布袋将其箍紧固定,以免行车中堵塞物掉出。

在维修站检查维修油底壳有裂缝漏油时,可将润滑油放出,拆下油底壳,将胶皮、塑料布剪成比裂缝稍大一些,形状大体相同的补衬垫,放在裂缝上,再在上面压一块铁皮。裂缝处的周围及铁皮上钻若干个小孔,用金属丝插入孔内,将铁皮铆在油底壳上,即可防漏。

油底壳修复后,如润滑油不够而又无润滑油补充时,可临时用花生油、棉籽油、豆油等临时待用。待有条件补充润滑油时,须将油底壳清洗干净。

2. 交警对交通事故处理流程

商用车发生交通事故后,只要不适用自行处理范围的,都必须由交通管理部门处理;而非道路交通事故的,可向当地公安管理部门(如派出所)报告。

《中华人民共和国道路交通安全法》第 77 条规定:"车辆在道路以外通行时发生的事故,公安机关交通管理部门接到报案的,参照本法有关规定办理。"也就是说,公安机关交通管理部门对道路以外的事故亦有管辖权,但前提是必须接到报案。

交警对交通事故的处理流程如图 3-3-1 所示。

1）受理报警

（1）公安机关交通管理部门如果十分明确不属于自己管辖时，应当通知当事人向有管辖权的公安机关交通管理部门报警，并告知其电话等。

（2）公安机关交通管理部门如果认为属于自己管辖或者认为管辖不明时，应当登记备查并进行记录，如果有可能是交通肇事逃逸的，还应当详细询问报警人有关肇事辆的颜色、特征及逃逸方向等情况，并立即派交警赶赴事故现场。

（3）如果事故涉及三人以上死亡或者有重大影响的，公安机关交通管理部门应当立即向上一级公安机关交通管理部门报告，且应当向当地人民政府报告。

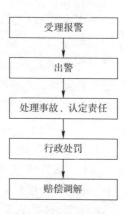

图 3-3-1 事故处理流程

（4）如果事故涉及营运车辆的，公安机关交通管理部门还应当通知当地人民政府的有关行政管理部门。

2）出警

公安机关交通管理部门接到报案后，应当根据交通事故的类型、损害情况等及时出警。对于适用简易程序处理的交通事故，可以派一名交警处理；对于适用一般程序处理的交通事故，应当派出两名或者两名以上的交警处理。

对于涉及死亡的事故，县级公安机关交通管理部门负责人应到场组织、指挥现场救援和调查取证；对于涉及三人以上死亡及造成其他重大影响的交通事故，地（市）公安机关交通管理部门负责人应当到场组织、指挥现场救援和调查取证工作；对于涉及 10 人以上的交通事故，省级交通警察总队要派有关人员赶赴现场，协调并指导当地的交通事故调查、处理工作。

3）处理事故、认定责任

交警通过现场调查、现场查勘、事故的检验、鉴定等最后认定事故的责任。采用简易程序处理的交通事故，交警当场制作交通事故认定书；采用一般程序处理的交通事故，交警应当自勘查现场之日起 10 日内制作交通事故认定书；交通肇事逃逸的，在查获交通肇事逃逸人和车辆后 10 日内制作交通事故认定书；对需要进行检验、鉴定的，应当在检验、鉴定或者重新检验、鉴定结果确定后的 5 日内制作交通事故认定书。

4）行政处罚

责任认定后，交警应当对有关责任方进行处罚。处罚主要包括警告、罚款、暂扣机动车驾驶证、吊销机动车行驶证、扣留等。

（1）对机动车驾驶人行政处罚的规定。对于违反《中华人民共和国道路交通安全法》的行为，根据规定进行行政处罚。例如：对公路货运机动车超载的处 200 元以上 500 元以下罚款，超载 30% 或者违反规定载客的处 500 元以上 2000 元以下罚款。

（2）暂扣机动车驾驶证的规定。对符合暂扣机动车驾驶证的行为，暂扣机动车驾驶证。

（3）吊销机动车驾驶证的规定。对符合吊销机动车驾驶证的行为，吊销机动车驾驶证。

5)赔偿调解

交通事故赔偿权利人、义务人在收到交通事故认定书之日起10日内,如果一致要求公安机关交通管理部门进行赔偿调解的,当事人可书面申请调解。公安机关交通管理部门应当与当事人约定调解的时间和地点,并于调解时间3日前通知当事人,口头通知的应当记入调解记录。调解达成协议的,公安机关交通管理部门应当制作调解书并送交各方当事人签字生效;调解未达成协议的,公安机关交通管理部门应当制作调解终结书并送交各方当事人;当事人不服调解书内容的可以就交通事故赔偿内容提起诉讼。

3. 保险索赔程序

保险索赔是指被保险人或其受益人在保险标的遭受损失后或保险期满或保险合同约定事项出现时,按保险单有关条款的规定,向保险人要求赔偿或给付保险金的行为。

1)索赔前提条件

被保险人或受益人在进行索赔时,必须符合下列条件,保险人才会受理。

(1)在索赔过程中,保险利益原则和诚信原则仍发挥重要作用。即

被保险人必须对保险标的具有保险利益,才有资格索赔;

被保险人必须在损失前的保险期间及索赔时抱着诚信的态度。也就是说,要透露一切重要事实,而且不作虚伪陈述,因为背离了这个原则,可能都会被保险人拒赔。

(2)标的损失确已发生,且损失是由投保风险意外发生所造成的,不是由自身蓄意引起的,必须尽快将损失通告保险人。所谓"尽快",是指必须在保险单上规定时间内,如保单上未作规定时,就必须在合理时间内通知保险人。

(3)必须向保险人提供发生保险承保的证据,并说明损失的详细情节。

(4)索赔必须符合法律规定。

(5)索赔金额必须恰如其分。

2)损失索赔程序

商用车保险索赔的流程如图3-3-2所示。

(1)出险:是指商用车发生事故,导致损失。

(2)报案:一般保险公司要求在事故发生后48h之内报案,如果是盗抢险,一般要求在24h内报案。

报案有上门、电话、传真、网上、业务员转达等方式。其中,电话报案快捷方便,使用最多。保险公司可接受报案的部门有理赔部门、客服中心等。

报案内容主要包括:被保险人姓名、保单号、保险期限、保险险别;出险时间、地点、原因、车牌号码、厂牌车型;人员伤亡情况、伤者姓名、送医时间、医院名称;事故损失及施救情况、车辆停放地点、驾驶员、报案人姓名及与被保险人关系、联系电话。如果涉及第三者,还需说明第三方车辆的车型、牌照号码等信息。

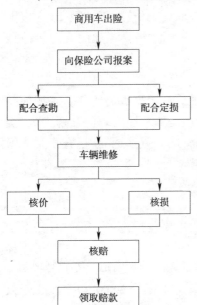

图3-3-2 保险索赔流程

(3)配合查勘:报案后,保险公司派查勘员到现场初步查勘,判定是否属于保险责任,痕迹是否相符,是否真实。被保险人应接受保险公司或其委托的相关人员在出险现场

检查相关车辆的受损情况,并提供相应的协助,以保证保险公司及时准确地查明事故的原因,确认损害的程度和损失的大致金额。

(4)配合定损:根据损失部位痕迹及程度,进行现场定损或直接到修理厂、4S店、定损中心去定损。被保险人应给予积极配合。

(5)车辆维修:对损失的车辆进行维修。

(6)核价:有些保险公司会在后期核定损失,看实际修理或更换配件的价格是否合理。

(7)核损:根据查勘、核价给出损失定论。

(8)核赔:通过以上环节后,提供相关单证(行驶证、驾驶证、索赔申请书、交警证明等)拿到保险公司柜面。核赔再会对整个案件进行审核,如果证件有效,事故真实,属于保险责任的话,到核赔环节就可以结案了。

(9)领取赔款:结案后,就可以到保险公司领取赔款了。

4.交强险"无责代赔"的处理原则

交强险"无责代赔",是一种交强险简化处理机制。即两方或多方机动车互碰,对于应由无责方交强险承担的对全责/有责方车辆损失的赔偿责任,由全责/有责方保险公司在本方交强险项下代为赔偿。

交强险"无责代赔"的处理原则主要有以下几项:

(1)"无责代赔"仅适用于对全责/有责方车辆损失部分的赔偿,对于人员伤亡损失不进行代赔。

(2)对于应由无责方交强险承担的对全责(或有责)方车辆损失的赔偿责任,由全责(或有责)方承保公司在单独的交强险无责任财产损失代赔偿限额内代赔,不占用普通的交强险赔偿限额。

(3)事故涉及多方车辆的,代赔偿限额为无责方交强险无责任财产损失赔偿限额之和,在各有责方之间平均分配。

代赔限额 = 无责方车辆数 × 无责任财产损失赔偿限额 ÷ 有责方车辆数

①一方全责,一方无责的,代赔偿限额为交强险无责任财产损失赔偿限额。

②一方全责,多方无责的,代赔偿限额为各无责方交强险无责任财产损失赔偿限额之和。

③多方有责,一方无责的,代赔偿限额为交强险无责任财产损失赔偿限额除以有责方车辆数。

④多方有责,多方无责的,代赔偿限额为各无责方交强险无责任财产损失赔偿限额之和除以有责方车辆数。

(4)事故涉及多个无责车辆的,所有无责方视为一个整体。

各无责方车辆不参与对其他无责车辆损失和车外财产损失的赔偿计算,仅参与对全责/有责方车辆损失或本车以外人员伤亡损失的赔偿计算。在计算各方车辆的核定损失承担金额时,应首先扣除无责代赔的部分,再对剩余部分损失进行分摊计算。

5.索赔单证

各家保险公司在索赔单证要求方面,会略有差异,但总体要求相差无几。表3-3-1是某保险公司针对不同案件所要求的索赔单证。

××保险公司核赔所需单证的用途及说明　　　　表 3-3-1

A. 基本单证	
单证名称	用途及说明
出险通知书(索赔申请书)或机动车简易赔案处理单	被保险人向公司索赔的书面文件,具有法律效力,必须由当事(或被委托授权人)亲自逐项填写,其他任何人不得代办,被保险人为法人的需签署公章
现场查勘报告	对事故发生经过及保险责任的确认,报告中必须有明确的查勘意见
定损单	对事故损失的确认。必须由合同双方签字确认,必要时需由维修方签章确认
车辆维修发票及清单、施救费及清单、其他损失发票	事故实际损失的证明文件。所有发票必须为原件,涉及交强险赔付的原件由交强险承保公司留存,商业险公司留存复印件,但复印件必须由交强险公司签章
全部事故相片(包括现场相片、损失相片、复勘相片)	事故经过及事故损失的真实体现
行驶证、驾驶证、复印件,驾驶证为B证(含)以上的需提供体检年审合格回执单	车辆合法行驶资格及驾驶人驾驶资格的有效证明,保单条款履约证明文件

B. 其他单证
a. 涉及物品损失的案件索赔单证

单 证 名 称	用途及说明
物品损失确认单	对事故损失的确认,必须由合同双方签字确认
货物运输单	核实货物装载情况、数量、价值及运输地点
损失货物询价单	货物损失定损依据

b. 单方肇事重大案件的索赔单证
　　如单方肇事损失较大的(一般10000元及以上)、事故发生在敏感时间的(如20时至凌晨5时的、距保险起止期不足7天的)及处理人员认为有疑点的案件需提供公安部门的事故证明。

c. 涉及双方事故案件索赔单证

单 证 名 称	用途及说明
事故责任认定书	确认事故责任、保险责任
损害赔偿调解书(法院判决书)	核实损失赔偿比例及真实性

d. 涉及盗抢的案件索赔单证

单 证 名 称	用途及说明
公安部门出具的车辆盗抢证明	确认事故责任、保险责任
保单正本	标的灭失,保险责任终止
行驶证原件、车辆购置附加税凭证原件、车辆登记证书原件	核实车辆的合法性;案件破获后权益转让需要;保单条款履约文件
购车原始发票原件	核实标的车实际价值;案件破获后权益转让需要;保单条款履约文件
驾驶证复印件	车辆驾驶人驾驶资格的有效证明
保单正本	标的灭失,保险责任终止
登报申明	公示车辆权益
权益转让书、被保险人营业执照及法人代码证书复印件(身份证复印件)	案件破获后权益转让需要;保单条款履约文件
全部原车钥匙	防范道德风险;保单条款履约文件

续上表

e. 涉及火灾自燃案件索赔单证

单 证 名 称	用途及说明
公安消防部门出具的事故证明、火灾原因鉴定报告	确认事故责任、保险责任

f. 涉及自然灾害案件索赔单证

单 证 名 称	用途及说明
气象证明	确认事故责任、保险责任。如属大面积、大范围的自然灾害,可提供当地报纸或气象网站公布的天气预报(下载)作为证明。如非大面积的灾害天气,当地报纸无法查询到的,需提供专业气象证明

g. 涉及人员伤亡案件索赔单证——门诊治疗

单 证 名 称	用途及说明
门诊病历或者病情诊断书	核实人伤损害事实
检查报告单原件或复印件	核实检查项目真实性、必要性
医疗费发票原件	核实人伤损失的真实性
所用药物的处方签	核实用药是否与病情有关,是否在责任范围内
交通队出具的事故责任认定书及调解书各一份	确认事故责任、保险责任;核实损失赔偿比例及真实性

h. 涉及人员伤亡案件索赔单证——住院治疗

单 证 名 称	用途及说明
入院记录、病历首页及手术记录复印件	核实病情、人伤损害事实及治疗方案
检查报告单原件或复印件	核实检查项目真实性、必要性
住院费用清单	核实人伤损是否合理及真实性
出院诊断证明原件	核实治疗效果,可作为鉴定后续治疗费、误工费、护理费等赔偿项目的参考依据
造成伤者误工的需要提供伤者误工证明及事故发生前三个月的收入证明	核实误工时间及误工实际损失。可提供能够体现收入情况的工资条或用工劳动合同,若收入超出缴纳个人所得税标准,需提供税单
产生护理费用的,必须由所在医院提供陪护证明及时间	核实护理时间及护理实际支出损失。可提供能够体现护理人收入情况的工资条或用工劳动合同,若收入超出缴纳个人所得税标准,需提供税单
交通队出具的事故责任认定书及调解书、经济赔偿任证各一份	确定事故责任、保险责任;核实损失赔偿比例及真实性

i. 涉及人员伤亡案件索赔单证——涉及死亡伤残赔偿

单 证 名 称	用途及说明
死亡证明(法医尸检报告或医学死亡证明)、公安机关销户证明、火化证等	核实死亡原因;核实死亡事实
具有评估资格的伤残鉴定机构出具的伤残鉴定书	核定伤残赔偿标准的依据,鉴定内容必须包括充分的鉴定数据
伤残者或死亡者身份证复印件和户口本复印件	确认户籍性质,核定赔偿标准

续上表

单 证 名 称	用途及说明
凡涉及被抚养人生活费的赔付,请提供被抚养人丧失劳动以力证明、身份证复印件、户口本复印件,同时提供被抚养人法律规定的抚养关系证明	丧失劳动能力证明必须由县或县级以上劳动鉴定部门、民政部门出具;确认户籍性质,核定赔偿标准;确认损失的真实性

j. 预赔案件单证——涉及交强险预赔单证

单 证 名 称	用途及说明
交警出具的交通事故人伤费用垫付通知书	核实事故的真实性;条款履约文件
医疗机构出具的抢救费用清单或发票	核实损失的真实性;条款履约文件
交警出具的交通事故责任认定书或交警出具的能够证明标的车在事故中是否承担责任的文件	核实保险责任及预赔标准(交强险分有责垫付和无责垫付)

k. 预赔案件单证——涉及商业险预赔单证

单 证 名 称	用途及说明
被保险人出具的预赔申请书	预赔的书面文件,被保险人意愿的表达,必须由被保险人亲自出具,其他任何人不得代办,被保险人为法人的需签署公章
交通事故责任认定书、赔偿调解书	核实事故责任及责任比例
核损核价单、损失发票	事故损失的证明文件

l. 预赔案件单证——涉及法院判决案件预赔单证

单 证 名 称	用途及说明
判决书原件	法律赔偿依据
公司法务对判决结果的批复意见	对判决结果的确认(是否上诉)
其他公司在诉讼过程中已取得的案件材料	

任务实施

小梁次日上班后,给车主王先生打电话想进行解释,结果王先生可能不方便接听,拒接了她的电话。

小董得知情况后,便与小梁进行了讨论。

小董:"小梁同学,你今天若打通了电话,你打算如何向王先生进行解释啊?"

小梁:"我会先告知王先生使用商用车的过程中,如何避免发生事故以及万一出现紧急情况该怎么处理。"

小董:"人家开了这么多年车了,难道能比咱们懂得少吗?"

小梁:"也是啊,那我就给王先生介绍交警处理交通事故的基本流程。"

小董:"我感觉人家开车这么多年了,驾驶经验丰富不说,遇到的各类事故肯定也不少,还是别去班门弄斧了吧。"

小梁:"那你说该怎么办啊?"

小董:"我感觉我们应该向他重点介绍的内容有:保险索赔的基本流程;索赔时需要准备的各种材料;索赔时应该注意的一些问题等。这可能更加适合他的需要,也不会过于在人家面前班门弄斧了。"

小梁:"行啊你,几天实习,本事见长了啊,说的不错的,就按你说的办。"

保险索赔时应注意的重要事项:

(1)为了续保时能获得10%的投保优惠,小事故不找保险公司。

(2)不要把以往小事故攒到一起报案。因为每次事故的责任和损失程度均不一样,且车辆发生保险责任范围内的损失后,未经必要的修理继续使用的,致使损失扩大的部分保险公司不负责赔偿。

(3)事故发生后要及时施救,避免损失扩大。根据新《中华人民共和国保险法》第57条的规定:保险事故发生时,被保险人应当尽力采取必要的措施,防止或者减少损失。保险事故发生后,被保险人为防止或者减少保险标的的损失所支付的必要的、合理的费用,由保险人承担;保险人所承担的费用数额在保险标的损失赔偿金额以外的另行计算,最高不超过保险金额的数额。根据上述规定,被保险人应努力减少事故造成的损失,放任、故意扩大保险事故的损失,经证实保险人不负责赔偿责任。

(4)当保单上的内容发生了变化时应办理批改手续。新车上牌后要补号,车辆过户或改变使用性质时,要到保险公司办理保单批改手续,保险公司会为您出具批单,记载变更的内容,作为保单的补充部分,否则,有可能被保险人解除合同并不负责赔偿责任。

(5)保险车辆发生的损失由第三方造成时,可用代位追偿向保险公司索赔。保险车辆发生的损失由第三方造成时,应当由第三者负责赔偿。根据新《中华人民共和国保险法》第60条的规定:因第三者对保险标的的损害而造成保险事故的,保险人自向被保险人赔偿保险金之日起,在赔偿金额范围内代位行使被保险人对第三者请求赔偿的权利。因此,被保险人在确实找不到第三者或遇第三方不予支付致使自身的利益受损的情况时,被保险人可以选择"代位追偿"方案向保险公司索赔。确实无法找到第三者而向保险公司索赔的,应注意两点:一是保险公司会实行30%的绝对免赔率;二是应以公安交通管理部门认定并出具的证明为准,非道路交通事故以当地公安部门出具的证明为准。

(6)被保险人不要对第三者自行承诺赔偿金额。按照车险条款规定,当保险车辆发生第三者责任事故时,保险公司将按有关规定在责任限额内核定赔偿金额。未经保险公司书面同意,被保险人自行承诺的赔偿金额,保险公司有权重新核定或拒绝赔偿。

(7)被保险人不要在保险公司赔偿前放弃向第三者索赔的权利。新《中华人民共和国保险法》第61条的规定:保险事故发生后,保险人未赔偿保险金之前,被保险人放弃对第三者请求赔偿的权利的,保险人不承担赔偿保险金的责任。保险人向被保险人赔偿保险金后,被保险人未经保险人同意放弃对第三者请求赔偿的权利的,该行为无效。被保险人故意或者因重大过失致使保险人不能行使代位请求赔偿的权利的,保险人可以扣减或者要求返还相应的保险金。

在保险公司支付赔款前,向第三者请求赔偿的权利属于被保险人。此时,被保险人有权放弃向第三者请求赔偿的权利,但这也意味着放弃了向保险公司索赔的权利。当保险公司向被保险人支付赔款后,被保险人未经保险公司同意放弃对第三者请求赔偿权利的行为无效。

(8)未经保险公司认可不要擅自修复受损车辆。根据车险条款规定,出险车辆修理前被保险人应会同保险公司检验车辆,确定修理项目、方式和费用,否则,保险公司有权重新核定或拒绝赔偿。值得注意的是,在车辆被查勘定损后,最好到保险公司的定点修理厂去修理。尽管在哪里修车是客户的权利,但定损单上的维修价格是保险公司认定的汽车修理完好所需要的合理市场均价,若车主自行选择修理厂的,对超出定损的修理费用应由车主自行买单。

(9)索赔时应实事求是。新《中华人民共和国保险法》第27条第三款、第四款规定:保险事故发生后,投保人、被保险人或者受益人以伪造、变造的有关证明、资料或者其他证据,编造虚假的事故原因或者夸大损失程度的,保险人对其虚报的部分不承担赔偿或者给付保险金的责任。投保人、被保险人或者受益人有前三款规定行为之一,致使保险人支付保险金或者支出费用的,应当退回或者赔偿。

如有隐瞒事实、伪造单证、制造假案等行为发生、被保险人除将有可能因此而受到法律制裁外,还有可能遭到保险公司拒赔。

(10)遭保险公司拒赔时,应让他们出具书面理由。新《中华人民共和国保险法》第24条规定:保险人依照本法第二十三条的规定作出核定后,对不属于保险责任的,应当自作出核定之日起三日内向被保险人或者受益人发出拒绝赔偿或者拒绝给付保险金通知书,并说明理由。以便日后起诉时可将它作为证据。

(11)单方事故只需向保险公司报案而无须向公安交通管理部门报警。车辆发生撞墙、撞树、撞水泥柱、撞隔离带或者掉入沟里等不涉及他人赔偿的事故,可以不向交警报案,但要及时向保险公司报案。在事故现场附近等候保险公司来人查勘,或电话与保险公司沟通确认后,直接将车辆开到保险公司报案、验车。

(12)保险索赔不要超过索赔时效。根据新《中华人民共和国保险法》第26条的规定:人寿保险以外的其他保险的被保险人或者受益人,向保险人请求赔偿或者给付保险金的诉讼时效期间为二年,自其知道或者应当知道保险事故发生之日起计算。人寿保险的被保险人或者受益人向保险人请求给付保险金的诉讼时效期间为五年,自其知道或者应当知道保险事故发生之日起计算。因此,超过索赔时效被保险人或受益人不向保险公司提出索赔或不提供必要的单证或不领取保险金的,视为放弃权利。

(13)受害者可直接向保险公司索赔。两车相撞,如果遇上其中一方是"老赖",可直接找保险公司索赔。直接向保险公司索赔主要有三种情况:

第一,车主直接赔付给第三者,然后拿到相关的票据后找保险公司报销。

第二,被保险人没有赔付给第三者时,作为受害方的第三者,有权利直接向对方的保险公司请求赔偿。

第三,被保险人请求保险公司直接赔付给第三者。

注意: 被保险人未赔偿的,限制保险人对其进行支付;受害的第三者将保险公司作为道路交通事故案件的被告就有了法律依据。

任务评价

车险理赔环节汇报评价见表3-3-2。

车险理赔环节汇报评价表　　　　　表3-3-2

序号	内 容	分值	评分标准	自评	组评	师评	得分
1	出险	10	环节齐全,职责清晰,讲述清楚				
2	报案	10					
3	配合查勘	10					
4	配合定损	10					
5	车辆维修	10					
6	核价	10					
7	核损	10					
8	核赔	10					
9	领取赔款	10					
10	总体表现	10					

指导教师总体评价:

指导教师＿＿＿＿＿＿
＿＿＿＿年＿＿月＿＿日

练 一 练

一、选择题(以下各题,有的属于单选题,有的属于多选题,请选择正确答案填写在括号内)

1. 在财产保险保险期限内发生保险责任范围内的损失,应由第三者负责赔偿的,如果被保险人向保险人提出赔偿要求,保险公司应如何处理?(　　)

A. 应由第三者负责赔偿,保险人不予赔偿

B. 在第三者无力赔偿时,保险人才予以赔偿

C. 保险人与第三者协商按比例承担赔偿责任

D. 保险人先予赔偿,然后取得代位求偿权

2. 因第三者对保险标的的损害而造成保险事故的,保险人自向被保险人赔偿保险金之日起,在(　　)范围内代位行使被保险人对第三者请求赔偿的权利。

A. 赔偿金额　　　　　　B. 赔偿标准

C. 赔偿限度　　　　　　D. 赔偿责任

3. 保险事故发生后,按照保险合同请求保险人赔偿或者给付保险金时,(　　)应当向保险人提供其所能提供的与确认保险事故的性质、原因、损失程度等有关的证明和资料。

A. 投保人　　　　　　　B. 被保险人

C. 受益人　　　　　　　D. 事故责任人

二、判断题(以下各题,说法正确的请在括号内打"√",说法错误的请在括号内打"×")

1. 保险事故发生后,被保险人为防止或者减少保险标的的损失所支付的必要的、合理的费用,由被保险人个人承担。（　　）

2. 私有车辆的保险金额确定的标准是按投保时的实际价值确定。（　　）

3. 发生事故后,车主直接将合理的赔款赔付给第三者,然后拿到相关的票据后找保险公司报销,属于直接向保险公司索赔。（　　）

4. 保险事故发生后,投保人、被保险人或者受益人以伪造、变造的有关证明、资料或者其他证据,编造虚假的事故原因或者夸大损失程度的,保险人对其虚报的部分不承担赔偿或者给付保险金的责任。（　　）

5. 保险人对责任保险的被保险人给第三者造成的损害,可以依照法律的规定或者合同的约定,直接向被保险人赔偿保险金。（　　）

6.《中华人民共和国保险法》规定,投保人、被保险人或者受益人知道保险事故发生后,应当及时通知保险人。如不及时通知,保险公司将不承担赔偿责任或者给付保险金的责任。（　　）

模块小结

1. 汽车保险理赔,包含了车主向保险公司购买车险以及被保险车辆在发生保险责任范围内的损失后,保险人依据保险合同对被保险人提出的索赔请求进行处理的行为。

2. 汽车保险产品包括交强险和商业车险两大类,前者是基于法律规定,后者是车主自愿行为的用车保障。

3. 交强险将被保险人在事故中承担的责任分为有责和无责两级。如果有责任,其赔款在死亡伤残、医疗费用、财产损失三个赔偿限额内进行计算赔偿;如果无责任,其赔款则在无责任死亡伤残、无责任医疗费用、无责任财产损失三个赔偿限额内进行计算赔偿。

4. 商业车险分为主险和附加险两类:主险包括三者险、损失险、车上人员责任险、盗抢险四种,附加险各家公司开发品种不一,琳琅满目。

5. 购买车险时,需根据车主的风险意识及风险承受能力,以及车辆的用途及使用区域,合理确定,不能一概而论。

6. 商用车自身较重,一旦出险,不易控制,需谨慎驾驶,掌握应急处理办法。

7. 车险索赔分为9个步骤:出险—报案—配合查勘—配合定损—车辆维修—核价—核损—核赔—领取赔款。

8. 索赔时,需根据案件性质及保险公司具体要求准备相关材料,尽量减少来回奔波。

学习模块 4　商用车配件经营与管理

模块概述

我国商用车的快速发展和保有量的迅速增加,给商用车维修企业和配件经营企业带来了巨大的商机,同时也对企业的经营管理及经营者素质提出了更新和更高的要求。因此,对商用车配件经营与管理进行全面、系统的了解,对于解决实际工作中的具体问题会大有帮助。

商用车配件销售企业处于生产—流通—消费这个社会再生产过程中的中介位置。它和其他所有流通企业一样,存在着企业内部的四大主要环节:进、验、存、销,即购进、验收、仓储、销售。该模块主要介绍商用车配件的采购与验收、仓储管理、营销等。

通过对本模块的学习,学员可熟知商用车配件营销知识,了解常见的假冒伪劣商用车配件的危害与鉴别,科学规范地管理商用车配件,便于更好地从事配件的营销和服务工作。

【建议学时】

20 学时。

学习任务 4.1　商用车配件采购与验收

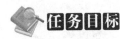

(1)明确采购的含义和目的。
(2)熟悉商用车配件采购的原则。
(3)能够合理拟定采购计划。
(4)能够鉴别商用车配件的质量和货源。
(5)能够正确选择供货厂家、了解购货方式和确定购货量。
(6)掌握商用车配件验收方法。

任务导入

近年来,在利益的驱使下,各种假冒伪劣商用车配件进入市场。假冒配件与正宗配件在外观上几乎没有差别,但其内在质量和性能却十分悬殊。车辆装用假冒伪劣配件后会给车主造成不同程度的损失,轻者返工维修造成经济损失,重则危及行车安全。因此,了解一些常见的假冒伪劣商用车配件的危害与鉴别,对商用车配件采购人员而言是十分必要的。

小董、小梁作为实习的学生,对此一窍不通,就去请教师傅,师傅具体指导他们该如何做才能保证进货质量、节省进货费用。

任务准备

1. 采购的含义和目的

1) 采购的含义

采购是一种具体业务活动,包含选择和购买两层基本含义,通过商品交易把所选对象从对方手中转移到自己手中。

2) 采购的目的

采购的目的是为了满足生产需要。要注意科学地确定采购数量,在采购中要防止超量采购和不足采购。

2. 商用车配件采购应遵循的原则

(1) 坚持数量、质量、规格、型号、价格综合考虑的购进原则,合理组织货源,保证配件适合用户的需要。

(2) 坚持依质论价,优质优价,不抬价,不压价,合理确定配件采购价格的原则;坚持按需进货,以销定购的原则;坚持"钱出去,货进来,钱货两清"的原则。

(3) 购进的配件必须加强质量监督和检查,按照有关检验标准进行定期质量检验检查,防止假冒伪劣配件进入企业,流入市场。

(4) 购进的配件必须有产品合格证及商标。实行生产认证制的产品,购进时必须附有生产许可证、产品技术标准和使用说明。

(5) 购进的配件必须有完整的内、外包装,外包装必须有厂名、厂址、产品名称、规格型号、数量、出厂日期等标志。

(6) 要求供货单位按合同规定发货,以防应季不到货或过季到货,造成配件缺货或积压。

3. 商用车配件采购计划

采购计划是采购人员在采购之前预先拟定的具体采购内容和步骤,一般包括:欲采购的商用车配件品种、品牌、规格、型号、数量、质量、价格等,采购方式和采购时间,拟选择的供应商及其供货形式等。采购计划是否合适,对资金周转和经济效益起着关键的作用。采购计划做得好,不仅可以加快资金周转,提高经济效益,而且可以减少库存的积压。在编制采购计划时,通常注意考虑以下因素:

① 对本地区商用车配件市场形势的预测结果;

② 本单位销售计划,库存量,在途或已签订过合同的货源情况;

③ 用户购买意向;

④ 本地区、本企业上年同期的销售业绩;

⑤ 前期销售情况的统计;

⑥ 企业流动资金状况等。

采购员应具有高度的责任感及敬业精神,熟悉配件订货流程,努力钻研订货业务知识,不断积累配件订货经验,想方设法保证配件供货。在制订购货计划时,配件类别必须细化,要有详细的品种、购货数量,购货时间要均衡,使配件供应既及时,又不积压或中断,做到占用资金合理。

4. 商用车配件采购流程

采购申请—选择供应商—价格谈判—签发采购订单—跟踪订单—接收货物—核对发票以划拨货款。

5. 商用车配件采购合同

订立采购合同有口头和书面两种。口头合同是当事人双方通过口头或者电话等方式而确定的相互权利义务关系的协议。由于缺少文字依据,一旦发生纠纷,容易出现口说无凭、举证困难的不利后果,因此,它只适合于非计划性、能及时结清的简单经营业务。对于金额比较大、履行期限长、不能及时结清的交易,应采取书面合同的形式。

1) 订立合同应遵循的原则

合同是当事人双方真实意愿的体现,签订合同时,必须符合国家法律、法令、政策的规定;否则,即使合同双方自愿,在法律上也不能认为合同合法有效;合同双方的法律行为,不是单方行为,必须贯彻"平等互利、协商一致、等价有偿、诚实守信"的原则。

2) 采购合同的关键条款

合同是约束双方权利与义务的法律文书,为避免在执行合同时出现争议,在采购合同中,必须写明一些关键性的条款。

(1) 标的。标的指配件的品种、品牌、规格、型号。

(2) 质量。《中华人民共和国合同法》规定的产品质量标准有国家标准或行业标准,如无此两项标准,按主管部门制定的标准执行。

(3) 数量。数量必须规定明确、具体。

(4) 包装。对包装方面的规定,在合同中要明确提出。

(5) 价格。一般情况下,逾期交货的,遇到价格上涨时按原价执行;遇到价格下降时按新价执行。执行浮动价、议价的,按合同规定的价格执行。

(6) 履行期限。交(提)货期限是指交(提)货的时间界限。

(7) 履行地点和交货方式。合同中规定的什么地方履行,义务人就应在什么地方履行,如果需要变更履行地点,应及时通知对方,不经对方同意,不得擅自更改履行地点。

(8) 费用负担的分摊。费用包括包装费用和运杂费,需在合同中注明由谁负担。

(9) 结算方式。购销合同用货币履行义务时,应按合同中规定的结算方式和中国人民银行规定的结算办法结算。拒付全部或部分货款或酬金的条件如下:

①已经付清而重复托收的货款;

②供方托收的货款,不是合同中所订购的货物;

③价格高于合同中规定的部分;

④质量高于合同中规定而又未经需方同意所提价的那部分货款;

⑤未经双方同意,发货量超过合同中规定的部分的货款;

⑥未经双方同意,提前交货部分的货款;

⑦托收金额计算错误而多计算部分的货款;

⑧经检查,货物与发货单不符部分的货款。

接收方对于拒付货款的产品,必须负责接收,妥善保管,不得动用。如发现动用,由银行代供货方扣收货款,并按逾期付款处理。

（10）违约责任。只要在合同中写出,就取得了法律保证,当事人双方有对等责任,如规定一定比例的违约金或规定一定数量的赔偿金等。

（11）合同担保。合同当事人一方要求保证的,可由保证单位保证。保证形式有:罚款违约金、定金、留置权、抵押。

（12）合同的变更与解除。合同依法成立,即具有法律约束力,任何一方不得擅自变更与解除。但在一定条件下,当事人在订立合同后,可通过协商或自然地变更或解除合同。以下三个条件,在合同中必须明确写出：

①双方经协商同意变更或解除合同,但并不因此损害国家利益,也不损害社会公共利益。

②由于不可抗力,致使合同的全部义务不能履行。

③由于另一方在合同约定期限内没有履行合同。

（13）未尽事宜。未尽事宜包括双方签约时没有写明,但在合同履行中产生了问题,为了弥补且不致引起纠纷特别列出的条款,一般采取协商解决。

此外,合同的文本一般分为正本和副本。通常,正本由当事人收存,副本也归当事人备用,发生纠纷申请仲裁或提起诉讼时,作为原始凭证使用。

6. 商用车零配件进货渠道

在进货渠道选择上,应立足于优质名牌配件为主的进货渠道,但为适应不同层次的消费者需求,也可进一些非名牌厂家的产品,可按 A、B、C 顺序选择。

1) 零配件市场上游体系

目前我国商用车零配件市场是一个特殊的市场,整车配件的90%以上为商用车生产厂家的外协配套厂家生产,商用车零配件就上游供货渠道来说,目前主要有三类：

第一类是 A 类厂,全国有名的主机配套厂。这些厂知名度高,生产的零配件销售给厂家,经厂家检验认证合格后,附上外包装进行销售,销售主渠道为通过厂家的销售部门直接到达4S(或3S)店或特约维修站,少部分也会走分销渠道。这类零配件最有质量保证,但经过厂家和4S店的双重高利润环节,到消费者手中的价格往往是最高的。这类渠道目前从数量上只占总数的10%,但由于依靠主机厂,所以销售规模较大,占了52%的市场份额。

第二类是 B 类厂,商用车厂家的外协配套厂家。虽然生产规模不如 A 类厂,但配件质量还是有保证的。这类产品与供应给商用车厂家的零配件完全相同,但没有经过厂家认证,也没有相应的厂家包装,也称之为正厂件。其销售主渠道为一些大的零配件批发商或经销商,大经销商的下游环节则为小经销商或4S店、快修店及路边店,虽然中间也有几道销售环节,但由于各个环节的利润率较低,所以比第一类的零售价格一般低20%~50%不等。

第三类 C 类厂,一般厂家生产的配件。质量尚可,价格较前两类厂低,是一些非商用车配套厂家的零配件制造商仿造正品件制造的商用车零配件,由于未获得商用车厂家的质量认证,被通称为副厂件。但副厂件也有好坏之分,有的副厂件制作工艺精良,完全可与正厂件相媲美,或者基本接近正厂件的质量和工艺水平；有的副厂件仿造工艺粗糙,质量低劣甚至存在事故隐患,这部分是假冒伪劣产品。副厂件的价格较前第一、第二类都要低,尤其是假冒伪劣产品,价格与正品相差甚远,路边维修店之所以信誉度差,多是因为贪图便宜为客户安装假冒伪劣配件而收取高额价格。

由以上分析可以看出,由于商用车行业的特殊性,国内的商用车零配件市场渠道目前相当混乱,相互博弈,力争获取最大的优势和利益。必须注意,绝不能向那些没有进行工商注册、生产"三无"及假冒伪劣产品的厂家订货和采购。

2)维修行业进货渠道

目前,4S店、快修店和路边店的零配件进货渠道各有差异。

4S店的主要进货渠道是从厂家直接拿货,质量有保证,但价格也偏高,导致4S店的维修和配件价格总是居高不下,也有少部分4S店偷偷从市场拿第二类配件到店中销售,但一旦被厂家发现将会受到严厉处罚。

快修店的零配件进货渠道则不尽相同,直营式连锁统一由总部采购配送,不允许下属直营店自行采购,总部一般是从汽配市场的大经销商处统一采购,采购货品既包括正厂件也包括质量较有保证的副厂件,届时根据客户的具体需求进行安装;加盟式连锁的进货渠道一般由总部从市场统一拿货供应给加盟商,但由加盟商自行选择而非强制性的,一般是总部提供和加盟商自行拿货两种渠道并存;松散式加盟连锁则总部不提供这方面服务,各加盟店的进货渠道仍和加盟前基本相同。

而路边店的零配件进货渠道也是从汽配市场直接拿货,货品质量难有保证,有部分路边店主以伪劣的副厂件来坑骗客户,极大地损害了这个行业的声誉。

7. 商用车配件采购的方式

1)集中进货

企业设置专门机构或人员统一进货,然后分配给各销售部门(销售组、分公司)销售。集中进货可以避免人力、物力的分散,还可加大进货量,受到供货方重视,并可根据批量差价降低进货价格,也可节省其他进货费用。

2)分散进货

由企业内部的配件经营部门自设进货人员,在核定的资金范围内自行进货。

3)集中进货与分散进货相结合

由各销售部门提出采购计划,由业务部门汇总审核后集中采购;本地采购以及固定进货关系的则采取分散进货。

4)联购合销

由几家配件零售企业联合派出人员,统一向生产企业或批发企业进货,然后由这些零售企业分销。此类型多适合小型零售企业之间,或中型零售企业与小型零售企业联合组织进货。这样能相互协作,节省人力,化零为整,拆整分销,并有利于组织运输,降低进货费用。

8. 购货量确定

购货时不能单独考虑节约哪一项费用,必须综合分析,以销定进。购货量的控制方法有定性分析法和定量分析法,而定量分析法又包括经济批量法和费用平衡法。

1)用定性分析法确定购货量

(1)摸清市场情况,找出销售规律,确定进货量。通常配件需求量是按一定规律变化的,须在市场调查基础上,分析实际销售数量和有关因素影响,从而找出销售规律,以便确定购货重点。方法是:将历年月销售量抽样绘制成销售曲线图,从曲线图中分析出配件销售的五种现象,即平稳性、趋向性、周期性、季节性和随机性,据以制订相应的购货对策,以期达到准确和及时的估算和预测,防止脱销和超储。对于销售上升的配件,应保证常年销售不断档;对于具有平稳性、周期性、季节性的配件应根据实际情况,做出购货计划,并注意迎"季"购货,季末销完。对于受随机因素影响的,则采取按用户预约登记,及时组织购货的方法。

(2)遵循供求规律,合理确定购货数量。对供求平衡、货源正常的配件,应勤进快销、多销多进、少销少进,保持正常周转库存。具体计算方法是:根据前期的销售实际,预测下期销售数,加上一定的周转库存,再减去本期末库存预测数,算出每一个品种的下期购货数。

对于供大于求、销售量又不大的配件,要少进,采取随进随用、随销随进的办法。

对暂时货源不足、供不应求的紧俏配件,要开辟新的货源渠道,适当多进,多进多销。

对大宗配件,则应采取分批购货的办法,使购货与销售相适应。

对高档配件,要根据当地销售情况,少量购进、随进随销、随销随进。

对销售面窄、销售量少的配件,可以多进样品,加强宣传促销,严格控制购货量。

(3)按照配件产销特点,确定购货数量。常年生产、季节销售的配件,应掌握销售季节,季前多进,季中少进,季末补进;季节生产、常年销售的配件,要掌握生产季节,按照企业常年销售情况,进全进足,并注意在销售过程中随时补进;新产品和新经营的配件,应根据市场需要少进试销,宣传促销,以销促进,力求打开销路;对于将要淘汰的车型配件,应少量多样,随用随进。

(4)按照供货单位的远近,确定购货数量。当地购货,可以分批次购货,每次少进、勤进;外地购货,适销商品多进,适当储备。

要坚持"四为主,一适当"的原则,即以本地区紧缺配件为主,以具有知名度的传统配件为主,以新产品为主,以名牌优质品为主;品种要丰富,数量要适当。

(5)按购货周期确定购货量。购货周期,就是每批次购货的间隔时间,每批次购货够多长时间的销售,这就是一个周期。购货周期的确定既要保证汽车配件销售的正常需要,又不使汽车配件库存过大,要坚持以用定进、勤进快销的原则。

购货周期的确定,要考虑以下因素:配件销售量的大小、配件种类的多少、距离供货单位的远近、配件运输的难易程度、货源供应是否正常、企业储存保管配件的条件等,确定合理的购货周期,使每次购货数量适当,既加速资金周转,又保证销售正常进行。

2)用定量分析法确定购货量

(1)经济批量法。采购商用车配件既要支付采购费用,又要支付保管费用。每次采购量越少,采购的次数就越多,采购费用支出也就越多;反之,每次采购量越少,保管费用就越少。由此可见,采购批量与采购费用成反比,与保管费用成正比。根据这一原理可以用经济购货批量法来控制购货批量。所谓经济购货批量,是指在一定时期内,购货总量不变的前提下,求得每批次进多少,才能使购货费用与保管费用之和(即总费用)减少到最小限度。

在实际运用中,经济批量法可细分为列表法、图示法和公式法三种,此处仅介绍列表法。

例:某配件销售公司全年需购进某种零部件 4000 件,每次购货费用为 5 元,单位配件年平均储存费用为 0.5 元,求该汽车零部件的经济购货量是多少。

用列表法计算,表 4-1-1 为经济购货量计算表。

经济购货量计算表　　　　　　　　　　　　　　表 4-1-1

年购货次数 (1)	每次购货数量(件) (2)	平均库存数量(件) (3)=(2)÷2	购货费用(元) (4)=(1)×5	存储费用(元) (5)=(3)×0.5	年总费用(元) (6)=(4)+(5)
1	4000	2000	5	1000	1005
2	2000	1000	10	500	510
4	1000	500	20	250	270
5	800	400	25	200	225
8	500	250	40	125	165
10	400	200	50	100	150
16	250	125	80	62.5	142.5
20	200	100	100	50	150
25	160	80	125	40	165
40	100	50	200	25	225

由表 4-1-1 可以看出,列出 10 种购货批量,以全年购货 16 次(批),每次购货 250 件,全年最低的总费用为 142.5 元,即等分为 16 批购进,则全年需要的该种零部件费用较低。从表 4-1-1 的数据还可以看出,当储存费用下降时(因平均库存数量下降而引起),购货费用上升(因购货次数增多而引起)。只有当购货费用与存储费用趋于平衡时,才会使总费用降到较低的程度。如果以上两项费用相同时,总费用可降到最低水平。

(2)费用平衡法。费用平衡法是以购货费用为依据,将存储费用累计和购货费用比较,当存储费用累计接近但不大于购货费用时,便可确定其经济购货量。

9. 商用车配件质量的鉴别

商用车配件质量的鉴别内容可以总结为"五看":看商标、看包装、看文件资料、看表面处理。

1)看商标

要认真查看商标,上面的厂名、厂址、等级和防伪标记是否真实。因为对有短期行为的仿冒制假者来说,防伪标志的制作不是一件容易的事,需要一笔不小的支出。

另外,在商品制作上,正规的厂商在零配件表面有硬印和化学印记,字母排列整齐,字迹清楚[图 4-1-1a)],小厂和小作坊一般是做不到的[图 4-1-1b)]。

a)清晰的商标印记

b)模糊的商标印记

图 4-1-1　正规厂家的配件和假冒配件的商标对比

2）看包装

商用车零配件互换性很强，精度很高，为防锈蚀等，需在产品出厂前用低度酸性油脂涂抹。正规生产厂家对包装要求十分严格，要求无酸性物质，不产生化学反应，有的采用硬性透明塑料抽真空包装。箱、盒大都采用防伪标记，常用的有条码、暗印等。

3）看文件资料

首先要查看商用车配件的产品说明书，产品说明书是生产厂进一步向用户宣传产品，为用户做某些提示，帮助用户正确使用产品的资料。通过产品说明书可增强用户对产品的信任感。一般来说，每个配件都应配一份产品说明书或用户须知。

如果交易量相当大，还必须查询技术鉴定资料。进口配件还要查询海关进口报关资料。国家规定，进口商品应配中文说明，如果没有中文说明，则说明可能是假冒进口配件。再者，如果包装上的外文，有的文法不通，甚至写错单词，其真假显而易见。

4）看表面处理

（1）镀锌技术和电镀工艺。质量不过关的镀锌，表面一致性很差。镀锌工艺过关的，表面一致性好，而且批量之间一致性也没有变化，有持续稳定性。

（2）油漆工艺。目测可见，表面细腻、有光泽、色质鲜明为油漆工艺过关。

（3）电焊工艺。焊缝整齐、厚底均匀，表面无波纹形、直线性好，即使是点焊，焊点、焊距也很规则。

（4）高频热处理工艺。目测时，凡是全黑色和无颜色区别的，肯定不是高频淬火的。

（5）看非使用面的表面伤痕。凡在产品不接触面留下伤痕的产品，肯定是小厂、小作坊生产的劣质品。

10. 商用车配件质量鉴别的四种方法

1）检视法

（1）表面硬度是否达标。配件表面硬度都有规定要求，在征得厂家同意后，可用钢锯条的断茬去试划（注意试划时不要划伤工作面）。划时打滑无划痕的，说明硬度高；划后稍有浅痕的，说明硬度较高；划后有明显划痕的，说明硬度低。

（2）结合部位是否平整。零配件在搬运、存放过程中，由于振动、磕碰，常会在结合部位产生毛刺、压痕、破损，影响零件使用，选购和检验时要特别注意。

（3）几何尺寸有无变形。有些零件因制造、运输、存放不当，易产生变形。检查时可将轴类零件沿玻璃板滚动一圈，看零件与玻璃板贴合处有无漏光来判断是否弯曲。选购离合器从动盘钢片或摩擦片时，可将钢片、摩擦片举在眼前观察是否翘曲；选购各类衬垫时，应注意检查其几何尺寸及形状。

（4）总成部件有无缺件。正规的总成部件必须齐全完好，才能保证顺利装配和正常运行。一些总成件上的个别小零件若漏装，将使总成部件无法工作甚至报废。如：自动变速器修理包是否齐全。

（5）转动部件是否灵活。在检验机油泵等转动部件时，用手转动泵轴，应感到灵活无卡滞。检验滚动轴承时，一手支撑轴承内环，另一手打转外环，外环应能快速自如转动，然后逐渐停转。若转动零件发卡、转动不灵，说明内部锈蚀或产生变形。

（6）装配记号是否清晰。为保证配合件装配关系符合技术要求，有一些零件，如正时齿轮表面均刻有装配记号。若无记号或记号模糊无法辨认,将给装配带来很大的困难甚至装错。

(7)接合零件有无松动。由两个或两个以上零件组合成的配件,零件间是通过压装、胶接或焊接的,之间不允许有松动现象。如油泵柱塞与调节臂是通过压装组合的;离合器从动毂与钢片是铆接结合的;摩擦片与钢片是铆接或胶接的;纸质滤清器滤芯骨架与滤纸是胶接的……检验时,若发现松动应予以调换。

(8)配合表面有无磨损。若配合零件表面有磨损痕迹,或涂漆配件拨开表面油漆发现旧漆,则多为旧件翻新。当表面磨损、烧蚀、烧焦、材质变质、目测看不清时,可借助放大镜观察。

2)敲击法

判定部分壳体和盘形零件是否有裂纹,用铆钉连接的零件有无松动以及轴承合金与钢片的结合是否良好时,可用小锤轻轻敲击并听其声音,如发出清脆的金属声音,说明零件状况良好;如果发出的声音沙哑,可以判定零件有裂纹、松动或结合不良。

浸油锤击是探测零件隐蔽裂纹最简便的方法。检查时,先将零件浸入煤油或柴油片刻,取出后将表面擦干,撒上一层滑石粉或石灰,然后用小锤轻轻敲击零件非工作面,如零件有裂纹,通过振动会使浸入裂纹的油渍溅出,裂纹处白粉呈黄色油迹,便可看出裂纹所在。

3)比较法

用标准零件与被检零件做比较,从中鉴别被检零件的技术状况。如气门弹簧、离合器弹簧、制动主缸弹簧和轮缸弹簧等,可以用被检弹簧与同型号的标准弹簧(最好用正厂件)比较长短,即可判定被检弹簧是否符合要求。

11.商用车配件采购人员的基本要求

配件购进业务进行得如何,会直接影响企业的整个经营活动和各项经济指标的完成。而购货人员的素质、业务能力和责任感则是搞好采购的关键环节。

1)采购员的岗位职责

(1)负责编制购货计划。

(2)负责按车型、品种需求量,积极组织订购优质、价格适宜的产品,保证销售需要。

(3)负责组织开展商品的代销、试销业务,开拓新产品市场。

(4)负责改善库存结构,积极处理库存超储积压商品。

(5)负责开展工贸联营、联销工作。

(6)负责日常急需商品的催调合同或组织临时购货,满足市场需求,并根据市场变化及库存结构情况,对订货合同进行调整。

(7)认真搞好资金定额管理,在保证购货需要的前提下,最大限度地压缩资金占用,加速资金周转。

(8)认真执行费用开支规定,在保证工作需要的前提下,努力节省购货费用。购货时,一方面要考虑适销对路,另一方面也要考虑运输路线、运费价格等。

(9)经常主动地深入营业门市部和仓库了解产品质量状况,走访客户了解市场需求。

(10)认真执行工商、税务、物价、计量等方面的法令、法规,遵守企业规章制度。

2) 采购员的素质要求
(1) 要有一定的政策、法律知识水平和政治觉悟。
(2) 要具备必要的专业知识。
(3) 要善于进行市场调查和分类整理有关资料。
(4) 要有对市场进行正确预测的能力。
(5) 能够编好购货计划。
(6) 能够根据市场情况,及时修订订货合同。
(7) 要有一定的社交能力和选择判断能力。
(8) 要善于动脑筋,有吃苦耐劳的精神。

任务实施

(1) 事先假设几种购买目标,分成若干小组,每小组可任意选定一个购买目标,作为采购任务。
(2) 拟定采购计划,估算进货量。
(3) 选择合理的进货渠道和方式。
(4) 鉴别货源质量。
(5) 实施采购。
(6) 对采购的配件质量进行验收。

知识拓展

商用车配件采购工作中的几大误区与弊端

采购工作关系企业经营效益,作为商用车配件流通企业采购人员的工作能力就显得更为重要。因为,商用车配件涉及的车型繁多,技术业务性强,各种类商品采购过程的艰难性、销售状况的复杂性和客户需求的多样性直接影响着采购工作的质量和企业经营的成效。

近年来,很多企业都是由老板及其亲属亲自采购,或由个别亲信掌控,成了只有少数人才能担任的特殊岗位。因此,相当一部分采购人员在思想意识、理念认识、责任心、工作态度上还存在着许多不足和弊端;在具体采购工作中,还存有不少工作方法、业务操作、外界影响、接受能力等方面的问题和误区。

1. 采购人员理念认识上的几点误区
(1) 采购工作是一项企业的"肥差",是一个人人都羡慕的"美差"。
(2) 采购工作简单,只要会计算机操作,查查库存,依葫芦画瓢就行,省心得很。
(3) 只要有钱,什么东西都能采购到。
(4) 只要采购回来,卖不卖得掉与我无关。
(5) 不重视业务知识学习,不求做精、做好、做全,效益观念淡薄。
(6) 采购价格无所谓,不懂得向采购环节要利润。

2. 采购人员工作能力、操作方法的几个误区和弊端
(1) 没有商品进销周期的概念,采购数量随意化,省力省心就行。

(2)不关注市场动态，季节变化，只按常规计划进货，不懂得及时调整，确保销售，减少积压，最终造成大量季节商品的长期积压；而某些商品要求提前采购的却总比别人慢一拍，等到想要时，不是缺货，就是涨价。

(3)偏听偏信，把偶然一次要货当成必然的常规要货，造成冷僻件、基础件严重积压。

(4)不愿仔细查询库存，不想核实型号规格，凭经验做事，想当然做采购计划。

(5)未养成良好的工作习惯，不注意业务能力的提高和市场信息的反馈。

(6)在制订全系列铺底配件计划时，不分易损件、基础件还是冷僻件。

(7)工作作风简单粗糙，经常丢三落四、差错不断，严重影响采购效率和效益。

3. 采购人员受外界影响造成的误区和弊端

(1)受销售人员过分贪求业绩的影响，不按工作流程和采购工作原则去做。

(2)受客户需求信息误导，不经认真确认，造成无效采购，商品积压。

(3)受表面虚假要求影响，盲目决策，一时冲动去进货，造成无谓的商品积压。

(4)经常误解有关领导的指令和意图，不加分析思索，机械教条地去进货。

4. 采购人员受供应商及渠道影响造成的工作误区

(1)采购员经常受厂家利诱，轻信供方所谓的"优惠政策"，不加甄别，无计划进货。

(2)在制订商用车配件采购计划中，无原则、无主见，供方推荐什么就要什么，有什么就进什么，说什么信什么，被动采购严重影响品种率和到货率。

(3)不善与供方讨价还价，给什么价就什么价，造成商品无优势可言。

(4)不注重新品种的开发和增加，缺什么进什么，按部就班，造成品种满足率的长期低下。

5. 采购人员责任心不强造成的工作误区

(1)工作责任心不到位，计划做好后，不跟踪、不催问，造成长时间的断货。

(2)明知做错或做漏要货计划，却受虚荣心驱使，不立即改正补充，而是将错就错，听之任之。

(3)发现产品滞销后，不愿主动承担责任，总是千方百计推脱，想方设法逃脱责任追究。

(4)过分依赖老供应商，不愿多跑腿进行货比三家。

6. 采购人员的思想意识有问题，长期困扰采购工作的弊端

(1)任凭个别汽配供应商"高价宰客"，只要个人有好处，不管价格高低，有货就行。

(2)思想意识不健康，贪图供方招待得好、吃得好、玩得好，只好听之任之。

(3)明知所进商品是假冒伪劣的，贪图价格便宜，弃公司的利益、声誉于不顾。

(4)得过且过，只要不断货，什么商品的性价比，产品的优势，什么企业的效益，用户的要求，统统抛在脑后，每月不少我工资就行。

任务评价

请你扮演配件采购人员，针对表4-1-2中所示的某种组合，进行配件准备与采购准备。

不同组合的维修车型配件采购评价表　　　　　　　　　　　　　　　表 4-1-2

维 修 车 辆	维 修 诉 求	分值	自评	组评	师评	得分
A1. 普通货车 A2. 半挂牵引车 A3. 自卸汽车 A4. 罐车	B1. 质保期内维护 B2. 质保期外维护 B3. 正常维修 B4. 事故索赔维修	100				
注:在 A、B 栏任选一项进行组合,即可组合出一种维修车辆和维修诉求,按其诉求进行配件采购。如 A2 + B2,表示要求维修质保期外维护的半挂牵引车							
指导教师总体评价:							
<div style="text-align:right">指导教师_____ ____年___月___日</div>							

思考题

1. 商用车配件采购有哪些基本原则?
2. 商用车配件采购的特点和规律是什么?
3. 拟定采购计划时通常考虑哪些因素?
4. 订立采购合同应遵循的原则和采购合同的关键条款有哪些?
5. 商用车配件的货源鉴别方法有哪些?
6. 组织购货主要有几种类型?
7. 如何确定购货量?
8. 商用车配件常用的检验方法有哪些?
9. 对商用车配件采购人员有哪些基本要求?

学习任务 4.2　商用车配件仓储管理

 **任务目标**

(1) 了解配件仓库管理的内容,便于管理配件和对配件管理人员的管理。
(2) 学习配件仓库管理知识,优化仓库配件保管。
(3) 合理布置配件仓库配件,便于配件存取。
(4) 掌握汽车配件合理储备量的确定方法。
(5) 掌握配件库存的 ABC 管理法。

任务导入

商用车车型众多,配件种类和型号也很复杂,如何将众多配件有条理地、高效快捷地保管好,同时减少物资积压,加快物资周转速度,是配件经营管理工作中非常重要的一环。

实习指导师傅问小董、小梁:"假如你是一位仓库管理员,现有一批配件即将到货,你应该怎么做?"

任务准备

"仓"也称仓库,指存放、保管、储存物品的建筑物和场地的总称,可以是房屋建筑、大型容器或者特定的场地;"储"表示将物品储存以备使用的行为,具有收存、保护、管理、储藏物品、交付使用的意思,也称储存。

仓储是对有形物品提供存放场所,对物品存取、保管和控制的过程,是一种有意识的行为。

1. 仓库管理的作用与任务

为了顺利地进行仓库作业活动,使人、设备和物资三要素良好地协调配合,为消灭浪费,防止由于不量力而行和不平衡造成失误而进行的一系列管理活动,称作仓库作业管理。

1)配件仓库管理的作用

配件仓库管理也是企业管理的重要组成部分。仓库管理的主要作用是:

(1)仓库管理是保证商用车配件使用价值的重要手段。配件经营企业的仓库是服务于用户,为本企业创造经济效益的物资基地。仓库管理的好坏,是配件能否保持使用价值的关键之一。如果严格按照规定加强对配件的科学管理,就能保持其原有的使用价值,否则,就会造成配件的锈蚀、霉变或残损,使其部分甚至是全部失去使用价值。所以,加强仓库的科学管理,提高保管质量,是保证所储存配件价值的重要手段。

(2)仓库管理是商用车配件经营企业保证生产顺利进行的必要条件。配件经营企业的主要工作就是每天大量的配件进出周转,各种不同配件进货和出货周期和数量又是复杂多变的,因此,搞好仓库管理是商用车配件经营企业生产链上非常重要的一环。

(3)仓库管理是减少物资积压浪费、搞好物资节约的辅助手段。商用车配件种类多,体积大,不同种类的配件需求也不同,通过科学合理的仓库管理手段,可以有效减少物资积压浪费,提高仓库的有效利用率。

(4)仓库管理是加速物资周转、减少流通费用的有效途径。通过科学的仓库管理可以加快物资周转速度、减少流通费用,以最少的劳动力、最快的速度、最省的费用取得最佳的经济效益。用户需要各种类型的汽车配件,汽车配件经营企业在为用户服务的过程中,要做大量的工作,最后一道工序就是要通过仓库管理员,将用户所需的配件交给用户,满足用户的需求,以实现企业服务用户的宗旨。

2)配件仓库管理的任务

仓库作业管理的过程,是从物资入库开始,到把该物资发出去为止的全部过程,主要是围绕物资入库、保管和维护、出库为中心展开的一系列活动。其基本任务包括以下五个方面:配件的入库验收工作;配件的定位存放工作;配件的保管和维护工作;配件的出库工作;仓库建账统计核算工作。

2. 配件的入库验收

入库验收是配件入库保管的准备阶段。配件一经验收入库,仓库保管工作就正式开始,同时也就划清了入库和未入库的责任界限。入库的配件情况比较复杂,有的在出厂之前就不合格,如包装含量不准确、包装本身不合乎保管和运输的要求;有的在出厂时虽然是合格的,但经几次装卸搬运和运输,致使有的包装损坏、数量短缺、质量受损,使个别配件失去部分使用价值,有的甚至完全失去使用价值。这些问题都要在入库之前弄清楚,划清责任界限。否则,配件在入库保管后再发现质量、数量问题,就会由于责任不清,给企业造成不必要损失。因此,搞好入库验收工作,把好"收货关",可以为提高仓库保管质量打下良好基础。

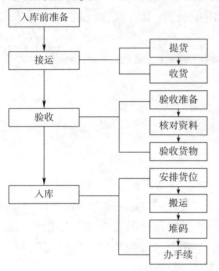

图 4-2-1　配件入库步骤图

图4-2-1是配件入库的步骤图。

1) 入库验收依据

(1) 根据入库凭证(含产品入库单、收料单、调拨单、退货通知单)规定的型号、品名、规格、产地、数量等各项内容进行验收。

(2) 参照技术检验开箱的比例,结合实际情况,确定开箱验收的数量。

(3) 根据国家对产品质量要求的标准,进行验收。

2) 入库验收要求

(1) 及时。验收要及时,以便尽快建卡、立账、销售,这样就可以减少配件在库停留时间,缩短流转周期,加速资金周转,提高企业经济效益。

(2) 准确。配件入库应根据入库单所列内容与实物逐项核对,对外观和包装认真检查,以保证入库配件数量准确,防止以少报多或张冠李戴的配件混进仓库。如发现有霉变、腐败、渗漏、虫蛀、鼠咬、变色、沾污和包装潮湿等异状的汽车配件,要查清原因,做出记录,及时处理,以免扩大损失。要严格实行一货一单制,按单收货,单货同行,防止无单进仓。

3) 入库验收程序

入库验收,包括数量和质量两个方面。验收入库程序如下:

(1) 清点箱数。清点时,确认零件包装标签上的公司名称是本公司,确认包装标签下的发货日期与货运回单相符。清点后,确认收到的件数与货运回单上的一致。

(2) 核对包装。在点清箱数基础上,对包装物的商品标志与入库单进行核对。只有在实物、标志与入库凭证相符时方能入库。同时,对包装物是否合乎保管、运输要求要进行检查验收。如发现票物不符或包装破损或异状,应单独存放,并协助有关人员查明情况,妥善处理。

(3) 开箱点验。凡出厂原包装的产品,一般开箱点验的数量为5%~10%。如果发现包装含量不符或外观质量有明显问题时,可以适当增加开箱检验比例,直至全部开箱。新产品入库,亦不受比例限制。对数量不多而且价值很高的汽车配件、非生产厂原包装的或拼箱的汽车配件、国外进口汽车配件、包装损坏或异状的汽车配件等,必须全部开箱点验,并按入库单所列内容进行核对验收,同时还要查验合格证。经全部查验无误后,才能入库。

(4) 过磅称重。凡需称重的物资,一律全部过磅称重,并要记好质量,以便计算、核对。

(5) 归堆建卡。配件归堆,要根据性能特点,安排适当货位。归堆时一般按五五堆码原则(即五五成行、五五成垛、五五成层、五五成串、五五成捆),排好垛底,并与前、后、左、右的垛堆保持适当的距离。批量大的,可以另设垛堆,但必须整数存放,标明数量,以便查对。建卡时,注明分堆寄存位置和数量,同时在分堆处建立分卡。

(6)上账退单。仓库账务管理人员,根据进货单和仓库保管员安排的库、架、排、号,以及签收实收数量,逐笔逐项与财务部门核对,作为业务部门登录商品账和财务部门冲账的依据。

4)入库验收中发现问题及处理

入库验收中可能出现的问题:单货不符;单证不全;质量问题;包装问题;数量不符。处理方法如下:

(1)单货不符或单证不全,可能是有些配件串库,个别配件有货无单或有单无货,细数、规格不符等。在验收大件时,发现少件或者多出件,应按规定如是做好记录,并及时与有关负责部门和人员联系,交接双方或有关人员签字后,方可按实收数签收入库。

(2)凡是质量有问题,或者品名、规格出错,证件不全,包装不合乎保管、运输要求的,一律不能入库,应将其退回有关部门处理。

(3)零星小件的数量误差在2%以内、易损件的损耗在3%以内的,可以按规定自行处理。如果超过上述比例,应报请有关部门处理。

(4)凡是因为开箱点验被打开的包装,一律要恢复原状,不得随意损坏或者丢失。

3. 配件保管

为了充分发挥库房、保管员和设备的潜力,达到储存多、进出快、保管好、费用省,应将进库存储保管的配件,统一按部、系、品种或按车型系列的部、系、品种实行条理化和ABC法相结合的办法进行管理。

1)实行条理化管理

所谓条理化管理,就是配件管理分类统一,安全堆码美观整齐。仓容利用经济合理,防尘、防潮、防高温、防照射,细致严密,卡物相符,服务便利,并存放好特殊的汽车配件。

配件存储分类统一管理的办法有以下几种:

(1)按部、系、品种系列分库,就是所有配件,不分车型,一律按部、系、品种顺序,分系列集中存放。例如,储存发动机配件的库叫作发动机库;储存通用工具和通用电器的库叫作通用电器库。凡是品名相同的配件,不管是什么车型,都放在一个库内,这种管理方式的优点是仓容利用率高,而且比较美观,便于根据仓库的结构适当安排储存品种。缺点是顾客提货不太方便,特别是零星用户提少量几件货,也要跑几个库;再者就是保管员在收发货时,容易发生差错。

(2)按车型系列分库。按车型系列分库,是指按所属的不同车型分库存放配件,例如东风、解放、重汽等车型的配件,分别设东风牌商用车配件库、解放牌商用车配件库、重汽商用车配件库等。这样存放,既使得顾客提货比较方便,又可以减少保管员收发货差错。缺点是仓容利用率较低,对保管员业务技术水平也要求较高。

(3)按经营单位分库。在一个库区内同时储存两个以上经营单位的配件时,也可以按经营单位设专库储存。

2)安全合理堆码

仓库里的配件堆码,必须贯彻"安全第一"的原则,不论在任何情况下,都要保证仓库、配件和人身的安全,同时还要做到文明生产。配件的陈列堆码,一定要讲究美观、整齐。

(1)合理堆码要求。汽车配件堆码指的是仓储汽车配件堆存的形式和方法,又称堆垛。汽车配件进入仓库存储,应按一定的要求存放,不准随意平摊或堆叠。汽车配件堆码必须根据汽车配件的性能、数量、包装、形状以及仓库的条件,按照季节变化的要求,采用适当的方式、方法,将汽车配件堆放稳固、整齐。堆码必须做到安全、方便、节约。具体做到以下六点:

①安全"五距"。库内货垛与内墙距离不得少于0.3m,货垛与柱子之间不得少于0.1~0.2m,货垛相互之间一般为0.5m,货架相互之间一般为0.7m。库外存放时,货垛与外墙间距不得少于0.5m,这样既可以避免配件受潮,同时又减轻了墙脚负荷,保证了库房建筑安全。

②实行定额管理。实行定额管理质量不得超过设计标准的90%,以保证库房建筑安全,达到设计使用年限,存放货物的同时保证人员的安全。

③堆码美观整齐。堆垛要稳,不偏不斜,不歪不侧,货垛货架排列有序,上下左右中摆放整齐,做到横看成行,竖看成线。包装上有产品标志的,堆码时标志应一律朝外,不得倒置,发现包装破损,应及时调换。

④质量较轻、体积较大的配件应单独存放。堆码时要注意两点:第一,要适当控制堆码高度;第二,不要以重压轻,以防倾倒。对易碎易变形的配件,更不可重压,以保证其安全。

⑤对某些配件,须露天存放时,也要堆放整齐、美观,并且要上盖下垫,顶不漏雨,下不浸水,四周要通风,排水要良好。

⑥清理现场。每次发货后要及时清理现场,该拼堆的拼堆,该上架的上架,最后清扫干净,这样一方面腾出货位,以便再次进货,另一方面又保持了仓库的整洁、美观。

(2)堆放原则。

①按周转速度存放。周转速度快的配件存放于作业区附近,可减少取件时间,提高效率(图4-2-2)。

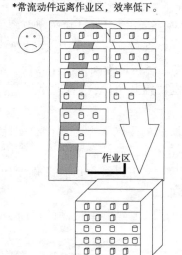
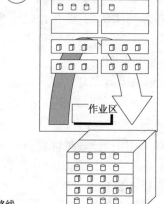

图4-2-2 不同周转速度配件的放置

②质量大的零件上架、提取不便,而且有落下伤人及损坏的危险,应放置在下层的货架上(图4-2-3)。

图4-2-3　重物下置

③竖置存放。对于有些配件,如平放可能会造成上面的零件损坏下面的零件,或浪费很大空间。像排气管一类的零件,其长度较大,如平放会从货架伸出至通道,从而影响通行且不安全,而且难以提取。这类零件最好用专门的货架,将配件竖置存放(图4-2-4)。

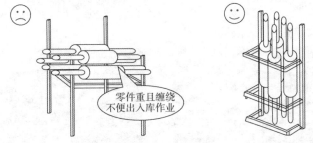

图4-2-4　竖置存放

④按产品类型存放。不同类型的配件,按其结构、尺寸、功能等进行分类存放,以便顺利查取(图4-2-5)。

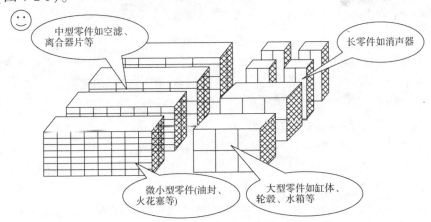

图4-2-5　按产品类型存放

⑤一个零件号一个货位。给零件进行科学合理的编码,按照编码查找零件,既快捷又准确。

⑥存放在随手可达之处。零件的存放优先选择触手可及的货位,以便于拿取。

⑦异常管理。有时货物数量多,摆放该配件的货架已满,过多的库存可能需要其他货

位,在存放这些配件时,一定要做好记录,不可随意摆放,否则,容易因疏忽而忘记零件临时存放的位置;也可能因疏忽将一种零件存放于两个位置而发生重复订货。

3)仓容利用经济合理

根据库区实际情况,结合配件性能特点,对仓容利用应做出合理布局,要充分发挥人员、库房、设备的潜力,做到人尽其能、库尽其用,以最小的代价,取得最大的效益。

(1)合理使用库房。为求最大限度地提高仓容利用率,就要把体积、质量相差很大,形状各异的各种配件安排适当,如前后桥、发动机、驾驶室等重件、大件,可放在耐压力强、空间高、有起吊设备的库房。此外,还要根据配件性能、特点和外形,配备一定数量的专用货架和格架等,例如,存放汽车前、后桥的专用枕垫(图 4-2-6),存放横拉杆、轮胎、排气管

图 4-2-6 专用枕垫

的专用格架(图 4-2-7)。

图 4-2-7 专用格架

(2)提高单位面积利用率。仓库建筑面积不可变,但单位面积利用率是可变的,如高层货架或在普通货架区的货架最上面一层铺盖隔板,用以储存质量轻的配件(如汽车灯泡、灯罩、仪表等)。同时,随时清理现场,也可以提高单位面积利用率。

4)防尘、防潮、防高温、防照射,细致严密

(1)自然因素对汽车配件的影响。汽车配件品种繁多,因使用的材料和制造方法的不同而各具特点。有的怕潮、有的怕热、有的怕阳光照射、有的怕压等,在储存中因受自然因素的影响而发生变化,会影响到这些商品的质量。

(2)温度对储存配件的影响。汽车配件适宜的储存温度都有一定范围,例如,橡胶类配件在 25~30℃ 时柔软而富有弹性,在高于 40℃ 时则软化发黏,但在 10℃ 以下时又会变硬变脆而失去弹性,强度下降;软木纸及垫,适宜温度一般为 18~25℃;一些酚醛塑料制品在温度达 40℃ 以上时,就会发生变形,某些有油漆防护层的配件也会出现龟裂现象;金属制品对温度也有一定要求,因为金属配件表面涂有保养油或蜡,遇到高温,保养油或蜡也易熔化发黏,所以必须掌握仓库内温度的变化。一般来讲,保管汽车配件的室温,应保

持在20℃左右。

(3)湿度对储存配件的影响。湿度指空气中水蒸气含量的程度,空气湿度通常用"绝对湿度""饱和湿度""相对湿度"表示。绝对湿度是指空气中实际所含的水蒸气,即按每立方米空气中所含水蒸气的质量表示,其计量单位为 g/m^3。饱和湿度是指空气中所含有饱和的水蒸气,水蒸气超过饱和点时就变成水珠落下,这时的空气湿度,叫饱和湿度。测定饱和湿度常用的器具是温湿度表。相对湿度是指空气中所含的水蒸气距离饱和水蒸气含量的程度。绝对湿度不能充分说明空气干湿程度的状态,相对湿度则能确切地表示空气潮湿程度。相对湿度越高,距饱和点越近、越潮湿,这时对具有吸潮性的配件损害就越大,会使怕潮配件生霉腐蚀。金属配件本身虽不吸潮,但湿度大时,在金属表面就会凝结一层极薄的水膜甚至形成水珠,加速其氧化生锈,所以对金属配件,特别是精密配件,尤应注意防潮。石棉制品如汽车各类衬垫(片)受潮后,会出现片状雪斑,使其技术性能降低。相对湿度大于85%,气温在30℃以上时,会使电器配件及绝缘制品受潮,性能下降。相反,相对湿度过低(一般小于50%),对某些配件也会产生不良影响,如油封用的橡胶和皮革会出现干裂、发脆,各种纸垫块、木纸等也会发生伸缩变形,一般库内相对湿度应保持在70%左右。

但是不同质地的汽车配件对湿度的要求又各不一样,例如汽车轮胎,保管的相对湿度以50%~80%为宜;软木纸保管的相对湿度以40%~70%为宜。还有些汽车配件特别怕潮,例如车用收放机、电器元件,受潮后会影响使用效果;仪器、仪表受潮后会影响其灵敏度。

(4)日光对储存配件的影响。适度的日光对有些配件能起到好的保护作用,如热能蒸发多余的水分,但过强的日光经常照射在配件上,也会产生不良影响,如橡胶制品,转向器、分电器盖;蓄电池壳等在长期光照射下,会很快失去光泽并发生老化、龟裂、发黏和失去弹性。汽车玻璃在长期日照和冷热温度较大变化下,会发生自然碎裂。金属制品、收录机等,也应避免日光照射。

(5)其他因素对储存配件的影响。尘土和杂物不但影响仓库清洁卫生,而且严重威胁库存配件的质量和安全,会加速金属配件锈蚀,并使电器元件绝缘性变坏,影响仪器仪表精密度和灵敏度,还会影响收音机、收放机的使用效果;各种虫害对库存配件的质量和安全,也有很大影响,蛀虫、老鼠等常咬坏一些线织布质配件和坐垫以及配件包装物(含包装木箱、纸箱、纤维板箱等),而且还会毁坏建筑物上的木材部分以及木质垫板、枕垫等。

(6)各种金属类汽车配件防护层变质的表现。黑色金属钢铁在汽车配件材质中占多数。它的主要特点是,在潮湿时容易氧化生锈,表面上形成一层淡红色或暗褐色的细状粉末(即氧化铁)。由于氧化铁结构疏松,容易继续吸湿,如不及时清除,会促使金属进一步氧化锈蚀,出现蚀坑,破坏商品表面精度。根据实践经验,如配件上油(蜡)前清洗较好,油(蜡)配方合格,配件一般可储存5年以上不锈蚀。否则,一年内配件表面即呈黑灰色或有片状黑色污斑痕迹。

有色金属在汽车配件中,使用较多的是用铜和铝制造的活塞和各种衬套等,在储存中铜制产品与空气中的氧接触后,会生成铝锈,这就是铜制品的锈蚀表现。铝与空气中的氧接触,产生一层氧化铝,氧化铝薄膜也起一定的阻止继续氧化的作用。但铝与空气中的酸及碱接触后,会产生白色粉末状的腐蚀物,就是铝锈。

各种镀有防护层的配件如镀铬配件呈青光,外表光亮,抗腐蚀性强,但若灰尘长期包围表面,镀层会失去光泽,逐渐变暗。镀锡配件呈灰白色,有轻微光泽,但容易被坚硬物质划伤,如湿度过大,会从镀层内部生锈。镀铜配件呈淡红色,不宜久放,储存时间稍长,即变成白红色,特别是与二氧化碳及酸接触后,表面会产生绿斑,影响美观。有油漆防护层的配件,表面坚韧而光亮,装饰性和抗蚀性均好,但受阳光辐射的影响,会发生褪色和脆裂。如遇油脂,也容易产生漆层脱落。

防范措施如下:
①严格配件进出库制度和配件维护制度。
②安排适当的库房和货位。
③要重视各种配件的储存期限。
④配件加垫。
⑤加强库区温、湿度控制。
⑥保证汽车配件包装完好无损。
⑦搞好库内外清洁卫生。

5)特殊汽车配件的分类存放

(1)不能沾油的汽车配件的存放。轮胎、水管接头、V带等橡胶制品,怕沾柴油、黄油,尤其怕沾汽油,若常与这些油类接触,就会使上述橡胶配件质地膨胀,很快老化,加速损坏报废速度。

干式纸质空气滤清器滤芯不能沾油,否则灰尘、砂土粘附在上面,会将滤芯糊住。这样会增大汽缸进气阻力,使汽缸充气不足,影响发动机功率的发挥。

发电机、起动机的电刷和转子沾上黄油、机油,会造成电路断路,使之工作不正常甚至致使汽车不能起动。

风扇传动带、发电机传动带沾上油,就会引起打滑,影响冷却和发电。

干式离合器的各个摩擦片应保持清洁干燥,若沾上油就会打滑。同样,制动器的制动蹄片如沾上油,则会影响制动效果。

散热器沾上机油、黄油后,尘砂易粘附其上,不易脱落,会影响散热效果。

(2)发动机总成的维护。发动机总成的储存期如超过半年,就必须对其进行维护。方法是将火花塞(汽油机)或喷油嘴(柴油机)拆下,螺孔中注入车用润滑油少许。

(3)橡胶制品的存放。应在能保持环境温度不超过25℃的专仓内储存,以防老化,保证安全。

(4)电器配件、橡胶制品配件和玻璃制品配件的存放。由于这些配件自重小,属轻抛物资,不能碰撞和重压,否则将使这些配件的工作性能丧失,发生变形或破碎,故应设立专仓储存,而且在堆垛时应十分注意配件的安全。

另外,对于软木纸、毛毡制油封及丝绒或呢制门窗嵌条一类超过储存期半年以上的配件,除应保持储存场地干燥外,在毛毡油封或呢槽包装箱内,应放置樟脑丸,以防止霉变及虫蛀。

6)卡物相符、服务便利

卡物相符的程度如何,是考核仓库保管员工作质量的一项具体内容。卡物相符率高,就证明保管员的工作质量好,反之,其工作质量差。提高卡物相符率的关键是认真执行"五五堆码"和"有动必对"原则。其中,最重要的是"有动必对",这是保证卡物相符的有力措施。每当发完一批货,必须将卡片的结存数量与库存实物结存数量进行核对,一定要保持卡片的结存数与仓库的实物结存数相符。如果发现卡片结存数与库存实物不符,必须在配件出库之前查清楚,并进行妥善处理。另外,要把好"盘存关",每月、每季或每半年一次定期盘存,一定要盘彻底、点清楚。平时应加强动态管理,对常动的配件要经常进行查对,发现问题要及时与业务部门联系,查明原因,及时处理,以保证卡物随时相符。

为实现服务便利,配件堆码要讲究科学性,不仅要把不同车型、品名、规格、单价、产地和含量的配件分别归堆,商品标志一律朝外,堆与堆之间保持一定距离,而且一定要遵循"五五堆码"原则。大批量配件可设分堆,这样便于做到过目成数,使发货、核对方便。

7)典型零件管理方法

(1)横纵坐标定位保管法。

①划定货位,并编出小货位号。

②在账页上写明该种配件存放位置的货位号。

③在货架前悬挂有动态记录的货物卡片。

(2)确认配件存放位置的具体方法。

①把库内外将要存放配件的地方(即货位),都用交叉编号的方法给予命名,其做法是:对于平面货位,用交叉的两个号码来规定,即使用纵横坐标定位法。图4-2-8所示为仓库的平面存放示意图,简要说明如下:

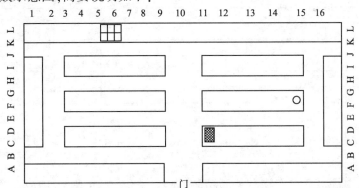

图4-2-8 仓库的平面存放示意图

库内纵向(排)编号为 A、B、C、D、E、F、G、H、I、J、K、L。横向(位)编号为 1、2、3……15、16。编号写在墙上或用字牌挂在空中。从图4-2-8可以看出各货所放的位置,其货位号分别是 L6、CD11 和 F15。

对于用货架存放(立体堆放)的,用货架号、层号及格号来命名(或用单格号),如图4-2-9所示。

从图4-2-9中可以看出,各货所放位置,其货位号分别是架1七3,架2三10 11,架3四五六15 16。如果有几个库房,还应编库房号,或按配件种类定名。但应注意,各种号码都应在明显位置标出。

②收货人收货后,在账页上写明该配件存放位置的货位号,如果一种货放在几个货位

上,应写明几个货位号,还可注明发出顺序。

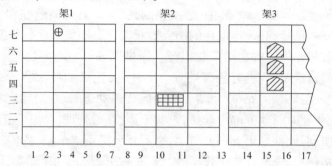

图 4-2-9　货架存放示意图

③为了更有效地防止差错,并随时掌握货量的动态,还应在货位上配件前悬挂记录着动态的货物卡片,如图 4-2-10 所示,货卡上有与账页相同的主要项目和“收”“发”“存”及“经手人”等栏目。

编号		品名		规格	
单位	厂价　批发价	零销价		产地	
月日	摘　要	收	发	存	经手人

图 4-2-10　零部件动态记录卡

④工作程序。

a. 收货程序。

第一,核对进货票上与实物有关的品名、规格、单位、数量等,各项应完全相符。

第二,按进货票查对是否原来已有同种配件的账页。如果有,就只把票上有关项目记入原账页,并确定进货的存放货位,若仍放在原货位,则不必另写货位号,并继续使用原货卡。若另放在其他货位,必须写明进货的新货位号,再填写一个新的货卡,挂在货前。如果原来没有此货的账页,就要填写新账页,并写明存放的货位号后加入账册,配件前挂上新的货卡。

b. 发货程序。

第一,按提货票查出与它相符的账页。

第二,从账页上查出该货存放位置的货位号。

第三,按账页上写明的货位号到货位上核对货票与货卡,两者相符即可发货。对货已发完的账页或货卡,都应保存起来,以便重新使用,一方面可以节约,另一方面也便于核查该货进出的历史情况。

(3) 实行 ABC 管理法。

①ABC 分类管理法。在发达国家的经济活动中,已经普遍采用这种管理方法。在实行上述按部、系、品种或按车型系列的条理化管理的同时,也应采用 ABC 分析法进行管理。

ABC 分析法是经济活动中应用的一种基本方法,是改善企业经营管理的一项基础工作,是企业进行经营决策的必要依据。它是一种从错综复杂、名目繁多的事物中找出主要矛盾,抓住重点,兼顾一般的管理方法。ABC 分析法又称重点管理法或分类管理法,广泛应用于商品的销售、采购、储备、库存控制等各个环节,目的在于提高资金利用率和经济效益。

汽车配件品种规格繁多,如何做到库存商品既能及时保证销售的不间断,又尽可能少占用资金而保持适当的库存量,这就需要对仓库所储存的汽车配件,以品种规格及占用资金的大小进行排队,可分为 A、B、C 三类。A 类配件品种少,占用资金大;B 类配件品种比 A 类多,但占用资金比 A 类少;C 类配件品种多,但资金占用少,如图 4-2-11 所示。

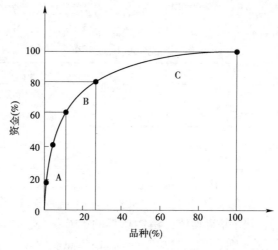

图 4-2-11　A、B、C 分析图

从图 4-2-11 中可以看出,A 类配件品种只占总品种的 15% 左右,资金却占总资金的 60% 左右;B 类配件品种占 30% 左右,其所占用资金大致为 20% 左右;C 类配件品种占 70% 左右,资金只占 20% 左右。从其重要程度看,A 类最重要,B 类次之,C 类再次之。根据以上情况,对各类配件采取不同的管理方法。

a. A 类配件。A 类配件一般是常用易损易耗配件,维修用量大,换件频率高,库存周转快,用户广泛,购买力稳定,是经营的重点品种。对这一类配件,一定要有较固定的进货渠道,订货批量较大,库存比例较高,在任何情况下,都不能断档脱销。A 类配件的主要品种一般是活塞环、曲轴、汽缸体、水箱、活塞、万向节、汽缸垫、后制动器片、钢圈、后半轴、转向节等几十个品种。

在仓库管理上,对 A 类配件应采取重点措施,进行重点管理,选择最优进货批量,尽量缩短进货间隔时间,做到快进快出,加速周转。要随时登记库存变化,按品种控制进货数量和库存数量,在保证销售的前提下,将库存储备压缩到最低水平。

b. B类配件。对B类配件只进行一般管理,管理措施主要是做到进销平衡,避免积压。

c. C类配件。对于C类配件,由于品种繁多,资金占用又小,如果订货次数过于频繁,不仅工作量大,经济效果也不好,一般可根据经营条件,规定该类配件的最大及最小储备量。当储备量降到最小时,一次订货达到最大量,以后订货也照此办理,不必重新计算,这样有利于集中力量抓A、B两类配件的管理工作。

②如何进行ABC分类。进行ABC分类管理时,需采用以下方式:

a. 计算每种配件在一定时期内(例如1年内)所花费的资金总额,其计算方法是以配件单价乘以需求量,列出品种和资金一览表。

b. 根据一览表,把每一配件品种资金数按大小顺序排列,计算出各品种占总金额的百分比。

c. 根据配件品种数和资金额占全部品种数和总金额的百分比,将配件分成A、B、C三类。例如,某配件公司每年销售汽车配件3421个品种,年销售总额8390万元。通过计算每一种配件资金数及各品种占总金额的百分比,列出占销售总额70%~75%的配件各品种为A类,再划出占销售总金额15%~20%的配件品种为B类,其余为C类,见表4-2-1。

商用车零部件A、B、C分类　　　　　　　　　　　表4-2-1

分类(按单一品种销售金额)	品种数	占全部品种的比例(%)	销售金额累计(万元)	占销售总额的比例(%)
A(5万元以上)	328	9	6300	75
B(1万元以上)	672	20	1420	17
C(其余)	2421	71	670	8
累计	3421	100	8390	100

表4-2-1所列3421种配件中,单一品种销售金额5万元以上的有328种,其销售额累计占销售总额的75%,占全部品种的9%,这328种配件划为A类;销售金额1万元以上、5万元以下的共672种,其销售额累计占销售总额的17%,占全部品种数的20%,这672种配件划为B类;其余2421种配件,其销售额仅占销售总额的8%,而品种数却占总数的71%,这2421种配件划为C类。

对全部配件进行ABC分类是一项比较烦琐的工作。当前许多汽车配件销售企业实行了计算机管理,先将该企业经营的全部配件的品种、品名和其1年的销售额录入计算机数据库,然后由计算机汇总销售总额及各品种全年销售额,再计算每个品种年销售额占年销售总额的比例,由大到小排序,从而分析出ABC三类品种。如果销售部门用计算机进行开票,则整个部门的所有汽车配件品种每月、每日的销售额都已存入计算机,这样用计算机进行ABC分类就更为快速和准确,而且既可以对全年的销售情况做ABC分类,又可对半年或近几个月的销售情况做ABC分类。计算机只需几分钟即可完成ABC分类。最后由打印机输出ABC分类清单,效益较人工计算提高几百倍,既节省人力,又提高了信息反馈速度。

(4)ABC分析法在仓库管理中的作用。

ABC分析法在配件仓库的管理科学性、计划性、经济效益等方面已显示出了强大优

势,已被许多企业采用,主要有以下作用:

①可使配件库存管理有条理、储备有重点、供应有主次、订货易选择、核算有基础、统计好分析,为配件核算和计划编制工作奠定了基础。

②可以对配件合理分类,较准确地确定订货批量和储备周期。能克服不分主次储备,使储备从定性分析上升为定量分析,做到配件储备定额合理、先进。

③以资金大小依次分类,可以使管理人员自觉形成对资金管理的重视,并且懂得管好A类配件,就能取得用好资金的主动权,可以改变管理人员"只管供、不管用、只管物、不管资金"的片面做法,提高配件仓库的微观经济效益。

④对于占用资金不多的C类配件,可采用规定该类配件的最大及最小储备量的方法来保证供应,节省了大量的时间和保管费用,避免了人力、财力、物力的浪费,能更好地集中精力抓主要矛盾,管好A类及B类配件。

⑤能有效帮助仓库管理人员逐步摸索和分析配件进销及库存数据及其规律性,有助于避免配件库存积压,进行合理储备,有助于加速资金周转,便于仓库核算及企业经济效益提高。

⑥ABC分类法不仅使配件分类清楚,而且使合同管理更为严格,因为配件一不到货就能及时反映出供需矛盾,所以能增强执行合同的严肃性。

⑦有助于企业进行库存结构分析。库存结构是指适销对路的配件在整个库存中所占的比重,适销配件占的比重大,就叫库存结构好,适销配件所占的比重小,就叫库存结构差。库存结构是汽车配件销售企业的一项重要业务指标。它直接标志着企业商品资金占用的合理与否,反映出企业经营管理的好坏,经济效益的高低。企业应该经常对其库存结构进行分析,不断通过扩大销售和调整进货等手段,调整库存结构,保持库存结构的最佳状态。

4. 商用车零部件计算机软件管理

1) 汽车零部件管理系统

汽车零部件管理系统主要承担流通管理,根据企业性质的不同,功能也有所区别。零部件经销商所用管理系统主要有四大模块:销售管理、采购管理、库存管理、账目管理。

(1) 销售管理。对顾客的订货进行处理并回答顾客的咨询,包括订货处理、缺货通知、通知财务、制作销售报表等功能,以客户为中心,侧重对客户服务,是整个系统数据的入口处。

(2) 采购管理。负责向供应商采购汽车零部件并通知财务部门,包括采购零部件、通知财务等功能,侧重与供应商的联系,以采购零部件为中心展开。

(3) 库存管理。主要负责对供应商收货与对顾客发货,包括验证发货给顾客、收取供应商发的货、通知采购部门到货、制作库存报表等功能,管理公司零部件库存。

(4) 财务管理。主要负责向顾客收款、向供应商付款,包括付款给供应商、向顾客收款、制作报表等功能,管理公司资金。

2) 汽车零部件目录管理系统

任何一个零件都有其相对应的零件编号。零件编号就像人的身份证一样,每个零件一个编号。在描述一个零件的时候,最准确的方法是用零件编号去描述。零件编号在订货、库存、销售等各个环节都需要用到。因此,汽车零部件计算管理系统中设计了零件编号目录管理系统。不同品牌的生产厂商都会提供经销商不同的零件目录系统。例如,日本本田公司提供的是 AFD 零部件目录系统,美国福特公司提供的是 Microcat 零件目录系统。

3)汽车零部件订购系统

零部件订购系统是供应商在网上建立订购系统,实行实时订货。实时零部件订购系统除可直接向供应商订购零件外,还可实时查询供应商的库存数量,准确预测零件的到货日期。此外,还可以查询零件替代状况、零件的价格以及订单的处理情况等。

在汽车零部件管理系统,零部件的检索与显示已经做到了三维立体视图,用户可以观察零件的各个细节。零部件的目录管理与流通管理、定购管理相结合,功能十分强大。

5. 配件仓库的安全管理

仓库安全管理,是仓库管理的重要组成部分,是关系到国家和企业的财产安全以及工作人员人身安全的大事,一定要给予足够的重视。

1)汽车零部件的消防工作

所谓"消防",就是灭火和防火。火灾危险是仓库的最大威胁,消防工作,应当贯彻"预防为主,防消结合"的方针。首先要科学分析,研究火灾原因,然后才能有效地防火和灭火。

2)汽车零部件防盗

安全保卫是仓库管理的重要组成部分,要建立健全保卫机构,成立群众性治安保卫委员会,还要与周围有关单位共同组建治安联防组织,并加强与公安机关的联系。这样上下一起抓,里外协调配合,人人关心安全,才能创造一个良好的治安环境,以保证汽车零部件仓库的安全。

6. 出库

汽车配件出库标志着储存保管阶段的结束,把好"出货关"是仓库管理工作非常重要的一环。应坚持"先进先出、出陈储新"的出库原则,以免造成配件积压时间过长而变质报废,造成不必要的经济损失。汽车技术更新换代很快,如配件积压时间过长,可能因为淘汰老、旧产品而使配件报废。

1)出库程序

(1)核对单据。业务部门开出的供应单据(包括供应发票,转仓单,商品更正通知单,补发、调换、退货通知单等)是仓库发货、换货的合理依据。保管员接到发货或换货单据后,先核对单据内容、收款印戳,然后备货或换货,如发现问题,应及时与有关部门联系解决,在问题未弄清前,不能发货。

(2)备货。备货前应将供应单据与卡片、实物核对,核对无误,方可备货。备货有两种形式:一种是将配件发到理货区,按收货单位分别存放并堆码整齐,以便复点;第二种是外运的大批量发货,为了节省人力,可在原垛就地发货,但必须在单据上注明件数和尾数(即不足一个原箱的零数)。无论采用哪种形式,都应及时记卡、记账、核对结存实物,以保证账、卡、物相符。

(3)复核、装箱。备货后一定要认真复核,复核无误后,用户自提的可以当面点交,属于外运的可以装箱发运。在复核中,要按照单据内容逐项核对,然后将单据的随货同行联和配件一起装箱。如果是拼箱发运的,应在单据的仓库联上注明,编有箱号的,应注明拼在几号箱内,以备查找。无论是整箱或拼箱,都要在箱外写上运输标志,以防止在运输途中发错。

(4)报运。配件经过复核、装箱、查号码后要及时过磅称重,然后按照装箱单内容逐项填写清楚,报送运输部门向承运单位申请准运手续。

(5)点交和清理。有人提货时,保管员先审查单据内容、印章及经手人签字等,然后按单据内容如数点交。点交完毕后,随即清理现场、整理货位,腾出空位以备再用。用户自提的,一般不需备货,随到随发,按提单内容当面点交,并随时结清,做到卡、物相符。

(6)单据归档。发货完毕后,应及时将提货单据(盖有提货印章的装箱单)归档,并按照其时间顺序,分月装订,妥善保管,以备查考。

2)出库要求

(1)凭单发货。仓库保管员要凭业务部门的供应单据发货,但如果单据内容有误,填写不合规定、手续不完备时,保管员可以拒绝发货。

(2)先进先出。保管员一定要坚持"先进先出、出陈储新"的原则,以免造成配件积压时间过长而变质报废。因为汽车更新换代很快,配件制造工艺也在不断地更新,如果积压时间过长,很可能因为产品老、旧而淘汰报废。

(3)及时准确。一般大批量发货不超过两天;少量货物,随到随发。凡发快件的,要在装箱单上注明"快件"字样。发出配件的车型、品种、规格、数量、产地、单价等,都要符合单据内容。因此,出库前的复核一定要细致,过磅称重也要准确,以免因超重发生事故。

(4)包装完好。配件从仓库到用户中间要经过数次装卸、运输。因此,一定要保证包装完好,避免在运输途中造成损失。

7. 盘存

盘存是指仓库定期对库存汽车零部件的数量进行核对,清点实存数,查对账面数,账物是否对应,有无差错;零部件有无变质、失效、残损和滞销等情况。通过盘存可以彻底清查库存零部件情况,及时发现问题,及时处理,从而减少或避免经济损失。

1)盘存内容

(1)清点数量。对按件计的汽车零部件应全部清点;对成批堆垛的零部件应按垛清点,对堆垛层次不清的货物,要翻垛整理并逐批清点。

(2)核对账与货。根据清点的汽车零部件实数来核对保管账所列零部件的结存数,逐笔核对。查明实际库存量与账、卡上的数字是否相符;检查收发有无差错;查明有无超储积压、损坏、变质的汽车零部件。

(3)账与账核对。汽车零部件保管账应定期或在必要时与财务部门或相关业务部门的账核对。仓库保管员盘查库存,一般每月一次,主要是检查汽车零部件的数量、质量、保质期等,并做好记录;财务对账一般每半年或一年一次,特殊情况除外。

2)盘存方法

盘存的方法按时间和重要程度分类,主要分为日常盘存、定期盘存和重点盘存。

(1)日常盘存。日常盘存是一种不定期的局部盘存。通常是对动态出入库的零部件进行清点和复核;这种核对花时间少,可以及时发现问题,有效提高账货相符率。

(2)定期盘存。定期盘存一般在月末、季末、年末进行,核对后一般要做出"已盘"标记。

(3)重点盘存。根据工作需要,为某种特定目的对仓库物资进行盘存和检查,如工作调动、意外事故、仓库搬迁等进行的盘存。定期盘存和重点盘存时均应有财务人员参加,盘存情况应及时登记,盘存结束后,填写处理意见,编写盘存报告。

3)盘存结果及处理

对盘存后出现的盈亏、损耗、规格串混、丢失等应组织复查,分析产生原因,及时处理。

(1)储耗。对易挥发、潮解、溶化、散失、风化等物资,允许有一定的储耗。凡在合理储耗标准以内的,由保管员填报"合理储耗单",经批准后,即可转财务部门核销。实际储耗量超出合理储耗部分做盘亏处理,凡因人为原因造成物资丢失或损坏的,不得计入储耗内。

(2)盈亏调整。在盘存中发生盘盈或盘亏时,应查明原因,明确责任。由保管员填写报告单,经仓库负责人审核签字后,按规定报经审批。

(3)报废与削价。由于保管不当造成霉烂、变质、锈蚀的零部件;在收发、保管过程中损坏并已失去部分或全部使用价值的零部件;因技术淘汰需要报废的零部件;经有关部门鉴定确认不能使用的零部件;由于上述原因,经技术鉴定后需要削价处理的,由保管员填写相关报告单,报经审批后处理。

(4)事故。由于被盗、火灾、水灾、地震等原因及仓库人员失职,导致零部件数量和质量受到损失的,应作为事故向有关部门报告。

任务实施

以真实工作情境完成以下任务,旨在考查学生是否具备汽车配件管理工作能力。

围绕入库、仓储、出库三个环节,设计了确定货位、配件识别、入库操作和出库交付、编码查询、下单订货 6 项任务(图 4-2-12),要求各组上场正确规范地完成指定任务。

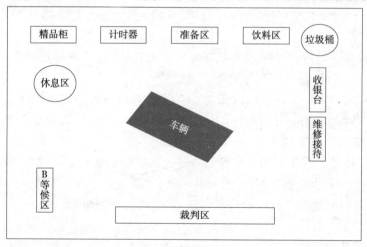

图 4-2-12 实训现场布局图

 **知识拓展**

丰田汽车特约维修服务站零部件库房管理

丰田公司对汽车零部件库房仓储管理总结出7种技术方法。

(1)垂直仓储。防止零件由于堆积仓储的压力而损坏,节省空间,易于提货、装箱。例如将排气消声器垂直摆放于专用货架,而不是水平放置,避免了由于零部件过长突出到过道,妨碍工人工作,并难于提货;垂直摆放易于提货装箱,并避免浪费空间。

(2)按产品仓储。将汽车零部件分类,例如分为金属产品、箱装零件、塑料零件等,并分类存放,避免零件装箱、提货时损毁,减小浪费空间。

(3)重型零件放在下部低位。出于安全和便于提货的角度考虑,应将重型零件放置在货架的下部低位,在提货、装箱时减少上下搬动,使仓储环境安全,便于操作。

(4)按每个零件号分开放置。以零部件号顺序仓储零部件,减少寻找零部件的时间,能减少制作货架标牌的位置数字位数,促进空位管理,方便盘点。

(5)按容易拿取分放。每个货架都有一定的高度,但汽车零部件货架的高度一般不超1.8m,按这个高度一般将货架分为3~4层,将周转速度快的零部件放置在货架中部(伸手可及之处),方便装箱、提货时确认零部件,以减少取货时间。

(6)非正规零件管理。例如将盘点时发现的损毁零件放置在货架顶部,便于完全直观检查,提醒库房管理人员处理这些零件,在库房专辟一个存放报废零件的货区等。

(7)按零件的周转速度仓储。将周转速度快的零件放置在离库房提货区近的位置,方便提货,减少提货时间。

在进行汽车零部件库房仓储设计时,随着汽车零部件周期性的变化,需要在库房对汽车零部件的摆放进行调整,并不一定完全遵循上述这7种仓储技术。例如,春季和秋季维护类零件的需求多,应重点存储,而冬季由于我国北方冰雪路面易于出现突发性故障,外饰件需求多(风窗玻璃、翼子板、车灯等)。因为汽车零部件仓储的主要内容就是如何利用有限的空间存储更多的汽车零部件,但是一定要遵循安全、优质和高效的原则。

 任务评价

配件上架训练见表4-2-2。

配件上架训练表　　　　　　　　　　　　　　　　表4-2-2

序号	内容及要求	评分	评分标准	自评	组评	师评	得分
1	确认货位	15	货架错误:配件没有摆放在正确的货架上,扣1.5分/件; 分区错误:配件没有摆放在制定的分区上,扣1.2分/件; 货位错误:配件没按"重物下置、大轻下放、垂直"原则摆放,扣1分/件。 (三项不重复扣分)				
2	配件识别	20	标签位置错误,扣1分/货位; 漏放标签,扣2分/货位				

续上表

序号	内容及要求	评分	评分标准	自评	组评	师评	得分
3	入库操作	20	没有按照采购单次序逐项清点货物,扣2分; 漏唱,扣0.5分/件; 漏检外包装,扣0.5分/件; 没有发现缺少或多余货物,扣1分/件; 易碎件没有开包检查,扣2分/件; 没有邀请采购员在采购单上模拟签字,扣1分; 配件没有摆放在正确的货位上,扣1分/货位; 入库单信息填写错误,扣0.5分/项; 入库单没有签字或签字错误,扣1分; 入库单签自己名字,本项零分				
4	过程规范	10	调整货位时不戴手套或手套佩戴错误,扣0.5分; 检查易碎品时不戴手套或手套佩戴错误,扣0.5分; 穿高跟鞋或露脚趾凉鞋,扣1分/次; 没有轻拿轻放配件,扣0.5分/次; 配件掉落,扣0.5分/次; 配件标签掉落,扣0.5分/次				
5	出库交付	15	没有按照领料单次序逐项清点货物,扣2分; 少出、多出或出件错误,扣2分/件; 漏唱,扣0.5分/件; 漏检外包装,扣0.5分/件; 易碎品没有拆包当面确认,扣2分/件; 漏说或说错缺货配件,扣1分/件				
6	下单订货	10	没有向领料员介绍订货方式及时间,扣1分; 没有询问领料员订货时间要求,扣1分; 订货单信息项填写错误,扣1分/项				
7	安全文明生产	10	结束后未清洁,扣5分; 零部件未归位,扣5分				

指导教师总体评价:

指导教师_____
____年___月___日

练 一 练

一、思考题

1. 商用车零部件仓储有何作用?

2. 今有一批商用车零部件要入库,作为一名仓库管理员应做好哪些验收准备工作?
3. 商用车配件保管如何分类?常用的堆码方式有哪些?
4. 怎样确定商用车零部件的合理储备量?
5. 零部件仓库应做好哪些防火措施?
6. 零件出库有哪些程序和要求?

二、实操训练

1. 分成若干小组,各小组自行组织学习,并形成一份学习成果报告(包括入库、仓储、出库三个环节的方案)。
2. 假定购进一批商用车配件,包含 15 种车型的 200 件配件,根据货物种类和数量确定货物存放位置和存放方式。
3. 配件入库验收。
4. 在尽量短的时间内将货物码放整齐。
5. 录入管理系统。
6. 有一商用车需更换离合器从动盘,请快速查询此件是否有货,调出备用,并做好出库交付记录。
7. 仓库内的货物已经有半月没有盘点了,请用最快的速度盘点库存。
8. 老师评价、补充并总结。

学习任务 4.3　商用车配件营销

(1) 充分认识商用车配件销售的特点。
(2) 做好市场调查与预测。
(3) 掌握商用车配件的定价策略。
(4) 掌握商用车配件的销售渠道和销售方式。

近年来我国商用车工业增长速度之快,发展势头之猛,令人惊叹。我国商用车工业从商用车起家,商用车一直是商用车市场的驱动主力。在商用车产销量快速增长的背后,各大企业、各种车型的市场份额博弈更加激烈,作为商用车运行中不可或缺的配件需求量也大幅增加。商用车配件有哪些特点?在其营销过程中应做好哪些调查和预测?在零部件定价的过程中应考虑哪些因素?采用哪些销售渠道和方式才能更好地促进商用车配件的营销?

作为实习生的小董、小梁,对于这些问题还是懵懵懂懂,便去请教师傅,假如自己是一名商用车配件的营销人员,应该怎样去做好商用车配件的营销工作?从哪些方面做出努力使销售的产品畅销,并获得可观利润?

任务准备

1. 商用车配件销售特点

1) 专业技术性强

现代商用车由上万个零部件组成,是机、电等多种高新技术的集合体,每个零部件都具有型号、规格、结构等严格标准。要在不同型号、成千上万个商用车零部件品种中为顾客精确、快速地查找出所需零部件,就必须有高度专业化的人员和计算机管理系统作为技术保障。从业人员既要掌握商品营销知识,又要掌握商用车零部件专业知识、商用车材料及机械识图知识,学会识别各种商用车零部件的型号、规格、性能、用途以及零部件的商品检验知识。

2) 品种多、质量差别大

一辆商用车在整个运行周期中,可能损坏或更换的零部件有3000余种。所以,经营某一个车型的零部件,将涉及许多品种和规格,即使同一品种、规格的零部件,由于有多家生产厂生产,其质量、价格差别也很大。

3) 库存占用资金较大

由于商用车零部件经营品种多样化,以及商用车故障发生的随机性,经营者要将大部分资金用于库存储备和商品在途资金储备。

4) 要有技术服务相配套

商用车是许多高新技术和常规技术的载体,经营必须有服务相配套,特别是技术服务至关重要。相对于一般生活用品而言,经营商用车零部件更强调售后的技术服务。

5) 需求存在季节性和地域性

一年四季的变化给商用车零部件销售市场带来不同季节的需求。炎热多雨的夏季,车窗升降器、刮水器、挡泥板等部件的销售量较多。夏季气温高,发动机机件磨损加剧,火花塞、风扇传动带及冷却系部件等的需求量增大。寒冷的冬季,气温低,发动机起动困难,蓄电池、预热塞、起动机齿轮、防冻液、各种密封件等零部件的需要量就增多。由此可见,自然规律给商用车零部件市场带来非常明显的季节性需求变化。调查资料显示,这种趋势所带来的销售额的变化,占总销售额的30%~40%。

不同的地理环境也给商用车零部件销售市场带来地域性的不同需求。在城镇,特别是大、中城市,人口稠密,物资流动性强,运输繁忙,交通状况复杂,商用车起动和停车次数频繁,机件磨损较大,起动机、离合器、制动系统、电器设备等零部件更换较频繁。如一般在大城市的公共商用车公司、运输公司的车辆,离合器摩擦片、离合器分离杠杆、前后制动器摩擦片、起动机齿轮等部件的需求量较大,其销售量也较多。在山区和高原地区,因山路多、弯道急、坡度大、颠簸频繁,商用车钢板弹簧工作负荷重,易失去弹性或折断,减振器等部件也容易损坏;传动部件、变速器等损耗严重,需要更换的总成也较多。由此可见,地理环境给商用车零部件销售市场带来较大影响。

2. 市场调查

商用车配件营销市场调查是指对商用车配件用户及其购买力、购买对象、购买习惯、未来购买动向和同行业的情况等方面进行全部或局部的了解,即以商品的购买人和市场营销组合各要素为对象,运用科学方法,收集、记录、整理和分析所有相关的信息资料,从而掌握市场的现状及其发展趋势的一种经营活动。做好市场调查,有利于制订科学的营销规划,有利于优化营销组合,有利于开拓新市场。市场调查的程序及方法为:

1)资料和数据的来源

商用车配件调查可以从车辆管理机构、保险公司、税务机构、洗车厂、商用车修配厂、已购车用户、欲购车用户等处获取车的一手资料。也可以通过平面媒体、商用车网站、汽车行业协会和国家统计局公布的数据获得二手资料。

2)调查和研究分析的方法

调查可采取的方式有:小组(焦点)座谈;定点专访;大样本量调查;城区交通主干道商用车品牌流量监测;汽车专业网站发帖子;在线调查等。

调研的接触可以通过拦访、安排面访、电话访问、在交通主干道监测等方法。调查后要对调查的数据进行统计分析,常用的分析理论及统计工具有:

(1)需求价格弹性理论;

(2)线性回归理论;

(3)品牌选择模型;

(4)联合分析。

3)市场需求预测

市场需求预测是根据市场调查收集的信息资料、统计资料、会计资料或观察值,利用数学方法表达各种相关变量和因变量之间的关系,对未来市场需求进行预测。常用的市场需求预测方法有算数平均法、移动平均法、指数平均法、指数平滑法和线性回归法等。

(1)算数平均法。是通过一组已知的统计资料或观察值求取平均数来进行预测的方法。

(2)移动平均法。是根据已有时间序列统计数据加以平均化,以此推断未来发展趋势的方法。所谓移动平均,就是将已有时间序列数据分段平均、逐期移动,经移动平均后就能消除由于周期性变动或突然事件的影响因素。这种方法一般只适用于变化不大的短期预测对象。

(3)指数平滑法。是从加权移动平均法基础上发展起来的,它把实际的统计资料分为近期和远期两大类,按不同的权重对各期的数据加以平均,来预测未来值。

3. 商用车配件定价

价格是影响企业营销活动最活跃的因素。企业在充分考虑了各种定价的影响因素后,采用适当方法所确定的价格,只是产品的基本价格。实际营销过程中,企业还应围绕基本价格,根据不同情况,采取灵活多变的价格策略,以使企业能更有效地实现企业营销目标。

1)定价策略

定价策略就是把产品定价与营销组合的其他要素结合起来,定出巧妙、有利的价格。

(1)新产品定价策略。

①撇脂定价策略。是指实施高价策略,在产品生命周期的最初阶段,把产品的价格定得很高,以攫取最大利润。

②渗透定价策略。是指实施低价策略,在新产品上市初期,企业把其创新产品的价格定得相对较低,给消费者以物美价廉的感觉,以吸引大量顾客,赢得较高的市场占有率。

③满意定价。是一种介于撇脂定价策略和渗透定价策略之间的价格策略。其所定价格比撇脂价格低,而比渗透价格高,是一种中间价格。这种定价策略由于能使生产者和顾客都比较满意而得名。有时它又被称为"君子价格"或"温和价格"。

(2)产品组合定价策略。对大型企业来说,其产品并不只有一个品种,而是某些产品的组合,这就需要企业制订一系列的产品价格,使产品组合取得整体的最大利润。这种情况的定价一般比较复杂,因为不同的产品,其需求量、成本和竞争程度等是不同的。产品组合定价策略有以下几种形式。

①产品线定价策略。在同一产品线中,各个产品项目是有着非常密切的关系和相似性的,企业可以利用这些相似性来制订同一条产品线中不同产品项目的价格,以提高整条产品线的盈利。如企业同一条产品线内有 A、B、C 三种产品,分别定价为 a(高价)、b(中价)、c(低价)三种价格,则用户自然会把这三种价格的产品分为不同的三个档次,并按习惯去购买自己期望的那一档次的产品。

②选择品及非必需附带产品的定价策略。企业在提供商用车零部件产品的同时,还提供一些与商用车零部件相关的非必需产品,如商用车零部件收录机、暖风装置、车用电话等。一般而言,非必需附带品应另行计价,以让用户感到"合情合理"。

非必需附带产品的定价,可适当定高价。如商用车零部件厂商的销售展厅内摆放的全是有利于显示产品高贵品格的产品,在强烈环境感染下,用户常常会忽视这些选择品的性价比。

③必需附带产品定价策略。这是指必须与主机产品一同使用的产品,或主机产品在使用过程中必需的产品。一般来说,企业可以把商用车产品价格定得低些,而将附带产品如商用车零部件价格定得高些,这种定价策略既有利于提高主导产品价格的竞争力,而又不至于过分牺牲企业的利润。这是一种在国际商用车零部件市场营销中比较流行的策略。

④产品群定价策略。为了促进产品组合中所有产品项目的销售,企业有时将有相关关系的产品组成一个产品群成套销售。用户有时可能并无意购买整套产品,但企业通过配套销售,使用户感到比单独购买便宜、方便,从而带动了整个产品群中某些不太畅销的产品的销售。使用这一策略时,要注意搭配合理,避免硬性搭配(硬性搭配的销售行为是不合法的)。

(3)心理定价策略。

①声望定价策略。指利用用户仰慕名牌产品或企业声望的心理来定价的策略。此策略往往把价格定得较高。这种方法尤其适用于产品成本、质量不易鉴别的产品。因为用户在不容易区分不同产品的成本、质量的情况下,往往以品牌及价格来决定取舍。

②尾数定价策略。指利用用户对数字认识上的某种心理,在价格尾数上做文章。如,企业故意将产品的定价定出个尾数,让用户感到企业的定价比较公平合理;又如,将尾数定为"9",以满足人们企盼长久的心理,将尾数定为"8",以迎合用户"恭喜发财"的心理等。

(4)地区定价策略。

企业要决定卖给不同地区客户的产品,是否要实行不同的价格,即实行差别定价。概括地看,地区定价策略有:

①统一定价。是对全国各地的客户,实行相同价格,客户不管去哪家经销商购买,价格都是一样的。执行这种策略,有利于吸引各地的客户,规范市场和规范企业的营销管理。这种定价策略又可以分为两种情况:一种情况是用户自己去经销商处提货,并自负提货后的有关运输费用或者收取合理的交付费用后,由厂家或经销商负责将商品交付到用户家里,即非免费送货;另一种情况是厂家或经销商负责免费将商品交付到用户家里,属免费送货。

②基点定价。企业选定某些城市作为基点,在这些基点城市实行统一的价格,客户或经销商在各个基点城市就近提货。如在制造厂商设在全国的地区分销中心或地区中转仓库提货,客户负担出库后至其家里的运送费用。

③分区定价。是将全国市场划分为几个市场销售区,各区之间的价格不一,但在区内实行统一定价。这种定价方法的主要缺点是,处于价格不同的两个相邻区域边界的用户,对相同商品要付出不同的价款,且容易出现"串货"或商品的"倒卖"现象。

④产地定价。是按产地的价格销售,经销商或用户负责从产地到目的地的运输,负担相应的运费及相关风险费用。这种定价策略已经不大采用,除非在销售较为旺盛时,部分非合同销售才可能出现这种情况。

(5)折扣定价策略。折扣定价是应用较为广泛的定价策略,主要的类型有:

①功能折扣,又作贸易折扣;

②现金折扣;

③数量折扣;

④季节折扣;

⑤价格折让。

(6)降价与提价策略。

①降价策略。企业采用降价策略往往会造成同行的不满和报复,引发价格竞争。但当企业处于下列几种状况,仍应采用降价策略:

a.产品严重积压,运用各种营销手段(价格策略除外),仍难以打开销路。

b.价格竞争形势严峻,市场占有率下降。

c.企业的产品成本比对手低,但销路不畅,只有通过降价来提高市场占有率。

d.有时有些实力雄厚的企业为了进一步提高市场占有率,也采用降价策略,一旦达到目的,价格就会上升。

②采用直接降价策略,可刺激用户购买欲,提高产品销售量,但如果降价时机选择不好,降价方式不适当,宣传不够,也会产生不良影响。一般来说,降价时购买者可能的理解有:

a.该产品可能被淘汰。

b.产品有缺陷。

c.产品已经停产,零部件供应将会有困难。

d. 降价还会持续,特别是小幅连续降价时,最易引起购买者持币待购。

e. 企业遇到了财务困难。

因此,降价策略必须谨慎使用。

③间接降价(又作变相降价),可以缓解价格竞争,避免误导购买者,促进产品销售,是常用的降价方式。常见的间接降价方式有:

a. 增加价外费用支出和服务项目。如对购买者提供低息贷款,赠送车辆保险,免费送货上门,增加质量保修内容、延长保修期限等。

b. 赠送礼品和礼品券。

c. 举办产品展销,展销期间价格优惠。如开展"销售优惠月"活动,优惠月内价格优惠。这种短期的降价活动有很强的促销作用。

d. 提高产品质量,改进产品性能,提高产品附加值。

e. 给予各种价格折扣。

④提价策略。提价常常会引起购买者、经销商的不满,但成功的提价会为企业带来可观的利润。企业提价一般是由于产品在市场上严重供不应求;通货膨胀使企业的各项成本上升,企业被迫提价以维持利润水平。

产品提价通常会抑制需求,但有时会使用户将提价理解为:此产品为走俏产品,市场很快会脱销;该产品有新功能或特殊价值;可能还要涨价,迟买不如早买。所以如提价时机好、促销广告宣传有力,提价有时反而会激发增强用户的购买欲望,增加产销量。但要注意,提价时一定要注意不能引起用户反感。有时在需要提价的情况下,企业为不招致用户的注意和反感,会采用间接提价策略,例如:在签订大宗合同时,规定价格调整条款,即对价格不作最后限价,规定在一定时期内(一般为交货时),可按当时价格与供求行情对价格进行调整。

2)定价方法

企业在确定了定价目标,掌握了有关影响因素的资料后,就应开始对其产品进行具体定价了。一般认为,基本定价方法有三种:成本导向定价法、需求导向定价法和竞争导向定价法。

(1)成本导向定价法。成本导向定价法就是以产品的成本为中心定价的方法。这一类定价法有许多具体形式,这里介绍两种常见形式。

①成本加成定价法。按产品成本加上一定比例的毛利定出产品的销售价格,这是成本导向定价法的基本形式。

②目标利润定价法。这是根据企业所要实现的目标利润来定价的一种方法。

(2)需求导向定价法。这种方法是企业通过广泛的市场调研,首先对企业的产品确定一个市场可以接受,并使企业获得较大利润,具有一定竞争力的价格作为目标价格。在此价格条件下,预测产品的市场销售量,据此推算出目标成本,然后在产品设计和生产过程中,做好成本控制,使产品成本在目标成本之内,从而保证新产品具有较强的价格竞争力,所定价格能为市场所接受。就是说,价格要定在成本之前,由价格决定成本。

采用需求导向定价法,要做好以下两项关键的工作:

①找到比较准确的顾客感受价值。

②准确预测不同价格下的销售量。

(3) 竞争导向定价法。竞争导向定价法是企业依据竞争产品的品质和价格来确定产品价格的一种方法。其特点是：只要竞争产品价格不变，即使本企业的产品成本或需求发生变化，价格也不变；反之亦然。这种定价法简便易行，所定价格竞争力强，但价格比较僵硬，有时企业获利也较小。

竞争导向定价法比较适合市场竞争激烈的产品。营销者在运用这一方法时，应当强化用户的感受，使用户相信本企业产品的价格比竞争对手更符合用户的利益。在当代竞争激烈的国际商用车零部件市场上，不少商用车零部件公司便采用此法。例如，日产商用车零部件公司的定价，就是先充分研究丰田商用车零部件公司相似产品的价格，然后再给自己的产品制订一个合适的价格。如果丰田的价格调整了，日产公司通常也要做出相应的反应。

在使用竞争导向定价法时，企业不仅应了解竞争者的价格水平，还应了解竞争者所能提供的产品及质量。这可从以下几个方面去做到：

①获得竞争者的价目表。

②派人员去比较用户对价格的态度，如询问购买者的感受价值和对每一个竞争者提供的产品质量感觉如何。

③购买竞争者提供的产品并与本企业产品进行比较。

一旦企业知道了竞争者的价格和提供的产品，它就可以用这些信息作为自己制订价格的起点。如果企业提供的产品与一个主要竞争者的产品类似，则企业应将自己的价格定得接近于竞争者；否则，会失去销售额。若企业提供的产品不如竞争者，企业的定价就应低于竞争者；若企业提供的产品比竞争者的好，则企业定价就可以比竞争者的高。

竞争导向定价法常见的具体方法有两种：

a. 随行就市定价法；

b. 投标定价法。

3) 商用车零部件定价程序

(1) 确定定价目标。商用车零部件企业要想确定出合理的价格，制订出有效的价格策略，在定价前，需要对目标市场进行以下几个方面的深入研究：目标市场的需求状况；与产品定价有关的内外部环境；产品在目标市场中的定位情况。

(2) 估计产品的销售潜量。产品销售潜量的估算，关系到新产品市场开发和老产品市场拓展的能力。估算方法如下：

①定预期价格。在决定产品价格之前，初步确定产品的各种可能预期价格，这种预期价格应既能为用户接受，又能为企业带来满意利润。预期销售价格的确定，除应认真征求用户的意见外，还应重视经验丰富的中间商的反应。预期价格确定后，应通过小批量的试销，了解用户对这一价格的反应。

②估计不同价格下的供给量与销售量。对不同价格下的供需量进行认真分析，计算各种售价的均衡点，确定产品的需求曲线。此外，还要分析、确定产品的需求弹性、供给弹性。企业可以通过市场调查、统计分析等手段达到上述目的，但要注意分清供给、需求的变动是否是由价格变动引起的。

(3)分析产品成本。分析产品成本,预测成本变化趋势。

(4)分析竞争对手。既要分析现实的竞争对手,又要分析潜在的竞争对手;既要对比竞争对手的产品价格与本企业的产品价格,又要对比竞争对手的产品质量、性能、服务水准、信誉与本企业的产品质量、性能、服务水准、信誉。

(5)预测市场占有率。在估计了不同价格下的供需量及分析了竞争对手之后,企业就可以初步预测到在不同价格水平下,企业的产品在市场上所能占到的市场份额。

(6)选择定价方法。企业在明确了自己的定价目标,并分析和研究了产品的供求状况、产品成本及竞争对手的具体情况的基础上,就可以根据自己掌握的这些信息,选择定价方法。

(7)考虑与其他营销组合因素的配合。与其他营销组合配合的主要内容包括:

①产品策略。要考虑到产品线、产品品种、品牌商标等综合产品因素。

②分销策略。要考虑到不同分销渠道、不同中间商的具体情况、具体要求。

③促销策略。要考虑促销费用对价格的影响,并尽可能地考虑到在具体的营销活动中可能出现的资金要求。

(8)确定产品价格。适当调整产品价格,在不同时期、不同细分市场,运用灵活的价格策略和技巧,对基础价格进行适当调整,并及时反馈与价格有关的市场信息,同时对企业的价格体系进行控制。

4. 商用车配件销售渠道和销售方式

"分销渠道"也叫"销售渠道"或"贸易渠道",是指产品从生产者向消费者或最终用户流转的过程中,取得这种产品的所有权或帮助所有权流转的所有企业和个人。

具体来说,分销渠道的起点是生产者,终点是个人消费者或用户;实现商品所有权和商品实体的转移。

分销渠道是一组路线:占有这一路线的是各类批发商、零售商、代理商和经纪人等。

1)分销渠道的类型

(1)经销中间商。商用车零部件的经销中间商为批发商、零售商和其他再售商等,是商用车零部件的主体。它们承担着商品流通职能。

从当今商用车零部件市场发展趋势看,批发商和零售商的经营职能互相融合,成为批发兼零售的形式。

(2)代理中间商。代理中间商专门介绍客户或与客户磋商交易合同,但并不拥有商品的持有权。例如,代理人可以到各地去寻找零售商,根据取得订货单的多少获得佣金,但代理商本人并不购买商品,而是由制造商直接向零售商发货。

这种形式具有信息灵、联系面广、生产企业控制力强、专业性强等特点。但是,也有灵活性差、委托者担负经营风险和资金风险等缺陷,而且,在现阶段要寻找到符合要求的代理商很困难。于是就产生了代理制的过渡形式——特约经销商。这种方式适用于远距离销售,在制造商影响力较弱,而产品又具有一定市场的地区最为适宜。

(3)超市连锁。超市连锁是新兴的商用车零部件销售渠道。不成熟、混乱的商用车后市场限制了我国商用车工业的发展和普及。缺乏统一的售后服务市场标准,商用车零部件流通的环节过多,不透明的黑箱效应损害了消费者的利益。经营者不规范的经营行为所带来的假冒伪劣产品的泛滥,维修行业维修质量的低下,都影响了商用车潜在用户的购车热情。以欧美等发达国家为例,成熟的售后服务市场的形成,为商用车工业的发展打下了基础,并促进了零部件行业的发展。

超市连锁,无疑是发展中国家的商用车行业可以采用的一种模式,而先进的、具有中国特色的商用车零部件城的出现,又为我国商用车零部件行业的发展开拓了新的思路。

美国国家汽车配件协会(National Automotive Parts Association,简称 NAPA)是世界最大的商用车配件及用品连锁快修养护中心,常备库存产品在 30 万种以上,所有产品通过国际认证体系的权威认证,享有很高的国际声誉。

蓝霸汽配超市连锁有限公司是商用车配件及相关用品的大型专业化经营企业,是美国 NAPA 在我国设立的唯一分销中心。

2)商用车配件的销售方式

(1)零售。

①从零售店经营产品品种数目看,有三种零售形式:

a. 专营店,也叫专卖店;

b. 混合店;

c. 超级市场。

②从零售店的集中程度看,有两种零售形式:

a. 分散经销;

b. 商用车零部件一条街。

③从零售店的综合程度来看,多数零售店只是经营商用车零部件或摩托车零部件以及相关五金工业品,但也有综合性很强的大型零售店,有些类似于超级市场。这类大型店提供的服务不仅经营各类商用车零部件,还向客户提供加油、娱乐等多种服务。

(2)门市连锁店。

从零售店的经营权看,一般零售店都是独立的,但也有例外,比如"连锁店"。这类商用车零部件经销店一般同商用车零部件主渠道——商用车公司连锁,由商用车公司对其进行规划、管理、技术指导、提供信息,并优惠供应零部件。连锁店可以挂商用车公司的牌子,但必须只从商用车公司进货。

一个较大的商用车零部件销售企业往往在一个地区设立几个门市部,或跨地区、跨城市设立门市部。在有多个门市部时,相互间的分工至关重要。有的按车型分工,如经营解放、东风或安凯、宇通、中通零部件等;有的各个门市部实行综合经营,不分车型;也有的二者兼有,即以综合经营为基础,各自又有一两个特色车型。

5. 零部件的陈列

1)陈列的种类

(1)商品的静态陈列。

商品的静态陈列以区位划分为主,区位划分主要有:

①地面陈列。设置各种钢架橱柜,用各种模型、模特架、道具支架进行陈列。

②柱面陈列。利用柱面壁贴陈列,柱体上镶有陈列柜。

③壁面陈列。利用墙壁表面陈列,辅以照明,有较佳的视觉效果。

④架上陈列。将展品陈列在展架上或货柜上。

⑤空间陈列。利用上部空间将商品、灯饰、标语、广告物、装饰品自天棚向下部垂挂，有引导顾客、装饰空间、活跃空间的功能。用于购物大厅内，需要一定的楼层空间高度。

⑥置放陈列。将展品摆放在地面、床面、桌面的陈列方式，充分展示造型和质地，给人以安定感和质量感。

⑦壁贴陈列。将商品平展或折叠平贴壁面，可以充分展示商品的构成和花纹，印刷品、轻薄衣饰、桌布和一些体育用品，多用此种陈列方式。

(2) 商品的动态陈列。

随着现代科技的发展，许多展览馆出现了各种动态陈列形式。这种动态陈列形式不仅是点、线、面、色、光的结合，而且运用现代科技手段使陈列更加生动。目前，动态陈列普遍运用于大型固定展示空间，如大型展示会、展览馆、博物馆等。采用高新技术和现代化的展示手段使展览更符合时代的要求，主要形式是结合动与静，巧妙运用摄影、激光、电影、多媒体等现代技术、虚拟现实技术，使静态陈列商品得到拓展，形成生动活泼的展示环境，创造身临其境的效果。动态陈列，使陈列空间具有一种活力。如视觉冲击力、听觉感染力、触觉激活力。通过环境、气氛和商品陈列、促销活动吸引顾客注意力，提高其对陈列商品的记忆。

2) 零部件陈列基本要求

在零部件销售中，经销商一般会将零部件样品陈列出来，这样既能充分展示其特点，又能起到宣传作用，从而达到促销的目的。商用车零部件种类繁杂，其陈列应满足一定的要求。

(1) 醒目、美观、整齐。所售零部件品种摆全，摆放整齐、有条理，多而不乱，杂而有序。

(2) 库有柜有，明码标价。零部件要随销随补，不断档、不空架，方便客户选购。

(3) 定位定量陈列。为了便于选购、取放和盘点，零部件陈列的数量和位置不要随意改动，以免混乱。

(4) 分类分等，顺序陈列。按照零部件的品种、系列、安装部位和质量等级等陈列，如油类、橡胶类和金属类分开摆放，方便客户选购。

(5) 相关零部件连带陈列。使客户受到提醒，有利于配套销售。零部件陈列的主要道具有橱窗、柜台和货架等。橱窗多用于样品陈列，适用于规格不同、车型不同以及形状不同的某一类零部件，如轮辋等，可突出专营零部件的品种；柜台或货架适用于摆放小型零部件，如火花塞、油封、传感器、修理包等；对于一些罐装的零部件，如机油、清洗剂、制冷剂等也可放在货架上面排列起来，既省空间，又具有广告效应；质量较轻的零部件，如皮带、链条和软管等可挂在墙壁上陈列；而一些大型笨重的零部件，如汽缸体、轮胎和蓄电池等可放在营业厅的空地上。

总之，零部件陈列要层次鲜明，主次分明，既要突出特色，又要协调统一，布局合理。

6. 商用车配件促销策略

1) 促销与促销组合的作用

所谓促销，是指企业营销部门通过一定方式，将企业的产品信息及购买途径传递给目标用户,从而激发用户购买兴趣,强化购买欲望,甚至创造需求,从而促进企业产品销售的一系列活动。促销实质是传播与沟通信息,其目的是要促进销售、提高企业的市场占有率及增加企业的收益。为了沟通市场信息,企业可以采取两种方式:一是单向沟通,即卖方与买方的沟通,如广告、陈列、说明书、宣传报道等;或买方与卖方的沟通,如用户意见书、评议等。二是双向沟通,如上门推销、现场销售等方式,即是买卖双方相互沟通信息和意见的形式。

现代市场营销将上述促销方式归纳为四种类型:人员推销、广告、营业推广和公共关系,并将这四种方式的运用搭配称为促销组合。

促销活动对企业的生产经营意义重大,是企业市场营销的重要内容,促销的作用不仅对不知名的产品和新产品意义深远,而且对名牌产品同样重要。促销活动主要有以下作用:

(1)提供商业信息。通过促销宣传,可以使用户知道企业生产经营什么产品,有什么特点,到什么地方购买,购买的条件是什么等,从而引起顾客注意,激发并强化购买欲望,为实现和扩大销售做好舆论准备。

(2)突出产品特点,提高竞争能力。促销活动通过宣传企业的产品特点,提高产品和企业的知名度,加深顾客的了解和喜爱,增强信任感,也就提高了企业和产品的竞争力。

(3)强化企业的形象,巩固市场地位。恰当的促销活动可以树立良好的企业形象和商品形象,能使顾客对企业及其产品产生好感,从而培养和提高用户的忠诚度,形成稳定的用户群,可以不断地巩固和扩大市场占有率。

(4)刺激需求,影响用户的购买倾向,开拓市场。这种作用尤其对企业新产品推向市场,效果更为明显一些。企业通过促销活动诱导需求,有利于新产品打入市场和建立声誉。促销也有利于培育潜在需要,为企业持久地挖掘潜在市场提供了可能性。

总之,促销的作用就是花钱买市场。但企业在促销组合决策时,应有针对性地选择好各种促销方式的搭配,兼顾促销效果与促销成本的关系。

2)促销组合策略

促销组合策略实质上就是对促销预算如何在各种方式之间进行合理分配的决策。企业在作这些决策时,除了要考虑各种方式的特点与效果外,还要考虑以下因素:

(1)产品的种类和市场类型。商用车零部件产品的种类繁多,因此,所采取的促销方式和策略,应根据市场的不同而灵活变化。例如,重型商用车零部件因使用上的相对集中,市场也比较集中,因而人员推销对促进重型商用车零部件的销售,效果较好;而轻型汽车零部件、微型汽车零部件由于市场分散,所以广告对促进这类汽车零部件销售的效果就更好。总之,市场比较集中的商用车零部件产品,人员推销的效果最好,营业推广和广告次之。反之,市场的需求越分散,广告效果越好。

(2)促销的思路。企业促销活动的思路有"推动"与"拉引"之别。所谓推动,就是以中间商为主要促销对象,将产品推向销售渠道,进而推向用户;而拉引则是以最终用户为主要促销对象,引起并强化购买者的兴趣和欲望,吸引用户购买。显然,在推动思路指导下,企业便会采用人员推销方式向中间商促销,而拉引则会广泛采用广告等策略,以吸引最终用户。

(3)产品生命周期的阶段。当产品处于导入期时,为了提高产品的知名度,需要进行广泛的宣传,因而广告的效果最佳,营业推广也有相当作用。当产品处于成长期时,广告和公共关系仍需加强,营业推广则可相对减少。产品进入成熟期时,应增加营业推广,削弱广告,因为此时大多数用户已经了解这一产品,在此阶段应大力进行人员推销,以便与竞争对手争夺客户。产品进入衰退期时,某些营业推广措施仍可适当保持,广告则可以停止。

总之,企业只有在充分了解各种促销方式的特点,并考虑影响商用车零部件促销方式各种因素的前提下,才能做出最佳的促销组合决策。

7. 商用车配件电子商务

电子商务是企业利用信息网络进行的商务活动,是一种电子化的运作方式。电子商务是一种现代商业方法。这种方法通过计算机网络将买方和卖方的信息、产品、营销和服务联系起来。它通过电子方式处理和传递数据,包括文本、声音和图像。它涉及的活动包括:广告、交易、支付、服务等。

1) 电子商务的应用特性

电子商务的特性可归结为:商务性、服务性、集成性、可扩展性、安全性、协调性。

(1) 商务性。电子商务最基本的特性为商务性,即提供买、卖交易的服务、手段和机会。

网上购物提供一种客户所需要的方便途径。因而,电子商务对任何规模的企业而言,都是一种机遇。就商务性而言,电子商务可以扩展市场,增加客户数量;通过将万维网信息连至数据库,企业能记录下每次访问、销售、购买形式和购货动态以及客户对产品的偏爱等诸多信息,这样,企业就可以通过统计这些数据来获知客户最想购买的产品是什么。

(2) 服务性。在电子商务环境中,客户不再受地域的限制,像以往那样,忠实地只做某家邻近商店的老主顾,他们也不再仅仅将目光集中在最低价格上。因而,服务质量在某种意义上成为商务活动的关键。技术创新带来新的结果,万维网的应用使得企业能自动处理商务及工作流,并不再像以往那样强调公司内部的分工。现在在因特网上许多企业都能为客户提供完整的服务,而万维网在这种服务的提高中充当了催化剂的角色。

(3) 集成性。电子商务是一种新兴产物,其中用到了大量新技术,但并不是说新技术的出现就必须导致老设备"死亡"。万维网的真实商业价值在于协调新老技术,使用户能更加行之有效地利用他们已有的资源和技术,更加有效地完成他们的任务。电子商务的集成性,还在于事务处理的整体性和统一性,它能规范事务处理的工作流程,将人工操作和电子信息处理集成为一个不可分割的整体。这样不仅能提高人力和物力的利用,也提高了系统运行的严密性。

(4) 可扩展性。要使电子商务正常运作,必须确保其可扩展性。万维网上有数以百万计的用户,而传输过程中,时不时地会出现高峰状况。倘若一家企业设计为每天可受理40万人次访问,而事实上却有80万人次,就必须尽快配一台扩展的服务器;否则,客户访问速度将急剧下降,甚至还会拒绝数千次可能带来丰厚利润的客户的来访。

对于电子商务来说,可扩展的系统才是稳定的系统。如果在出现高峰状况时能及时扩展,就可使得系统阻塞的可能性大为下降。电子商务中,耗时仅2min的重新启动,也可能导致大量客户流失,因而可扩展性可谓极其重要。

(5)安全性。对于客户而言,无论网上的物品如何具有吸引力,如果他们对交易安全性缺乏把握,他们根本就不敢在网上进行买卖。企业和企业间的交易更是如此。在电子商务中,安全性是必须考虑的核心问题。欺骗、窃听、病毒和非法入侵都在威胁着电子商务,因此,要求网络能提供一种端到端的安全解决方案,包括加密机制、签名机制、分布式安全管理、存取控制、防火墙、安全万维网服务器、防病毒保护等。

(6)协调性。商务活动是一种协调过程,它需要雇员和客户间,生产方、供货方以及商务伙伴间的协调。为提高效率,许多组织都提供了交互式的协议,电子商务活动可以在这些协议的基础上进行。传统的电子商务解决方案能加强公司内部相互作用,电子邮件就是其中一种。但那只是协调员工合作的一小部分功能。利用万维网将供货方连接至管理系统,再连接到客户订单处理,并通过一个供货渠道加以处理,这样,公司就节省了时间,消除了纸张文件带来的麻烦并提高了效率。

电子商务是迅捷简便的、具有友好界面的用户信息反馈工具,决策者们能够通过它获得高价值的商业信息,辨别隐藏的商业关系,把握未来的趋势。

2)电子商务的功能

电子商务可提供网上交易和管理等全过程的服务。因此,它具有广告宣传、咨询洽谈、网上定购、网上支付、电子账户、服务传递、意见征询、交易管理等各项功能。

(1)广告宣传。电子商务可凭借企业的 Web 服务器和客户的浏览,在因特网上发布各类商业信息。客户可借助网上的检索工具迅速地找到所需商品信息,而商家可利用网上主页和电子邮件在全球范围内做广告宣传。与以往的各类广告相比,网上的广告成本最为低廉,而给顾客的信息量却最为丰富。

(2)咨询洽谈。电子商务可借助非实时的电子邮件、新闻组和实时的讨论组来了解市场和商品信息、洽谈交易事务,如有进一步的需求,还可用网上的白板会议来交流即时的图形信息。网上的咨询和洽谈能超越人们面对面洽谈的限制,提供多种方便的异地交谈形式。

(3)网上订购。电子商务可借助 Web 中的邮件交互传送实现网上的订购。网上的订购通常都是在产品介绍的页面上提供十分友好的订购提示信息和订购交互格式框。当客户填完订购单后,通常系统会回复确认信息单来保证订购信息的收悉。订购信息也可采用加密的方式使客户和商家的商业信息不会泄漏。

(4)网上支付。电子商务要成为一个完整的过程,网上支付是重要的环节。客户和商家之间可采用信用卡账号实施支付。在网上直接采用电子支付手段可省略交易中很多人员的开销。网上支付需要更为可靠的信息传输安全性控制,以防止欺骗、窃听、冒用等非法行为。

(5)电子账户。网上的支付必须要有电子金融来支持,即银行或信用卡公司及保险公司等金融单位要为金融服务提供网上操作的服务。而电子账户管理是其基本的组成部分。信用卡号或银行账号都是电子账户的一种标志,而其可信度需配以必要技术措施来保证,如数字凭证、数字签名、加密等手段的应用提供了电子账户操作的安全性。

(6)服务传递。对于已付款客户,应将订购货物尽快传递到他们手中。而有些货物在本地,有些货物在异地,电子邮件将能在网络中进行物流的调配。而最适合在网上直接传递的货物是信息产品,如软件、电子读物、信息服务等,可直接从电子仓库中将货物发到用户端。

(7) 意见征询。电子商务能十分方便地采用网页上的"选择""填空"等格式文件来收集用户对销售服务的反馈意见。这样使企业的市场运营形成一个封闭的回路。客户的反馈意见不仅能提高售后服务的水平,更使企业获得改进产品、发现市场的商业机会。

(8) 交易管理。整个交易的管理将涉及人、财、物多方面,如企业和企业、企业和客户及企业内部等各方面的协调和管理。因此,交易管理是涉及商务活动全过程的管理。电子商务的发展,将会提供一个良好的交易管理的网络环境及多种多样的应用服务系统,这样,能保障电子商务获得更广泛的应用。

3) 商用车配件的电子商务应用

商用车配件行业的电子商务,最关键的就是各种信息(供求、价格等)的共享、实现在线采购和减少库存量。

传统的配件行业信息交换是通过专业的报纸、杂志、期刊、电话等方式实现的,由于这类媒体的地域、渠道和时间限制,使得信息总是封闭在一个相对较小的范围内,包括零部件基本信息和供求信息等。这样就会出现用户急于订购零部件但无采购渠道,而某些经销商又苦于零部件长期积压的情况。另外,由于供求信息的相对封闭,使得零部件营销环节增加,导致最终销售价格较高。

当各种零部件信息通过网络全面公开后,"客户找商家"将变得更加简单,同时也可能出现"商家找客户"的情况。成熟完善的电子商务网站,可以直接进行网上交易,即在网上选择所需要的零部件,生成订单,发送给网站的商务处理中心或者供应商,并通过网络或银行汇款进行支付,供货方就通过物流系统将所订购的零部件发送给客户。

网上零部件交易,很重要的一点是买卖双方要有准确的零件编号和生产厂家的说明,因为只有通过零部件原厂编号,才能保证所订购零件的正确性。因为一种零件有原厂件、配套件或副厂件,质量、价格差异都很大,因此网站必须对零部件的生产厂家和品质加以说明,使客户能够在网络上采购到货真价实的商品,这就要求电子商务的运营商有较高的诚信度。

目前,已有越来越多商用车零部件企业依靠电子商务迅速拓展业务。与开展传统的零部件经营不同,网络零部件营销不需要选地址、租店铺。取而代之的是一整套网站建设工作。一般来讲,建设电子商务平台有两种方法:一是独自开办一个网站;二是租借别人的网站。

现在,国内外普遍采用的是一种更加先进的网络零部件经营模式。专业的商用车类互联网公司,把自己的网站空间划分成很多小块,并提供数据库和电子商务软件系统,变成"网上汽配城",企业根据自己的要求搭建出一个一个的网上汽配商店。这种商店的投入很小,商家只要把自己的商品目录、图片上传到网站,便可以供顾客在网上商店内浏览订货,商家就可以在家处理订单了。这种方法给商家节省了大量的投资和管理费用。商家在网上也可以塑造独立的形象。在国内,这种形式的网上汽配商店也已经出现了,中车在线商用车服务网等网站就提供了这样的平台。

如同企业入驻商场要考虑方位、客流量、商业信誉、销售渠道一样,商用车零部件企业中小企业的电子商务平台非常重要,需要考虑以下因素:

(1)访问量和特定消费群体。
(2)软硬件系统稳定性、可靠性和维护能力。
(3)商家数量。
(4)零部件信息综合服务能力,如零部件号、价格和工时等。
(5)商业信誉。

此外,还要考虑平台开展电子商务的实力,如销售渠道,包括物流、支付方式、配送方式等;商务推广支持以及是否具备开展电子商务能力;是否可供商用车零部件企业借鉴等。

8.零部件的支付

1)商用车零部件的提货与交货

(1)正确填写提货单。销售人员在售货业务结束后,要给客户填写提货单。填写提货单时应注意以下几点:

①字迹端正、清楚,不得涂改。
②填写栏目不得颠倒或漏填。
③价格计算要准确。
④要全面复核,尤其销售数额大的,可由另一销售人员复核。
⑤填写前垫好复写纸,一次写透,不得一联一联分开填写。

(2)交货。交货时一定要注意核对提货单,核对项目有提货仓库名称、必要的印章、提货单上的各项内容和字迹,以及提货的有效日期,以确保提取的零部件是客户所购买的零部件。

2)商用车零部件货款结算

(1)计算货款。计算货款的基本要求是"一准、二快、三清",也就是说销售人员在计算货款时要准确、迅速,并将计算结果清晰地报给顾客。如果客户对货款计价有疑问,销售人员要耐心地重算一遍,并有礼貌地做好必要的说明和解释。

(2)正确填写发票。销售人员在售货业务结束后(或销售人员开售小票的同时),要填写发票。发票一般有三种:一种是属于集团购买,可作为报销凭证的增值税专用发票;另一种是商业统一专用发票,也可作为报销凭证;还有一种是不能作为报销凭证的信用发票,一般适用于不能报销的商用车零部件商品或作为顾客的购货证明。销售人员可根据业务实际需要选用。

填写发票应注意以下几点:

①字迹端正、清楚,不得涂改。
②填写栏目不得颠倒或漏填。
③价格计算要准确。
④要全面复核,尤其销售数额大的,可由另一销售人员复核。
⑤填写前垫好复写纸,一次写透,不得一联一联分开填写。
⑥发票必须按顺序号使用,妥善保存,严防丢失。

(3) 识别现金及支票真伪。

① 识别现金真伪。用眼识别现金的颜色、图案,检查是否有印鉴(水印);用手摸现金的质感、厚薄;用耳朵听抖动现金的声音。也可用验钞机识别。

② 识别支票真伪。现行经常使用的支票有转账支票和现金支票两种。要识别支票真伪,必须注意以下几点:

a. 检查支票号码,是否是丢失单位挂失的(销售人员应随时注意当地报纸有关挂失的声明或上网查询挂失信息)支票。

b. 检验支票是否有效,要防止购货单位填写空头支票、过期支票或借入支票等。使用大额支票最好由购货单位到所在银行办理签字手续。

c. 了解购货用途是否正常。

d. 检查支票上的印鉴是否齐全、清晰。对于转账支票要检查开户行、账号、印章、签字和号码是否清晰齐全,是否有涂改,凡有涂改,均作废。

e. 必要时,可要求购货单位的经办人出具身份证、介绍信等。

3) 商用车零部件的质量保修规定

销售人员应对商用车零部件的产地、质量、特点等有较深了解,如实向顾客介绍,以满足客户要求。同时,有关质量保修的规定,也是客户十分关心的问题,销售人员也应向客户作详细介绍,如质量保修的年限、承保范围、费用分担等问题,还须向客户发送质量保修卡。

每辆车都有保修期,也称质量担保期,这是由各个厂家规定的,一般会给出两个数据(时间和行驶里程,以先到者为准)。在保修期内,用户在规定的使用条件下使用,若车辆有由于制造、装配及材料质量问题造成的各类故障或零部件损坏(丧失使用功能),经厂家授权的维修站检验并确认后,均由厂家提供无偿维修或更换相应零部件。

在保修期内,各个厂家都有不同的"保修规定",明确写出零部件保修范围和注意事项。

首先需要明确的是,保修不仅指整车保修。例如,某商用车整车(除去特殊件)保修期为 3 年或 50000km(以先达到者为准);前后减振器、音响系统、车门升降器、倒车镜、灯具、门锁等 A 类特殊件的保修期为 1 年或 20000km(以先达到者为准);而对于更易磨损的滤清器、火花塞、离合器片、刮水片和轮胎等 B 类特殊件的保修期更短,为 3 个月或 5000km(以先达到者为准)。另外,有些情况下,厂家的维修站是不会进行质量担保的,归结起来大概有以下几个方面:

(1) 新车未按规定到服务店维护或定期例行维护。购买新车后,厂家都会给用户一次"免费强制维护",这次维护中的机油、机油滤芯等及相应的工时费由商用车公司支付。所谓"强制",指的是如果用户不按照规定的时间进行维护的话,就会被视为自动放弃保修权利。

(2) 自行加装、改装、拆装、用作特殊用途的车辆。用户自行加装、改装、拆装或改变车辆的用途,会被视为自动放弃保修权利。

(3) 用户私自拆卸更换里程表、更改里程表读数的车辆;自然灾害、战争、暴乱等不可抗拒因素造成的损坏,厂家的维修站不进行质量担保。

(4)在发生故障后,没有及时到维修店维修而继续使用所导致的故障扩大,厂家只会酌情赔偿引发原事故的原零部件,而扩大部分的损失由车主自己负责。

(5)对于服务站维修操作不当造成的损坏,各厂家也有各自的规定。

随着我国商用车制造水平的提高,零部件质量和总装工艺的提升,维修行业也有了长足的进步。2016年4月19日开始实施的《机动车维修行业管理规定》(以下简称新《规定》)中对出厂质保期、零部件明码标价等均有相关规定。

修车时更换的零部件基本都有保质期,但同样零件在不同修理厂可能有不同保质期。新《规定》中,机动车维修实行竣工出厂质量保证期制度。不同类型车辆,不同维修程度,保修期限不同。质量保证期中行驶里程和日期指标,以先达到者为准。机动车维修质量保证期,从维修竣工出厂之日起计算。质量保证期内,机动车因维修质量原因造成机动车无法正常使用,修理方在三日内又不能或无法证明车辆"生病"尚有他因,机动车维修经营者应当及时无偿返修。若因同一故障或维修项目经两次修理仍不能正常使用的,机动车维修经营者替车主另寻高手,并负责买单。

其实,原厂零部件在4S店都有保质期,而且保质期的时间及公里数都要比新《规定》高一些,但规模较小的社会修理厂中,副厂件保质期长短不一,新《规定》的实施对小修理厂有了很好的约束。而且有关故障维修厂方负责到底的规定,还明确了厂方举证的原则。

9. 售后服务

1)售后服务的作用

(1)商用车配件经营企业为客户提供及时、周到、可靠的服务,可以保证客户所购商用车配件的正常使用,最大限度地发挥商用车配件的使用价值。

(2)争取客户,增强企业的竞争力。除了产品性能、质量、价格之外,优质的售后服务可以增加客户对产品的好感,增加产品的好口碑,提高企业的声誉,迎来更多的客户,从而增强企业的竞争能力。

(3)收集客户和市场反馈信息,为企业正确决策提供依据。售后服务可以广泛收集客户意见和市场需求信息,为企业经营决策提供依据,使企业能按照客户意见和市场需求的变化进行决策,从而提高决策的科学性、正确性,减少风险和失误。

无论是商用车配件经营企业还是客户,售后服务都很重要。经营企业应该认识到,商用车配件售出,不是销售的结束,而是占领市场的开始,必须做好配件的售后服务工作。

2)售后服务的内容

售后服务是经营人员在商用车配件售出,到达客户手里后,继续提供的各项服务。良好的售后服务,不仅可以巩固已争取到的客户,还可以通过这些客户的宣传,树立良好的企业形象,争取到新的客户,开拓新的市场。售后服务主要包括下列内容。

(1)建立客户档案。客户的档案管理是对客户的有关材料以及其他技术资料加以收集、整理、保管和对变动情况进行记载的一项专门工作。建立客户档案直接关系到售后服务的正确组织和实施。档案管理必须做到以下几点:档案内容必须完整、准确;档案内容的变动必须及时;档案的查阅、改动必须遵循有关规章制度;要确保某些档案及资料的保密性。

客户档案可采用卡片的形式,主要内容包括:客户名称、详细地址、邮政编码、联系电话、法定代表人姓名、注册资金、生产经营范围、经营状况、信用状况、供销联系人、银行账号、何时与其建立交易关系、历年交易记录、联系记录、零部件消耗、零部件来源情况等。

（2）进行分类。在建立客户档案，并对客户进行调查分析的基础上，对客户进行分类。

①A类客户。资信状况好，经营作风好，经济实力强，长期往来成交次数多，成交额较大，关系比较牢固的基本往来户。

②B类客户。资信状况好，经济实力不太强，但也能进行一般的交易，完成一定购买额的一般往来户。

③C类客户。资信状况一般，业务成交量较少，可作为普通联系户。

对于不同类别的客户，要采取不同的经营策略，优先与A类客户成交，在资源分配和定价上适当优惠；对B类客户要"保持"和"培养"；对C类客户则应积极争取，加强联系。

（3）客户的联系。建立客户档案和客户分类的目的在于及时与客户联系，了解客户的要求，并对客户的要求做出答复。应经常查阅最近的客户档案，了解客户商用车零部件的使用情况以及存在的问题。与客户进行联系时应遵循以下准则：

①了解客户需求。应了解客户在商用车零部件使用中有什么问题，或客户还有哪些需求。

②专心听取客户的要求并做出答复。

③多提问题，确保完全理解客户的要求。

④总结客户要求。在完全理解了客户的要求以后，还要归纳一下，填写"商用车配件满意度调查表"。

⑤对于A、B两类客户，可定期或不定期召开用户座谈会或邀请他们参加本企业的一些庆典或文化娱乐活动，加深与他们的感情。

（4）送货上门和质量"三包"。送货服务大大方便了顾客，目前在汽配经营行业应用较为普遍。对售出的零部件实行质量"三包"（包退、包换、包修），维护了客户的权益，降低了客户的风险，而且也提高了企业的信誉，从而可以刺激经营。

（5）了解零部件使用信息。要积极主动地向商用车修理企业、商用车运输公司、租赁公司、出租公司的修理厂等大客户了解车辆状况，按零部件消耗规律，找出客户需求规律，以便协助客户合理储备零部件。

①了解客户车辆状况，主要了解客户拥有的车型、车数、购买时间和使用状况。

②找出客户零部件消耗的规律，商用车的使用寿命周期由初期使用—正常使用—大中修理—后期使用—逐渐报废这样一个全过程所组成。对于专业运输企业和工、矿企业所使用的专业运输车辆，配件消耗在这个全过程中有以下规律性：

初期——正常运行期。维护用零部件处于正常消耗阶段。

二期——使用故障期。在此期间事故件消耗上升。

三期——中修期。在此期间，以磨损消耗的零部件为主，例如发动机高速运动部位的零部件。

四期——大修期。在此期间，也是以磨损消耗的零部件为主，例如发动机、离合器、变速器等部位的零部件。

五期——混合期。在此期间，主要是定期维护用零部件和磨损消耗的零部件，以及由于大、中修质量影响造成返修所消耗的零部件。

六期——二次大修期。在此期间,除消耗第一次大修用零部件外,底盘要全部检修,更换部分零部件。这部分零部件一般不属于正常磨损,而是由于检查、调整不及时造成的,主要是滚动轴承损坏,导致齿轮损坏。因此,必须在第一次大修时对底盘各部总成进行全面检查和调整。

后期——逐渐报废期。在此期间,零部件消耗下降,零部件储备处于紧缩阶段。根据以上分析,可以看出零部件消耗是以不同使用时期的不同消耗为重点的动态增减规律,它反映了零部件消耗规律的普遍性,这是一种函数关系,它是符合车辆使用寿命周期规律的。零部件储备定额应与上述函数关系建立对应关系,加上一定的安全储备量,这就是动态储备定额。按这个定额储备零部件,就能满足车辆在不同使用时期零部件消耗的需要。这样既保证了维修车辆零部件消耗的需要,又相对节省了储备资金,同时避免零部件积压和报废损失。

③协助客户合理储备零部件。

a.零部件储备要建立在消耗的基础上,以耗定存,加强分析零部件的消耗规律,为制订维修零部件储存计划提供依据。

b.根据车辆技术性能和使用条件,制订车辆在整个使用寿命周期内零部件消耗分期计划,确定不同时期零部件消耗重点,进而确定库存量和库存结构。

c.认清总成和零件的存量关系,使存量合理化。总成可以分为大总成、小总成和事故总成,它们应分别采取不同的方法储备。

大总成,如发动机、变速器等。这类总成损坏率小,主要部件损坏时才需更换,储备不应过多,甚至可以在需要时,临时采购。主要原因是其价格较高,这样做可以节省储备资金。

小总成,如供油泵、发电机等。它们占全车总成的2/3左右,这类总成一般易损,修理时占用工时较长,影响车辆完好率,且一般总成比它的成套零件价格便宜。这类总成内的零件往往只有若干件易损,全部备齐也不经济。当前随着人们时间观念的增强,一般要求更换小总成,将原小总成收下,待修理好后,作为以后再次损坏时的备用品。可以根据实际使情况,多备小总成。在摸清其内部损坏零件后,再有目的地储备零件。

事故总成,如车架、保险杠、前后桥等。这类总成多由事故造成损坏,故不应提前储备,在接到事故车后,及时向预先约定的关系单位购买,较为经济。

对保有量极少的车型,要采取特殊管理方法,以防急需时因零部件待料,会直接影响生产,例如油罐车和牵引车等,因此必须想方设法保证供应。除加强与有车单位的横向联系外,对易损零部件要储备充足,保证正常维修需要。大、中修零部件集中在发动机、离合器、变速器等部位,可考虑备用总成,供修理时更换,换下的旧总成可在充足时间内修理,未储备的零部件也可以在此时间采购。旧总成修复后可作备用,这样就减少了大量库存零部件。底盘零部件可在第一次大修时检修调整,有目的地提出储备。

任务实施

1.关于×××商用车配件市场调查报告

(1)基本概况:简要介绍调查时间、地点、对象、目的、主要内容、调查方法等。

(2)正文包括:以调查项目为单位,分别交代调查情况、材料整理统计(最好以图表形式)、得出调查结论、分析论证(包括原因分析、利弊分析、预测分析等)。

(3)结论和建议:综合说明调查报告的主要观点,得出结论和看法,并在此基础上,提出建议和可行性方案供领导决策。

2.对×××商用车配件市场进行细分

(1)目的:找到需要的市场需求。

(2)细分依据。

①按地理细分:即按客户的居住或办公位置对其分类,然后针对每个地区的客户制订不同的营销组合。

②人口细分:用年龄、性别、家庭人口、收入、教育程度、社会阶层、宗教信仰或种族等信息对客户细分。

③心理细分:按个性或生活方式等变量对客户细分。

④行为细分:先对消费者行为进行评估,然后进行细分。

(3)实际操作:

①带着细分变量(地理、人口、心理、行为)眼光到市场中去碰。

②看对手怎么分,稍变一下就行。

③把顾客买产品的理由分分类,找找目标顾客群。

3.根据调研情况对某零部件进行销售价格的确定

(1)顾客想要的价格:有品质保证下稳定合理的价格。

(2)定价时考虑的因素:真实的进货价、分摊成本(如房租、设备、水电、税收等)、职工工资、合理利润、市场需求状况、其他商家的价格等。

(3)合理价格计算:

$$售价 = 进货价 + 分摊成本 + 职工工资 + 合理利润$$

(4)定价策略。

a.高价策略:是指定价远高于合理价格,一般适用于新上市的高档产品或尖端产品。

b.低价策略:一般适用于低档或普通产品。

c.威望定价:即整数定价,适用于高档、价格较昂贵的大件产品。

d.尾数定价:即小数点定价,适用于低档或价格低廉的产品,给人一种精打细算的感觉。

4.零部件提货、交货

5.制订售后服务档案和措施

(1)建立客户档案。

(2)将客户分类。

(3)送货上门、质量"三包"等。

任务评价

零部件模拟销售评价见表4-3-1。

零部件模拟销售评价表　　　　　　　　　　　　表 4-3-1

序号	内容及要求	评分	评分标准	自评	组评	师评	得分
1	配件识别	20	标签位置错误，扣 1 分/货位； 漏放标签，扣 2 分/货位				
2	提货单	15	项目有涂改，扣 2 分/项； 栏目颠倒或漏填，扣 2 分/项； 价格计算错误，本项零分				
3	过程规范	10	调整货位时不戴手套或手套佩戴错误，扣 0.5 分； 检查易碎品时不戴手套或手套佩戴错误，扣 0.5 分； 穿高跟鞋或露脚趾凉鞋，扣 1 分； 没有轻拿轻放配件，扣 0.5 分/次； 配件掉落，扣 0.5 分/次； 配件标签掉落，扣 0.5 分/次				
4	出库交付	15	没有按照领料单次序逐项清点货物，扣 2 分； 少出、多出或出件错误，扣 2 分/件； 漏检外包装，扣 0.5 分/件； 易碎品未当面确认，扣 2 分/件				
5	发票	15	项目有涂改，扣 2 分/项； 栏目颠倒或漏填，扣 2 分/项； 价格计算错误，本项零分				
6	客户档案建立	15	档案内容必须完整、准确； 档案内容的变动必须及时； 要确保某些档案及资料的保密性； 客户 A、B、C 分类准确				
7	安全文明生产	10	结束后未清洁，扣 5 分； 零部件未归位，扣 5 分				

指导教师总体评价：

指导教师_____
_____年___月___日

练一练

思考题

1. 商用车零配件销售的特点是什么？
2. 如何对商用车配件分销渠道进行管理？
3. 商用车配件销售的促销组合有哪些？
4. 商用车配件销售的促销手段有哪些？
5. 配件售后服务有哪些内容？

模块小结

1. 商用车配件采购是一个系统性工程,要能够鉴别配件的质量、货源,能够正确选择供货厂家、了解购货方式和确定购货量。配件采购的根本目的是为了满足生产需要。同时要注意科学地确定采购数量,在采购中要防止超量采购和采购不足。

2. 采购计划是采购人员在商用车配件采购之前预先拟定的具体采购内容和步骤,一般包括:欲采购的商用车配件的品种、品牌、规格、型号、数量、质量、价格等,采购方式和采购时间,拟选择的供应商及其供货形式等。

3. 合同是约束双方的权利与义务的法律文书,为避免在执行合同时出现争议,在采购合同中,必须写明一些关键性的条款:标的、质量、数量、包装、价格、履行的期限、履行的地点和交货方式、费用的分摊、结算方式、违约责任、合同担保、合同的变更与解除。

4. 商用车配件的鉴别需要四看(看商标、看包装、看文件资料、看表面处理)、四法(检视法、敲击法、比较法、测量法)。

5. 商用车配件仓储管理的主要内容有:配件的入库验收工作;配件的定位存放工作;配件的保管和维护工作;配件的出库工作;仓库建账统计核算工作。

6. 配件入库验收的程序:清点箱数—核对包装—开箱点验—过磅称重—归堆建卡—上账退单。

7. 安全合理堆码的要求:安全"五距";实行定额管理;堆码美观、整齐;质量较轻,体积较大的配件应单独存放;清理现场。

8. 出库程序:核对单据—备货—复核、装箱—报运—点交和清理—单据归档。

9. 出库要求:凭单发货;先进先出;及时准确;包装完好。

10. 商用车零部件销售特点:专业技术性强;品种多、质量差别大;库存占用资金较大;要有技术服务相配套;需求存在季节性和地域性。

学习模块 5　商用车维修服务

模块概述

商用车维修服务不同于其他的商业服务,需要同时服务于两个对象:商用车与客户。商用车维修服务的这一特征,要求从业者同时关注商用车和客户两个目标。

对于服务于客户来说,需要设置接待员岗位,并对其职责作出规定,对其素质提出要求,对其技巧进行培训,对其工作流程做出规范,从而给车主提供良好的服务态度、恰当的服务方式、满意的休息场所、舒心的等待方式等。

对于服务于商用车来说,需要设计好维修流程,对于送修的商用车,在维修技术、维修质量、维修价格、维修时间等方面尽量让车主满意,同时还要建立商用车维修档案。

【建议学时】

32 学时。

学习任务 5.1　掌握商用车维修业务流程

(1)熟悉商用车维修的业务流程。
(2)知晓商用车维修企业的组织结构及基本人员配备。
(3)大致熟悉商用车维修价格的构成。

任务导入

这天下雨,来店的客人不多,店内比较清闲,在店里实习的小董和小梁也就自然没有多少事情可做。

这时,小梁对小董说:"小董同学,我们来实习有一段时间了,你是否知道维修企业具体是怎么运行的?"

小董:"不就是正常的管理运行,各司其职吗?"

小梁:"我是说,作为一家汽车维修企业,都有哪些部门?具体是按什么流程和要求为客户提供维修服务的?"

小董:"这我还真没有去细想。"

小梁:"那我们应该了解一下这方面的内容。"

小董:"你说的对!"

1. 汽车维修企业组织机构

开办一家汽车维修厂,需要有恰当地组织结构和人员配备。不同规模、不同资本结构的汽车维修厂,其组织结构、人员配备会有所差异,但其基本功能不可能相差悬殊。

任何企业,其职能单位的基本结构都是围绕产、供、销、人、财、发六大部门展开,其他部门则是从这六个部门衍生出来的。

在汽车维修企业,所谓"产",指维修车间;所谓"供",指配件、材料、工具、设备等的供应部门;所谓"销",指维修企业的业务接待人员,其职责是推销企业的维修服务这一无形产品;所谓"人",指人力资源部门;所谓"财",指财务部门;所谓"发",指研发部门,在汽车维修企业特指开拓新的市场以及新的服务项目。

2. 汽车维修企业人员配备

在汽车维修企业,对于管理、后勤、保卫等部门的人员配备,可根据工作需要、当地实际情况、现有人员素质等综没合考虑,由企业自行决定。但技术人员的配备,国家则有着明确的规定。

在《机动车维修管理规定》第11条、第12条中,对申请从事汽车维修经营业务或者其他机动车维修经营业务的,在必备的技术人员方面做了如下规定:

(1)从事一类和二类维修业务的,应当各配备至少一名技术负责人员和质量检验人员。技术负责人员应当熟悉汽车或者其他机动车维修业务,并掌握汽车或者其他机动车维修及相关政策法规和技术规范;质量检验人员应当熟悉各类汽车或者其他机动车维修检测作业规范,掌握汽车或者其他机动车维修故障诊断和质量检验的相关技术,熟悉汽车或者其他机动车维修服务收费标准及相关政策法规和技术规范。技术负责人员和质量检验人员总数的60%应当经全国统一考试合格。

(2)从事一类和二类维修业务的,应当各配备至少一名从事机修、电器、钣金、涂漆的维修技术人员。从事机修、电器、钣金、涂漆的维修技术人员应当熟悉所从事工种的维修技术和操作规范,并了解汽车或者其他机动车维修及相关政策法规。机修、电器、钣金、涂漆维修技术人员总数的40%应当经全国统一考试合格。

(3)从事三类维修业务的,应按照其经营项目分别配备相应的机修、电器、钣金、涂漆的维修技术人员;从事发动机维修、车身维修、电气系统维修、自动变速器维修的,还应当配备技术负责人员和质量检验人员。技术负责人员、质量检验人员及机修、电器、钣金、涂漆维修技术人员总数的40%应当经全国统一考试合格。

(4)从事危险货物运输车辆维修(指对运输易燃、易爆、腐蚀、放射性、剧毒等性质货物的机动车维修,不包含对危险货物运输车辆罐体的维修)的汽车维修经营者,还应该有相应的安全管理人员。

3. 汽车维修安全生产的组织

1)制订安全管理规章制度

切实制订各种安全操作规程、守则、奖罚规定等。

2)设立安全管理组织机构并明确人员职责

安全管理组织机构中的人员包括第一责任人、直接责任人、安全主任、安全员等。安全管理职责不要有重叠,以免导致职责交叉,但也绝不能留下安全死角,导致某项任务无人负责的现象发生。

(1)安全生产第一责任人。必须是企业的法人代表。

(2)安全生产直接责任人。一般需要长期在生产现场进行指挥与控制的人,可以是常务副总经理,也可以是生产副厂长。

(3)安全主任。其职责最多,比如召集安全会议、下发文件、写汇报总结、组织安全检查等。最好由有一定文化水平的人担任,如技术部经理、工程师、质控部经理等。

(4)部门安全员。最好由部门负责人担任。

(5)班组安全员。最好由班组长担任。

3)对全体员工进行安全培训

安全培训的主要内容包括:安全知识、安全意识、安全管理规章制度。

4)定期不定期地进行安全检查、考核

5)对检查中发现的安全隐患进行整改

检查中发现的问题一般分两类:一类是规章制度没有得到认真执行,这需对当事人进行批评教育乃至处罚;另一类是规章制度制定得有不合理或不现实之处,则需要修订规章制度。

隐患整改"三落实"原则——人员、措施、责任三落实。

事故处理"三不放过"原则——事故原因分析不清不放过、无有效防范措施不放过、当事人和周围群众不受到教育不放过。

4. 汽车维修流程的组织

汽车维修作业流程,首先要确立从进厂到出厂的生产流程;其次是要防止出现瓶颈现象;再次是要做好质量控制,严格执行"三检"制度(即进厂检验、过程检验、出厂检验或总检)。

组织汽车维修,首先要对汽车维修到底经历了哪些流程进行识别。这样,如果维修作业出现了问题(如返修或投诉),才好去找出是哪个环节出了问题,并有针对性地改善。图5-1-1是某汽车维修厂所使用的汽车维修过程流程图。

汽车维修过程流程图的具体含义如下。

1)送修接待

维修接待员接待送修客户,根据顾客报修情况,对车辆进行初步检验,并建立客户的维修档案。送修时,具体遵循以下规定:

(1)车辆和总成送修时,承修单位与送修单位应签订合同,商定送修要求、修理车日和质量保证等。合同签订后必须严格执行。

(2)整车送修时,应具备行驶功能,装备齐全,不得拆换。

(3)总成送修时,应在装合状态,附件、零件均不得拆换和短缺。

(4)肇事、无法行驶、短缺零部件的车辆,在签订合同时,应做出相应规定和说明。

(5)整车或总成送修时,应将有关技术档案一并移送承修单位。

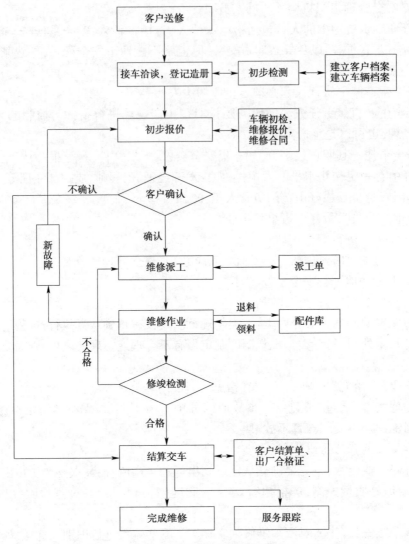

图 5-1-1　汽车维修过程组织流程

2）合同签订

维修接待员将检验情况与顾客商讨,并征得顾客同意,订出具体维修项目、时间及所用的材料、品牌及预计价格等,与顾客签订"维修合同"。

3）维修派工

维修接待员与顾客签订"维修合同"后,交车间主任进行维修派工。

4）车辆保护

（1）车辆进入维修车间,在交付维修技师进行维修前,需确认:转向盘、前排座椅、变速器操纵手柄、手制动器操纵手柄是否已套了保护罩;汽车前排是否在左右分别放置了脚垫。

（2）在维修过程中,如果需要打开发动机舱进行维修或检查,一定要在发动机罩的前、左、右三面放置保护罩,以免划伤车身油漆。

5)车辆维修

(1)维修技师按要求进行维修作业,以保持汽车的正常状况,恢复汽车的原有性能。

(2)如果需要使用液压千斤顶,必须做好相关的安全防护工作。

(3)如果需要拆卸内饰,必须保持双手清洁,以免脏污了内饰。

(4)维修过程中,如需拆卸蓄电池,应在维修完之后,将时钟等需要恢复的电子设备恢复。

(5)维修作业过程中,如有泥土、水、油液等落在地面,应该及时清理干净。

6)项目追加

维修技师在作业过程中检查是否需要追加维修项目。如需要追加,告知维修接待,与客户联系、确认。

7)过程检验

维修工在完成每项工序后,要及时通知车间主任(或过程检验员)进行检验,经检验合格的车辆可转入下一工序。如出现不合格项目时,应按"不合格品的控制程序"处理。

维修工确认所有维修项目完成后,通知车间主任进行完工检验,按"维修合同"或"车辆维修过程检查报告"的记录进行,并核对是否所有报修项目均已完成。完工检验有不合格项目时,要按"不合格品的控制程序"处理。

8)修竣检验

完工检验合格的车辆由车间主任在"维修合同"上实际维修项目位置旁签名,然后将车辆交给出厂检验员进行修竣检验。

出厂检验员进行修竣检验若发现有不合格项目的,要按"不合格品的控制程序"处理。检验合格后,将车开到检测线进行最终检测。

最终检验如发现不合格,要按"不合格品的控制程序"处理。最终检验合格后,安排洗车,将车钥匙交给维修接待员,由维修接待员通知顾客办理结算与提车手续。

9)结算建档

结算员在顾客提车后,应将"维修工作单""维修过程检查报告""结算单""配件材料采购单""质检表"进行归档。

10)服务跟踪

客户将维修车辆提走之后,该车进入"服务跟踪"程序予以监控。

5.维修配件的供应组织

汽车维修自然需要经常性地使用到各种各样的汽车配件,这些配件的购置与使用管理,既会影响汽车的维修质量,也会影响到汽车维修企业的经营效益,必须认真对待。

汽车配件的采购与领用管理可以参见表5-1-1。

汽车配件采购与领用管理 表5-1-1

项　　目	内　　容
定点供应	评审配件供应商,确定合格的供应商,原则上采购员只能在合格供应商中采购配件,若出现所需零配件合格供应商无法提供的现象,则需请示领导,到其他供应商处采购
货比三家	采购时尽可能在合格供应商中货比三家,确定出性价比最优方,决定采购

续上表

项　目	内　　容
进货检验	采购回的配件由检验人员进行入库前的鉴定与检验,然后入库或使用
三权分立	配件的询价权、拿货权和付款权要分离,不要掌握在同一人手中
交旧领新	工人要以旧件换领新件,这样既便于客户检验,也可以堵塞漏洞
定期清理	对库存配件定期进行盘点整理,并进行必要的维护

注意:对配件供应商也要进行管理,如出现供货不合格(副厂充正厂、以次充好、交货不及时、无故抬高价格、规格型号不对等)现象,要进行记录,定期统计,对供应商进行警告,必要时取消其供货资格。

当然,同供应商搞好合作关系也是十分必要的,在可能的情况下,尽量减少供应商的数量,让供应商更加重视你这个顾客,达到"双赢"目的。

6.汽车维修核价

1)汽车维修价格结算预算

汽车维修价格预算是指汽车维修企业作为承修方与托修方在签订维修合同之前,根据汽车维修前技术状况的鉴定,对所列出的维修项目进行维修费用的概算。

维修项目的确定,一般是先由维修接待听取客户的陈述,结合待修车的进厂检验和不解体检测,确定维修方案。维修方案确定后,与托修方共同确定。再根据所罗列的项目清单,确定维修工艺过程中所涉及的工种,预计所需更换的材料费和外加工费,然后根据维修工时定额标准以及本企业的收费标准,计算出将发生的维修预算总费用。

因为托修方在接受维修服务之前,有权知道该次维修的价格范围,因此,比较准确地预算维修费用,不仅能反映企业的服务质量、经营管理水平,也关系到企业的形象。

2)汽车维修价格结算

汽车维修价格结算是在承修车辆竣工交付时,由承修方对车辆维修所发生的工时费、材料费以及其他费用进行统计计算,并向托修方收取全部费用的过程。

统计和计算维修费用时,应注意以下几个方面:

(1)必须遵循国家有关价格的法律法规和行业管理规章,并承担相应的法律责任。明码标价,公平合理。

(2)服务项目和结算项目不得超出经营范围。

(3)统计准确,计算方法正确,不错收、漏收和重复收。

(4)收费依据充分。主要依据如下。

①汽车维修合同:汽车大修、主要总成大修、二级维护、维修费用在1000元以上的项目,必须有承托双方签订的维修合同。

②派工单:这是结算的重要凭单,特别是在维修过程中征得对方同意后的追加项目。

③材料出库单:依据材料出库单,制作材料结算明细表。

④工时定额标准:这是由当地交通行政管理部门和物价部门制订和发布的,它是计算工时的法规性文件,必须严格遵守。

(5)按照本企业的类别和有关部门规定的企业管理费率,计算管理费并开具正式发票,将工时和材料明细表一起交托修方。

3)汽车维修价格结算方法

(1)计费依据。各省物价局都制定了《汽车摩托车维修行业工时定额和维修服务收费标准》(以下简称收费标准),是省内从事汽车摩托车维修的单位(含外企)、个人以及各类汽车维修服务站作为维修价格结算的依据。

(2)计算方法。按照以上计费标准,维修费用计费的公式和结算规则是:

$$维修费 = 工时费(工时单价 \times 工时定额) + 材料费 + 其他费用$$

①工时单价:依据汽车维修管理部门与物价部门核定的工时费标准,在允许浮动的范围内实施。

②工时定额:依据省级汽车维修管理部门制订的工时标准,分别核定汽车大修、汽车维护、汽车故障诊断、汽车小修、专项修理、机加工以及校验等各类作业工时。但需注意的是:

第一,工时标准未列出的维护作业项目工时,应按该项小修定额工时另外计加。

第二,车辆技术改造,按作业完成后的实际工时结算,但承托双方必须订有书面合同。

第三,在质量保证期内的返修项目不得另行计收工时费。

③材料费的计算方法:材料费包括材料成本费、自制配件费、修旧零件费、辅助料费。需要注意的是:

第一,修旧基础件按不超过新件市场价格的50%、修旧总成不超过新件市场价格的60%、修旧零件不超过新件市场价格的70%进行结算。

第二,辅助材料(比如清洗零件的汽油、棉纱、砂纸等)仅收取消耗材料,不得收取材料管理费。

④其他费用:其他费用包括外加工费、材料管理费等。但需注意的是:

第一,外加工费应按实际费用结算,若加工项目在托修方报修的维修类别范围之内,则应按其相对应的标准定额收费,不得重复收费。

第二,材料管理费是指因材料的采购、装卸、运输、保管、损耗等发生的费用,各地费率标准不尽相同,应按各地规定执行。

任务实施

抱着请教的心理,小董和小梁向师傅进行了关于汽车维修企业内部的部门设置,以及具体服务流程等方面知识的请教,师傅则耐心地向他们介绍了商用车维修企业的组织架构、人员组成以及向客户提供服务的流程等知识。

这样的介绍让两人初步了解了维修厂的内部组织架构及维修服务工作流程,为日后的实习奠定了良好的基础。

知识拓展

1.汽车维修职业道德

汽车维修职业道德是指从事汽车维修职业的人们在工作和劳动过程中所应遵循的与其职业活动相适应的道德规范,这种规范主要依靠社会舆论、传统习惯和内心信念来维持,这是调整汽车维修人员职业活动中各种关系的基本原则。

汽车维修职业道德主要特点是:服务性、公平性、协作性、安全性、时效性、规范性。

汽车维修职业道德规范是:爱岗敬业、钻研技术;精工细修、优质高效;规范操作、团结协作;勤俭节约、爱护器材。

2.汽车维修接待职业道德

1)什么是汽车维修接待职业道德

汽车维修接待职业道德是指汽车维修接待人员在接待工作中必须遵循的道德标准和行为准则。这种规范主要依靠社会舆论、传统习惯和内心信念来维持。

2)汽车维修接待职业道德的内容

这种道德规范是在汽车维修职业道德的总体要求下,结合维修接待的工作特点而形成的。具体包括以下内容:

(1)真诚沟通。是指主动热情地对待客户,认真聆听客户述说,换位思考理解客户的期望与要求,仔细分析造成问题的原因,耐心回答客户的问题,最大限度地与客户达成共识。

(2)服务周到。是指在修前、修中和修后向客户提供全方位的优质服务(表5-1-2)。

汽车维修服务阶段及内容 表5-1-2

服务阶段	服务内容
修前服务	认真倾听客户对汽车故障的描述;迅速而准确地诊断汽车故障;对维修项目、换件内容、费用估算、竣工时间等进行详细说明,并努力得到客户的认可;向客户提供休息的场所及必要的生活服务;向客户提供有关汽车维护、避免同类事故发生的一些小建议和其他用车信息
修中服务	要坚决避免重复维修和无故增加修理项目;需要在合同之外增加维修项目时,要耐心、详细地向客户说明,并征得客户认可;随时了解维修进度,督促按时完工,如不能按时完工,要及早通知客户,说明因由,取得客户谅解;维修费用结算前要向客户详细说明维修内容、维修费用,并征得客户认可;竣工交车时要简要介绍修车过程中的一些特殊情况、汽车现状及使用过程中应该注意的问题等
修后服务	建立健全汽车维修技术档案;通过电话或见面,诚恳地回访客户,对客户所提出的问题认真调查,并给予合理的答复或解决;对客户的表扬和建议要表示感谢;以积极的态度处理好维修质量的投诉——处理客户投诉时,切勿当着客户的面责怪工人或当着工人的面责怪客户;做好后续的电话跟踪服务

(3)确保质量。维修过程中,各工序要严格按照技术要求和操作规程进行;所使用原材料及零配件规格、性能符合规定标准;按规定程序严格检验与测试零部件性能;发现故障隐患,并在征得客户同意后排除;维修结束的汽车,应达到"故障完全排除,性能基本恢复,寿命有所延长"的客户预期。对于使用过程关乎自身生命安全的汽车来说,其实客户最关心的就是汽车的维修质量。

保证质量是赢得客户信赖的必由之路,也是保证企业在竞争中取得优势的有效手段。

(4)合理收费。是指汽车维修企业在承接汽车维修业务时,要做到明码标价、以质论价、按项收费、童叟无欺。严格按照实际发生的维护、修理内容核定维修工作量;严格按照实际使用的零配件核定零配件采购原始费用;严格按照汽车维修主管部门制订的汽车维修工时定额、核准的单位工时收费标准、允许的零配件加价幅度等核定全部维修费用。按照计算所得的收费总额实际收取维修费或下浮收取维修费。做到不乱报工时、不高估冒算、不小题大做(小修当大修),更不能采取不正当的经营手段招揽业务。

(5)善待投诉。根据有关部门的调查,消费者接受汽车维修服务产生纠纷后,有46%的人选择协议解决,而通过消费者协会和"12315"消费投诉,最终转为协议解决的,各占了16%和14%(图5-1-2)。这说明,通过汽车维修接待服务,可以化解绝大多数的汽车维修服务纠纷,极大地维护企业的形象。

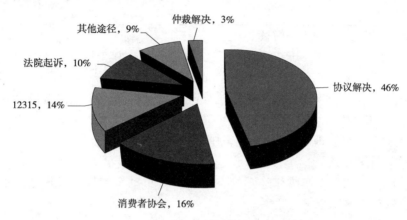

图5-1-2 消费者维权汽车维修消费权益的途径

3.汽车维修行业主要法律法规

1)主要法律法规

为维护消费者的合法权益,确保汽车的维修质量,国家先后发布了若干相关的法律法规,共同构成了汽车维修质量的保障体系。涉及汽车维修的主要法律法规见表5-1-3。

汽车维修主要法律法规　　表5-1-3

序号	法律法规	实施日期	序号	法律法规	实施日期
1	中华人民共和国道路运输条例	2004年7月1日	9	中华人民共和国固体废物污染环境防治法	2005年4月1日
2	机动车维修管理规定	2005年8月1日	10	中华人民共和国水污染防治法	2008年6月1日
3	中华人民共和国大气污染防治法	2000年9月1日	11	中华人民共和国安全生产法	2002年11月1日
4	中华人民共和国合同法	1999年10月1日	12	中华人民共和国计量法	1986年7月1日
5	中华人民共和国标准化法	1989年4月1日	13	汽车维修业开业条件(GB/T 16739)	2015年1月1日
6	中华人民共和国产品质量法	2000年9月1日	14	摩托车维修业开业条件(GB/T 18189)	2009年4月1日
7	中华人民共和国消费者权益保护法	1994年1月1日	15	汽车维护、检测、诊断技术规范(GB/T 18344)	2017年7月1日
8	中华人民共和国劳动保护法	1995年1月1日	16	道路运输车辆综合性能要求和检验方法(GB 18565)	2017年1月1日

续上表

序号	法律法规	实施日期	序号	法律法规	实施日期
17	机动车运行安全技术条件(GB 7258)	2012年9月1日	19	家用汽车产品修理、更换、退货责任规定	2013年10月1日
18	点燃式发动机汽车排气污染物排放限值及测量方法(双怠速法及简易工况法)(GB 18285)	2005年7月1日			

2)《机动车维修管理规定》解读

《机动车维修管理规定》于2005年6月3日公布,自2005年8月1日起施行。规定共有57条,包括总则、经营许可、维修经营、质量管理、监督检查、法律责任、附则共七章内容。《机动车维修管理规定》是从事汽车维修经营以及接受汽车维修服务客户的基本法规,也是保障汽车维修市场正常运行的核心内容。

(1)《机动车维修管理规定》的适用范围。

【法条指引】第2条。

【法条分析】从事机动车维修经营的,应当遵守《机动车维修管理规定》的相关规定,合法地开展机动车维修经营。

(2)对机动车维修经营者的要求。

【法条指引】第2条、第3条、第5条。

【法条分析】机动车维修经营者应当依法经营,诚实信用,公平竞争,优质服务。凡以维持或者恢复机动车技术状况和正常功能,延长机动车使用寿命为作业任务所进行的维护、修理以及维修救援等相关经营活动的,都应该遵守此规定。任何单位和个人不得封锁或者垄断机动车维修市场。机动车维修企业可以实行连锁经营。

(3)机动车维修经营分类。

【法条指引】第7条、第10条。

【法条分析】第7条规定:机动车维修经营业务根据维修对象分为汽车维修经营业务、危险货物运输车辆维修经营业务、摩托车维修经营业务和其他机动车维修经营业务四类。

汽车维修经营业务、其他机动车维修经营业务根据经营项目和服务能力分为一类维修经营业务、二类维修经营业务和三类维修经营业务。

第8条规定:获得一类汽车维修经营业务、一类其他机动车维修经营业务许可的,可以从事相应车型的整车修理、总成修理、整车维护、小修、维修救援、专项修理和维修竣工检验工作;获得二类汽车维修经营业务、二类其他机动车维修经营业务许可的,可以从事相应车型的整车修理、总成修理、整车维护、小修、维修救援和专项修理工作;获得三类汽车维修经营业务、三类其他机动车维修经营业务许可的,可以分别从事发动机、车身、电气系统、自动变速器维修及车身清洁维护、涂漆、轮胎动平衡和修补、四轮定位检测调整、供油系统维护和油品更换、喷油泵和喷油器维修、曲轴修磨、汽缸镗磨、散热器(水箱)、空调维修、车辆装潢(篷布、坐垫及内装饰)、车辆玻璃安装等专项工作。

第10条规定:获得危险货物运输车辆维修经营业务许可的,除可以从事危险货物运输车辆维修经营业务外,还可以从事一类汽车维修经营业务。

（4）机动车维修经营申请条件。

【法条指引】第 11 条、第 12 条。

【法条分析】第 11 条规定：申请从事汽车维修经营业务或者其他机动车维修经营业务的，应当符合下列条件：

（一）有与其经营业务相适应的维修车辆停车场和生产厂房。租用的场地应当有书面的租赁合同，且租赁期限不得少于 1 年。停车场和生产厂房面积按照国家标准《汽车维修业开业条件》（GB/T 16739）相关条款的规定执行。

（二）有与其经营业务相适应的设备、设施。所配备的计量设备应当符合国家有关技术标准要求，并经法定检定机构检定合格。从事汽车维修经营业务的设备、设施的具体要求按照国家标准《汽车维修业开业条件》（GB/T 16739）相关条款的规定执行；从事其他机动车维修经营业务的设备、设施的具体要求，参照国家标准《汽车维修业开业条件》（GB/T 16739）执行，但所配备设施、设备应与其维修车型相适应。

（三）有必要的技术人员。

（四）有健全的维修管理制度。包括质量管理制度、安全生产管理制度、车辆维修档案管理制度、人员培训制度、设备管理制度及配件管理制度。具体要求按照国家标准《汽车维修业开业条件》（GB/T 16739）相关条款的规定执行。

（五）有必要的环境保护措施。具体要求按照国家标准《汽车维修业开业条件》（GB/T 16739）相关条款的规定执行。

第 12 条规定：从事危险货物运输车辆维修的汽车维修经营者，除具备汽车维修经营一类维修经营业务的开业条件外，还应当具备下列条件：

（一）有与其作业内容相适应的专用维修车间和设备、设施，并设置明显的指示性标志；

（二）有完善的突发事件应急预案，应急预案包括报告程序、应急指挥以及处置措施等内容；

（三）有相应的安全管理人员；

（四）有齐全的安全操作规程。

（5）机动车维修经营申请时需提交的材料。

【法条指引】第 14 条。

【法条分析】申请从事机动车维修经营的，应当向所在地的县级道路运输管理机构提出申请，并提交下列材料：

（一）《交通行政许可申请书》；

（二）经营场地、停车场面积材料、土地使用权及产权证明复印件；

（三）技术人员汇总表及相应职业资格证明；

（四）维修检测设备及计量设备检定合格证明复印件；

（五）按照汽车、其他机动车、危险货物运输车辆维修经营，分别提供本规定第 11 条、第 12 条规定条件的其他相关材料。

（6）机动车维修经营许可证件。

【法条指引】第 18 条、第 19 条、第 20 条。

【法条分析】第 18 条规定:从事一、二类汽车维修业务的证件有效期为 6 年;从事三类汽车维修业务及其他机动车维修业务的证件有效期为 3 年。

第 19 条规定:机动车维修经营者应当在许可证件有效期届满前 30 日到作出原许可决定的道路运输管理机构办理换证手续。

第 20 条规定:机动车维修经营者变更许可事项的,应当按照本章有关规定办理行政许可事宜。机动车维修经营者变更名称、法定代表人、地址等事项的,应当向作出原许可决定的道路运输管理机构备案。机动车维修经营者需要终止经营的,应当在终止经营前 30 日告知作出原许可决定的道路运输管理机构办理注销手续。

(7) 经营要求。

【法条指引】第 26 条、第 27 条、第 28 条。

【法条分析】第 26 条规定:机动车维修经营者应当公布机动车维修工时定额和收费标准,合理收取费用。

第 27 条规定:机动车维修经营者应当使用规定的结算票据,并向托修方交付维修结算清单。维修结算清单中,工时费与材料费应分项计算。维修结算清单格式和内容由省级道路运输管理机构制订。

第 28 条规定:机动车维修连锁经营企业总部应当按照统一采购、统一配送、统一标识、统一经营方针、统一服务规范和价格的要求,建立连锁经营的作业标准和管理手册,加强对连锁经营服务网点经营行为的监管和约束,杜绝不规范的商业行为。

(8) 质量管理。

【法条指引】第 31 条、第 32 条、第 33 条、第 34 条、第 37 条、第 38 条、第 39 条。

【法条分析】第 31 条规定:机动车维修经营者不得使用假冒伪劣配件维修机动车。机动车维修经营者应当建立采购配件登记制度,记录购买日期、供应商名称、地址、产品名称及规格型号等,并查验产品合格证等相关证明。机动车维修经营者对于换下的配件、总成,应当交托修方自行处理。机动车维修经营者应当将原厂配件、副厂配件和修复配件分别标识,明码标价,供用户选择。

第 32 条规定:机动车维修经营者对机动车进行二级维护、总成修理、整车修理的,应当实行维修前诊断检验、维修过程检验和竣工质量检验制度。

第 33 条规定:机动车维修竣工质量检验合格的,维修质量检验人员应当签发《机动车维修竣工出厂合格证》;未签发机动车维修竣工出厂合格证的机动车,不得交付使用,车主可以拒绝交费或接车。

第 34 条规定:机动车维修经营者对机动车进行二级维护、总成修理、整车修理的,应当建立机动车维修档案。机动车维修档案主要内容包括:维修合同、维修项目、具体维修人员及质量检验人员、检验单、竣工出厂合格证(副本)及结算清单等。档案保存期为二年。

第 37 条规定:机动车维修实行竣工出厂质量保证期制度。

汽车和危险货物运输车辆整车修理或总成修理质量保证期为车辆行驶 20000km 或者 100 日;二级维护质量保证期为车辆行驶 5000km 或者 30 日;一级维护、小修及专项修理质量保证期为车辆行驶 2000km 或者 10 日。

其他机动车整车修理或者总成修理质量保证期为机动车行驶 6000km 或者 60 日;维护、小修及专项修理质量保证期为机动车行驶 700km 或者 7 日。

质量保证期中行驶里程和日期指标,以先达到者为准。

机动车维修质量保证期,从维修竣工出厂之日起计算。

第 38 条规定:在质量保证期和承诺的质量保证期内,因维修质量原因造成机动车无法正常使用,且承修方在 3 日内不能或者无法提供因非维修原因而造成机动车无法使用的相关证据的,机动车维修经营者应当及时无偿返修,不得故意拖延或者无理拒绝。在质量保证期内,机动车因同一故障或维修项目经两次修理仍不能正常使用的,机动车维修经营者应当负责联系其他机动车维修经营者,并承担相应修理费用。

第 39 条规定:机动车维修经营者应当公示承诺的机动车维修质量保证期。所承诺的质量保证期不得低于第 37 条的规定。

任务评价

假如客户不太赞成追加维修项目,应该如何说服?

试以为商用车进行"空调充制冷剂"为例,尝试面对不同客户应该采取什么样的说服策略(表 5-1-4)。

空调充制冷剂的客户说服策略　　　　　　　　　表 5-1-4

季节及项目	车主类型	评分标准	自评	组评	师评	得分
冬季,制冷剂泄露	青年男性车主	依据客户年龄、性别、性格等,重点介绍其在意项目,说服其接受服务。根据说服效果评分,满分 100 分				
春季,制冷剂不足	中年女性车主					
夏季,制冷不佳	中年男性车主					
秋季,制冷剂不足	中年女性,代丈夫前来修车					

练 一 练

一、填空题

1. 汽车维修企业主要由(　　)、供、(　　)、人、财、发六大部门构成。
2. 安全培训内容包括(　　)、安全意识、(　　)三方面内容。
3. 汽车维修职业道德主要特点是(　　)、公平性、协作性、安全性、(　　)、规范性。
4. 在汽车维修质量保证期中,(　　)和日期指标,以先达到者为准。
5. 汽车维修核价包括(　　)、(　　)以及其他费用。

二、选择题(以下各题,有的属于单选题,有的属于多选题,请选择正确答案填写在括号内)

1. 根据《机动车维修管理规定》,从事二类维修业务的汽车维修企业,应当各配备至少(　　)技术负责人员和质量检验人员。(单选)

　　A. 1 名　　　　　　B. 2 名　　　　　　C. 3 名　　　　　　D. 4 名

2. 消费者在接受汽车维修服务产生纠纷后,有(　　)人选择协议解决。(单选)

　　A. 42%　　　　　　B. 46%　　　　　　C. 48%　　　　　　D. 50%

3. 以下哪三项属于维修"三检"制度规定的内容？（　　）（多选）
   A. 进厂检验　　　B. 维修检验　　　C. 过程检验　　　D. 出厂检验
4. 安全隐患整改"三落实"的原则是（　　）。（多选）
   A. 人员　　　　　B. 设备　　　　　C. 措施　　　　　D. 责任

三、判断题（以下各题，说法正确的请在括号内打"√"，说法错误的请在括号内打"×"）

1. 车辆在维修过程中需追加维修项目时，维修接待员应立即通知顾客，经顾客同意后追加维修内容，并做好追加项目的记录。（　　）
2. 机动车维修经营者应当公示承诺的机动车维修质量保证期，其期限不得低于国家规定标准的20%。（　　）
3. 机动车维修质量保证期，从维修竣工出厂之日起计算。（　　）

学习任务5.2　商用车维修接待

（1）熟悉前台接待的注意事项。
（2）学会"八步法"接待维修客户的工作任务。

王先生自购买商用车以来，一直在本店进行维护，属于本店的老客户了，与店方的合作一直很愉快。

根据他每月行驶的里程数，预计他的商用车应该累计行驶到10万km了。由于他生意较忙，经常会忘记对车辆的维护，需要维修厂到期提醒。

小董和小梁在师傅的教导下，逐渐认识到了维修接待的重要性，也对做好自身的仪容仪表有了准确的认识和基本的知识。

于是，指导师傅便将联系、服务王先生的商用车来店维护的工作任务交给他们先去联系了。

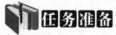

1. 客户接待前的准备
1）客户接待区的准备
在客户接待区域，每天都需要进行相关的准备，具体准备内容有：
（1）客户坐的桌椅调整到客户坐下后目光与自己基本平齐的高度。
（2）客户坐的桌椅干净、整洁，无不安全因素。
（3）接车单据、计算机及网络系统、打印机、对讲机、电话等工作正常。
（4）文件夹、签字笔、预约单、工单、出门证、车内使用的防护用品均已准备好。
（5）个人的仪表仪容没有瑕疵。
2）客户休息区的准备
在客户的休息区（图5-2-1），一般需要配备专门的服务人员。休息区除提供必要的休闲设施外,一定要提供杂志、电视、茶水(或冷饮)及其他服务设施。

在客户休息区,可以设置本单位的广告宣传、用车知识、保险索赔常识等材料。

饮水机应该放置在易于使用的地方,且准备好一次性使用的水杯以及茶叶、饮料、糖果、烟灰缸等。

图 5-2-1　客户休息室

2. 八步接待流程

目前,主流汽车生产厂家,基本采用优化之后的八步接待流程,即预约、接待、诊断、制单、维修、检验、交车、回访。

1)预约

(1)预约的目的及意义。实行预约维修,可以避免在不同时间段前来维修的客户极不均衡的现象出现,以便让客户在相对宽松的环境里接受高质量的维修服务。

图 5-2-2 为谋维修企业实行预约制度前后的日修车量分布图。由图可见,在没有实行预约修车制度之前,上午 10~11 时为全天的客户接待高峰,容易因客户数量大而导致服务质量下降。实行预约修车制度之后,使得 9~12 时以及 14~16 时基本均衡,起到了明显的"削峰填谷"的效果。

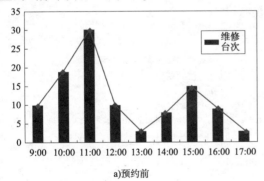
a)预约前

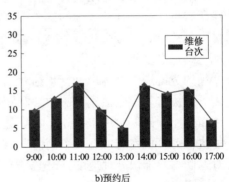
b)预约后

图 5-2-2　某维修企业日修车分布图

不过,在基本建设繁忙的地区,这一规律可能不太适用,因为商用车主都在快马加鞭地忙于运输,一般是在车辆出现了故障,不得不修时,才会前来送修。

因此,预约维修是对消费者、汽车维修厂家、汽车生产厂家均有利的举措(表 5-2-1)。

预约维修优点分析表　　　　　　　　　　　　　表 5-2-1

预约维修优点		
对消费者的好处	对汽车维修厂家的好处	对汽车生产厂家的好处
★方便个人日程安排 ★汽车维修时间有保障 ★提前了解维修价格 ★可以得到更多的关照	★合理调配资源,提高了工位利用率 ★提前制订合理的维修方案 ★保证了客户接待时间 ★平衡了维修时间,削峰填谷 ★提高单车维修收益	★提高了客户满意度 ★提升了产品品牌形象 ★增加了汽车的销量及效益

(2)预约分类。预约分主动预约和被动预约,当然,在一定条件下,两者之间可能相互转换(图5-2-3)。

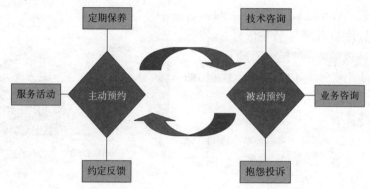

图5-2-3 预约分类

汽车维修厂家在与客户进行预约时,可以采用电话、手机短信、网站、电子邮件、即时通信软件等联系方式,甚至可以当面预约。

(3)预约流程。预约维修的基本流程如图5-2-4所示。

(4)预约维修技巧。

①预约宣传。预约宣传可采取的方式有:

口头适时宣传或在寄送资料的同时进行预约宣传;

在所有可能的场合放置预约宣传折页或海报;

优惠预约卡刺激(享受工时折扣及其他优惠政策);

礼物赠送刺激等。

②预约关键点。对客户进行预约时,需注意以下几个关键点:

接听或拨打客户电话,应规范并遵循电话礼仪要求;

10min内回复确认短信,30min内回复预约邮件,短信和邮件都应以正式问候语开头;

尽快在计算机系统中查找车辆信息档案并进行针对性的沟通;

对返修客户加快处理速度,优先安排;预估维修所需时间、费用,并告知客户;

提醒客户携带相关文件资料;

向维修技师提供完整的预约单,以便他们根据预约单中涉及的故障内容、配件需求等有效展开预约工作;

再次与客户确认服务预约时间,并说明会提前提醒;

至少提前24h提醒客户;

感谢客户的预约和提供的维修服务机会。

③预约后的准备。根据与客户达成的约定,提前做好充分的服务准备,包括:人员、工位、工具、备件、技术方案、设备等,以保证顺利完成服务工作,确保客户满意。

2)接待

积极做好客户接待工作,使客户一进入接待处,就能感受到热情、友好的服务,体会到宾至如归的感觉。这种良好的第一印象,对于维修业务的成功获得往往具有决定性作用。

接待服务工作要从客户迈进接待大厅开始,具体内容有:

进门让个座,倒上一杯水,坐下慢慢说;
雨天、热天,递上一块纸巾,擦去雨水或汗水;
对于客户提出的服务需求,尽量满足;
实在无法满足时,先说"对不起",再解释原因。

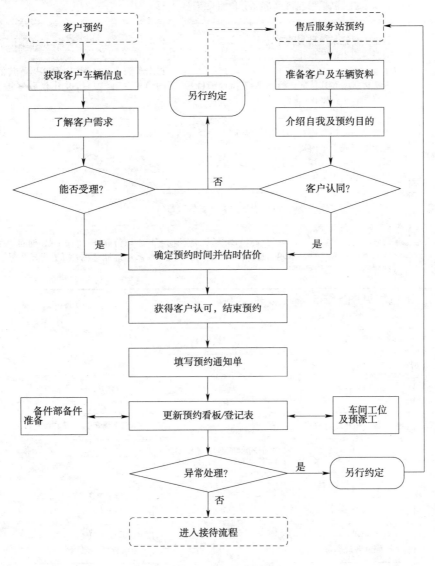

图 5-2-4　预约维修流程

对接待客户的具体要求见表 5-2-2。

客户接待要求　　　　　　　　　　　　　　　　　　　　表 5-2-2

接待环节	预约客户的接待	未预约客户的接待
开始接待	准备实车检查表和已打印好的施工单,出门迎接顾客; 欢迎顾客光临,询问有无维修需求; 引导顾客至接车工位	准备实车检查表,出门迎接顾客; 对顾客光临表示欢迎,询问顾客维修需求; 引导顾客至接车工位

· 167 ·

续上表

接待环节	预约客户的接待	未预约客户的接待
确认记录车辆信息	请顾客提供维护/维修手册,确认车辆信息; 在顾客面前安放车内脚垫、座椅套及转向盘套; 记录车辆行驶里程、油表油量及其他相关信息	
确认顾客维修需求	将施工单记录项目与顾客确认; 对顾客提出的其他维修需求做出确认,并记录于施工单上; 据实提醒顾客其他应进行的维护/维修项目,并建议顾客进行维护/维修	仔细听取顾客维修需求,并详细记录于实车检查表上; 根据车辆实际情况,向顾客提醒其他应该进行的维护/维修项目,并建议顾客进行维护/维修
环车初检	与顾客一起环车检查,取得顾客认同并记录在检查表上; 提醒顾客取走车内贵重物品; 确保车辆锁好,门窗关闭; 记录车辆的相关信息	
顾客休息	与顾客一道完成环车检查后,引导顾客至维修接待区	
备注	假如所接待的是第一次登门维修的新客户,应该向客户索取行驶证、质保手册,询问并在维修问诊单上填写以下客户及车辆信息:客户名称、联系电话、联系地址地址、VIN码、发动机号、车型、牌照号等	

客户接待流程见图 5-2-5。

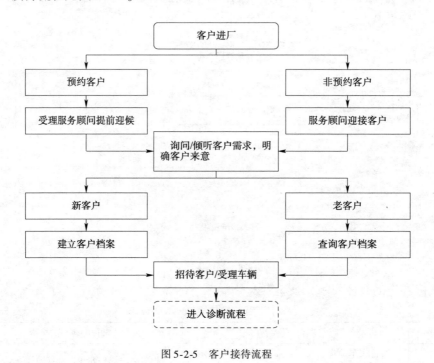

图 5-2-5 客户接待流程

3)诊断

对客户送修的车辆进行正确的故障诊断,不仅可以有效了解客户的需求和客户所遇到的困难,通过系统的检查找出故障原因;而且可以向客户展示接待人员的专业性,使他放心地将车辆交由你来处理,从而产生信赖,增加客户的忠诚度。

(1) 询问客户。通过向客户询问送修车的状况,掌握诊断方向,减少判断时间。

①问诊内容。向客户问诊的内容包括:

车龄、车况、车辆来历;

故障发生的时间、地点、发生频率、故障时长等;

故障史、维修史、故障发展过程;

车辆使用条件、故障再现条件;

故障特征分类,如气味、响声、振动、无法起动、车辆无力、加速不良等。

②问诊的注意事项。问诊时需要注意:

打消客户顾虑,尽量安慰客户,消除其焦虑感;

注意倾听,给客户被尊重感;

注意礼仪,适当赞美客户,提高其沟通兴趣;

语言通俗易懂,不使用过于专业的词汇,必要时形象模拟;

切忌夸大故障,注意问诊逻辑;

问清故障再现条件,必要时请客户一起试车,试车时使用必要仪器,不只以经验判断;

注意自己的形象,彰显专业性,给客户安心的感觉;

做好问诊预案,引导客户叙述故障的真实原因;

不要夸大自己的能力,不过分承诺;

思路清晰,不要被客户思路所干扰,做出错误判断;

注意记录总结,查找逻辑错误,注意故障的关联性;

重复问诊内容与客户进一步确认;

故障没有确认前,不要随便报价;

故障无法判断时,尽快安排车辆进车间检修;

若有条件,出迎时应先观察车辆运行姿态,倾听车辆声音;

了解客户关于维修时间、维修项目、维修价位的接受程度。

(2) 车辆保护。首先当着客户的面,将座椅套、转向盘套、排挡杆套、脚垫铺好,然后进行环车检查。

(3) 环车检查。环车检查的目的是初步找出故障原因,然后进行科学诊断,找出故障所在。

①维修建议。通过目视、静态检查、动态检测,发现客户没有发现的潜在故障,向客户提出维修建议。

②遇有难以解决的问题,与维修主管商讨找出解决问题的方法。

③尽量满足客户报修以外的其他合理要求。

④进行车辆外部检视,将已经出现了缺陷,而车主不要求修复的部位登记在案。

⑤登记随车携带的物品,车上存留的贵重物品提醒客户带走。

⑥填写"维修服务问诊单",记录客户和车辆信息,标注里程数、油量,向客户通报环车检查结果,请客户在"汽车维修服务问诊单"(图 5-2-6)上确认签字。

汽车维修服务问诊单

车牌号		送修人		联系电话	
行驶里程	km	进站日期：	月 日 时 分		
客户需求					
故障描述					
初步诊断意见					
服务站建议					
功能确认：(正常√ 不正常×) □音响系统 □点烟器 □空调 □天窗 □后视镜 □中央门锁(防盗器) □四门玻璃升降器			外观确认：(如有损伤,在相应部位作标记) 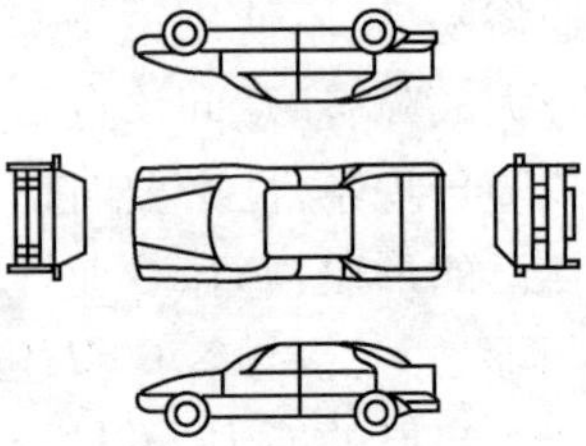		
物品确认：(有√ 无×) □贵重物品提示 □千斤顶 □随车工具 □备胎 □灭火器 □其他( ) 剩余燃油 					

服务顾问提醒	1. 本次检查出的故障如在本站维修,检查工费不另收取；
	  如不在本站维修,则检查工费应由客户支付,本次检查费为：¥_____。
	2. 维修旧件处理：□客户要求带走 □客户选择不带；
	  车辆清洗：□客户有清洗需求 □客户无清洗需求。
	3. 本站已提醒客户将车内贵重物品带离车辆并妥善保管,如有丢失恕与本站无关。				

服务顾问确认			客户确认		

图 5-2-6 汽车维修服务问诊单

4) 制单

与客户签订维修服务委托书,确保客户接受因维修所发生的一切费用及时间安排等,避免在提车时发生争议。另外,这也可以督促本厂人员严格按照委托书要求展开维修工作。

制单工作的具体内容见图 5-2-7。

(1) 估价技巧。向客户提供估价需要一定的技巧,准确掌握这些技巧,既有助于保证维修收费的透明,也可以避免将来出现关于维修价格的争议。估价时需把握以下技巧：

逐项写出收费金额,以便客户了解估价；

估价尽量覆盖所有可能性,但也不要给出完全确定值；

工时费包括基本工时费、机具费、管理费等,外加工费、施救费、辅助工时费一般另计；

零部件材料费包括采购零部件的费用以及管理费；

费用一览表应置于容易看到的位置,向客户展示；

学习模块5 商用车维修服务

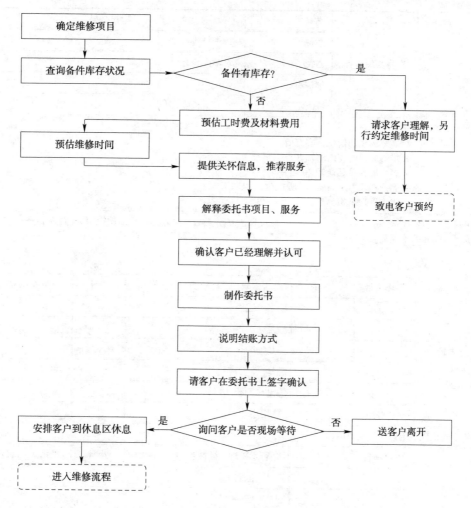

图 5-2-7 制单流程

最终价格尽量在客户期望范围,并记录在"维修服务委托书"上(表 5-2-3)。

汽车维修服务委托书　　　　　　　　　　　　　　　表 5-2-3

××汽车维修服务委托书　　　　　　　　　　　　编号：

服务站名称		进站时间		服务顾问	
客户信息	□车主　□送修人	地址		联系电话	
车辆信息	车牌号	车型	VIN 码	发动机号	里程数
作业信息	维修开始时间	预计交车时间	付款方式		非索赔旧件是否带走
	年　月　日	年　月　日	□现金　□信用卡　□其他		□是　□否
环车检查	是否有贵重物品	□是　□否	油箱油量	□空　　<1/4 □半箱　<3/4　□满箱	

续上表

环车检查	车身漆面检查	前端：		检查结果	
		左侧：		车身检查	
		右侧：		车内检查	
		保险杠：		发动机舱	
				底盘检查	
	客户须知： 1. 客户提供的信息真实有效。 2. 维修完成时间以通知客户接车时间为准。 3. 客户应在接到通知2h内接车。 4. 客户违反"客户须知"所产生的风险和损失由客户承担			客户故障描述：	

| 外出救援：□是 □否 | | 救援到达时间： | | 救援服务(往返)： km | |

本人已阅知并完全理解上述内容。

客户签字： 年 月 日

	维修项目	备件	是否索赔	材料费	工时费	小计	维修人	检查人
维修项目			□是 □否					
			□是 □否					
			□是 □否					
			□是 □否					
			□是 □否					
	预估费用：		费用小计					

客户签字确认以上维修项目及费用：

	维修项目	备件	是否索赔	材料费	工时费	小计	维修人	检查人
新增维修项目			□是 □否					
			□是 □否					
			□是 □否					
			□是 □否					
			□是 □否					
	预估新增维修时间：		费用小计					
	预估新增维修费用：							

客户签字确认以上维修项目及费用：

索赔费用		自费费用		维修总费用		交通补贴	
质检员签字		通知接车方式： □现场 □短信 □电话		通知接车时间	年 月 日 时	实际交车时间	年 月 日 时
客户评价：	□满意 □不满意			不满意原因： □服务接待 □服务环境 □维修质量 □维修时间 □备件保障 □维修时间 □其他			

本人确认以上内容与本人委托需求一致并已提车。

客户签字： 联系电话：

(2)扩大订单技巧。毫无疑问,作为经营性的商用车维修厂家,希望客户能够提供的维修项目越多越好。但是,扩大客户的维修订单也需要一定的技巧。具体为:

客户喜欢总体解决显现的和隐形的问题,希望在一个地方享受到全部所需服务;

态度诚恳,认真倾听客户意见,不能用例行公事的口吻,更不能强迫客户接受;

满足了客户的第一个需求后,才可以提出其他建议;

在维修过程中需追加的项目或零件更换,应及时与客户取得联系并征得其同意;

向客户建议增加额外维修服务时,应解释服务性质、价格及带给车主的利益。

(3)制单小窍门。

不要忘记合同需变更时的通知方式;

不要忘记将"维修服务委托书"交给客户过目、签字;

为客户准备资料袋,将客户的所有资料放到袋子里并在袋外注明客户姓名或车牌号;

交付车辆时,将宣传册、优惠卡、意见收集表等放入袋子,一并交给客户,以显示工作有条理和专业性;

拟定维修委托书时,询问客户是否有优惠卡或产品维修协议,这些东西有助于迅速找到客户资料;

与客户说话时,要让客户充分领会意图,有75%左右的客户不懂汽车术语,需要使用通俗形象的语言交谈;

尽量使用一些实效语言,不要夸大事实;

推荐产品时要介绍其优点而不是用原部件的磨损来吸引客户。

5)维修

维修是车间工作人员维修车辆的过程。通过合理派工和规范作业管控维修进度,可提高生产效率,保证准时交车。同时,在维修过程中还要随时监控车辆的维修变化,如出现与委托书不符的情况,应及时协调各方,并与客户协商达成一致。车辆维修流程见图5-2-8。

(1)维修派工。派工时,要把"按时交车"作为重点考虑的因素之一,确保按时向客户交付送修车辆。

对于预约、返修客户,需优先派工;对于普通修理,则应按到场时间顺序安排维修派工。在维修过程中,要密切关注服务变更,控制维修进度,及时做出对应调整。

(2)过程跟踪。

①过程跟踪目的。根据与顾客约定的完工时间,合理安排维修作业,并对维修作业的进度进行跟踪,确保按时交车。

②需要跟踪的过程。需要跟踪的过程包括派工和作业过程项目。

派工:由于各维修单位的业务范围不同,组织架构不同,因此派工人员亦不同。

故障诊断与再诊断:涉及常规维修项目或客户要求更换的零件,车间在接到施工单后应进行核对,发现问题及时与维修接待员沟通,避免发生纠纷;对于非常规维修项目,车间应根据问诊单进行全面诊断后,做出维修方案与接待员沟通;对于问诊不清楚的,应由接待员继续与客户沟通补充,此时,车间应明确需问诊的内容。

前台反馈:维修人员在将所发现的问题与车间主任沟通后,及时告知接待人员。接待人员与客户沟通确认后,通知车间主任及维修人员。

零部件供应:维修人员发现其他故障后应及时与零部件管理人员确认所需配件准备情况。没有备货的零件,由接待人员向客户说明,进货后与施工班组进行规格、型号、质量的确认,以保证施工质量与时间。

施工作业:按照汽车制造厂家制订的技术标准以及与客户约定的交车时间,对故障车辆进行常规维修。施工中应重点注意:规范操作,文明作业;把握时间,掌控进度;做好记录,有据可查;信息反馈,及时沟通;过程检测,确保质量。

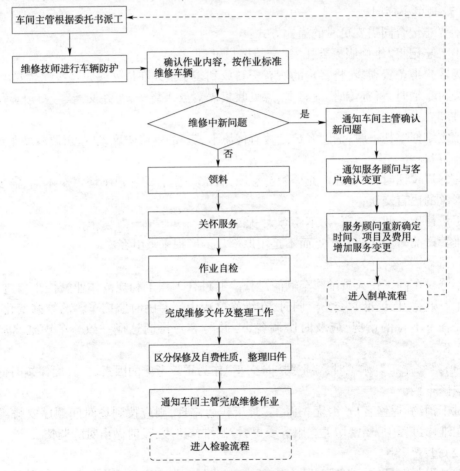

图 5-2-8 车辆维修工作流程

③跟踪方式。进行过程跟踪时,所采取的方式主要有时段跟踪和看板管理。

时段跟踪是指根据作业项目操作时间段,分时段跟踪每个作业过程的完成情况,必要时通知客户延长时间。这是一种比较原始的跟踪方式,适合于维修量不大的维修单位。

为有效监控维修进度,确保按时完成客户的送修车辆;为提高企业的服务收益,应最大限度地利用各工位及维修技师,这就需要正确有效的作业管理。实践证明,使用管理看板是一种非常有效的作业管理手段。看板管理的关键控制点为:

由前台、车间、零部件三部门主管一起确认;

任何维修情况发生变化,维修人员都应及时主动地将信息传递给前台;

几点、有几台车、应交给哪个用户?(前台管理板)

有用户咨询时,能立刻回答所出现的情况(前台管理板+车间管理板)

有几台滞留车,呈何状态?可提醒工作人员对该类车积极跟踪(前台管理板)

从几点到几点,谁在从事哪项作业?(前台管理板)

管理看板见表5-2-4。看板管理的基本流程如图5-2-9所示。

维修车辆进度管理看板   表5-2-4

填写时间: 年 月 日

车牌号码	车型	维修项目	进厂时间	预计完工时间	维修时间进度管控					质量检验	竣工时间
					8:00~10:00	10:00~12:00	12:00~14:00	14:00~16:00	16:00~18:00		

注:机电班组—绿色;钣金班组—蓝色;油漆班组—黄色;停工待料—红色。　　填表人:

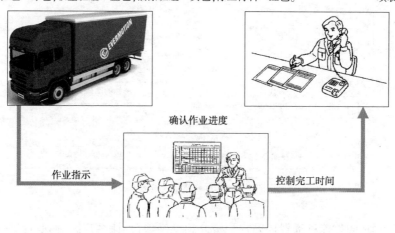

图5-2-9　看板管理基本流程

随着信息技术发展,现在很多汽车维修店采用了电子看板管理系统,所谓的电子看板管理系统一般都是一种集成系统,其中包含诸多管理内容,其功能和作用与手工看板基本相同。

(3)完工检查。对客户的待修车辆维修结束后,需要对相关内容进行检查。具体检查内容有:

完成全部维修作业后,记录"维修服务委托书"及"免费检查项目表",并签字确认;

填写故障原因、措施及结果;

技师在维修中关注而未在委托书中反映出来的问题的建议；
将客户车辆上的收音机和时钟复位，关闭所有用电设备；
将更换下的旧件包装好；将更换下的索赔件交付保修员；
检查车上有无遗留物品（工具、资料）；
将车辆停放至待检停车位；
将"维修服务委托书""免费检查项目表"及车钥匙交给车间主管，通知完工质检。

6）检验

维修作业完成后，通过严格执行自检、互检和终检的三检制度，确保完成所有维修项目，保证维修质量，满足"维修服务委托书"的要求，做好向客户交车的一切准备工作。

维修质量检验流程如图5-2-10所示。

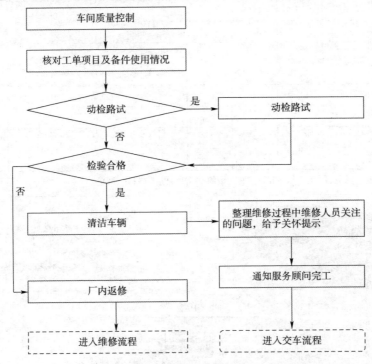

图5-2-10　维修质量检验流程

7）交车

在交车环节，假如能够通过向客户积极介绍维修项目，让客户感觉到自己所接受的服务物有所值；能够通过有条理地对费用结算、车辆交付进行安排，使客户对公司所提供的整体服务感到满意，那么就会给客户带来欣喜，使其成为长期客户。交车流程如图5-2-11所示。

（1）交车前检查内容与方法。

按照"维修服务委托书""免费检查项目表"项目检查，确保已全部完成，并核对质检结论，办理检验合格证；

确认油、氟、液（水）及所有安全项目（皮带张力、轮胎螺栓、轮胎气压、灯光、喇叭、信号、机油压力）均进行过检查且合乎要求；

确保车辆内外清洁，油箱油量、行驶里程等符合逻辑；

根据接车时车辆预置记录检查车辆预置是否恢复；

检查确认更换下来的旧件；

核对领料清单,落实备件使用的必要性；

确认维修、备件和外包费用无遗留,编制与复核结算单据；

准备关怀信息,列出下次维修建议项目,包括定期维护、环车检查时服务顾问关注的项目、维修过程中维修人员关注的项目及未尽事宜；

比较估价与预结算差异,做好差异说明准备；

整理交车资料和单据,单据应整齐、清晰、便于客户理解；

准备好客户车辆钥匙；

确定车辆停车位置,便于陪同客户交车时易于找到。

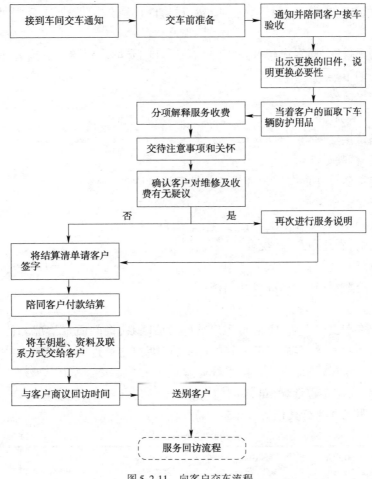

图 5-2-11　向客户交车流程

(2)交车验收流程。

做好交车前的一切准备工作；

对于不在现场等待的客户,电话通知客户,确定交车时间、付款方式等；对于在现场等待的客户,前往客户休息室,通知客户验收竣工车辆；

客户到达现场后,陪同客户验收交车。

（3）向客户展示维修效果。

引导客户前往交车车位；

详细介绍修理结果，如有可能，请客户亲自验收修理结果；

向客户证明已经解决了问题；对于特殊作业项目，须与客户同车试乘，共同确认；

自费备件应当面展示清点后交回客户，结合更换备件的状态，说明更换必要性；

询问客户旧件处理意见，交给客户或代其处理。

（4）向客户解释工单及费用。

工单解释应当在客户交款前进行；

服务说明应结合交车文件，简明扼要，便于客户理解，包括委托维修项目的完成及效果、维修过程、故障分析及原因、更换的配件及必要性、免费维修项目；

费用说明重点：总费用、配件费、工时费、返修时的额外增加费用、实际收费与估价不符的原因；

客户自备配件时，向客户解释正厂件与副厂件的质量差异和价格差别，使其理解本店配件价格偏高的道理；

下次维护提醒。

（5）送客户离开。

与客户确认接受回访的时间；

将车钥匙、行驶证交给客户；

向客户递送名片并再次告知客户你的姓名和电话；

引导客户至交车车位；

为客户打开车门，送客户上车；

同客户道别，表达谢意，并祝客户平安驾驶；

目送客户离开视线；

更新客户档案，整理文档资料并归档。

8）回访

跟踪是指汽车出厂之后，定期与客户进行电话联系，询问质量情况和使用情况，以保持客户良好的满意度；给客户留下美好的印象，以期建立长远的合作关系；发掘客户新的需求；感动客户介绍新的客户前来接受维修服务。

（1）为有效实施跟踪活动，维修部门、销售部门应有效协调，维修接待、客服经理、销售人员应各自明确并执行其任务（表5-2-5）。

跟踪服务责任表 表5-2-5

注： ◎执行者 △协助者 ○监督者	1000km 定期维修（免费）			5000km 定期维修			10000km 定期维修			15000km 定期维修			20000km 定期维修		
	电话邀请	维修	维修后跟踪	电话联系	维修邀请	维修后跟踪	电话联系	维修邀请	维修后跟踪	电话联系	维修邀请	维修后跟踪	电话联系	维修邀请	维修后跟踪
销售人员	◎			◎				△			△			△	

续上表

注： ◎执行者 △协助者 ○监督者	1000km 定期维修(免费)			5000km 定期维修			10000km 定期维修			15000km 定期维修			20000km 定期维修		
	电话联系	维修邀请	维修后跟踪	电话联系	维修邀请	维修后跟踪	电话联系	维修邀请	维修后跟踪	电话联系	维修邀请	维修后跟踪	电话联系	维修邀请	维修后跟踪
维修接待	◎	△		◎	△		◎	◎		◎	◎		◎	◎	
维修技师			◎			◎			◎			◎			◎
客服经理	○		○	○		○	○		○	○		○	○		○

（2）新车交付时介绍各种服务。销售人员应该在将新车交给客户时向其解释各种服务。

（3）保持一年联系两次。向客户推荐定期维修，每半年最少一次对客户进行跟踪联络。

（4）直接给客户发短信或打电话，提醒其来厂维修或定期维修。

（5）定期拜访团购客户。一般来说，团购客户普遍觉得他们应该比普通客户得到更好的服务。为了提高其满意度，与他们保持更加紧密的联系是有好处的。定期拜访团购客户，可以尽早发现汽车存在的问题；可以与车辆负责人沟通将客源保持住；可以销售更多的服务和零配件；可以确定客户何时将把汽车折价卖出。

表5-2-6是客户跟踪服务问卷样表；表5-2-7是客户电话跟踪样表。

客户跟踪服务问卷样表   表 5-2-6

跟踪服务信件(样例)	跟踪服务调查问卷(样例)	
尊敬的客户： 　您好！ 　感谢您将自己的商用车送到本店维修。我们已经尽力为您维修好了爱车，希望可以使您满意。 　我们很重视您的意见，并期望您对我们的服务感到满意。 　如果您有任何需要我们帮忙的，或者您有可以帮助我们将来更好工作的建议，请随时联系我们。 　再次感谢您的光顾！同时感谢您即将给予我们的良好建议！	**您的建议将帮助我们更好地为您服务** 　作为汽车维修商，我们希望能给您提供尽可能好的服务。您的满意就是对我们最大的激励。劳驾您费心，请您将下面的问卷填写出来。	
	我们的员工是否礼貌并友好？	
	您对我们的前台接待满意吗？	
	我们是否按时修好了您的爱车？	
	我们是否按您的要求提供了服务？	
	您对商用车的修理满意吗？	
	您在提车时，车容可是干净的？	
	您愿意再次光临我们店吗？	
	我们存在着什么需要改进的地方吗？	
	您的姓名：　　　　您的电话号码： 您的联系地址及邮编： 您的电子邮箱： 　万分感谢您的意见！	
客服经理：××× 　　　　　　××年××月××日	客服经理：××× 　　　　　　××年××月××日	

客户电话跟踪样表　　　　　　　　　　　　　　　　　表 5-2-7

流程	步　　骤	电 话 举 例
准备	①准备客户档案、修理账单,并检查已经完成的工作。 ②准备好你想为客户提供的信息。 ③确认客户姓名及电话号码	
拨电话	问候客户并做自我介绍	您好,我是运华集团维修接待柳莺
确认客户	①确认客户。 ②感谢客户将车开到本店进行维修。 ③询问客户是否方便通话	①王女士家吗?她在家吗?您是王女士吗? ②您好,王女士。我是运华集团维修接待柳莺,感谢您那天把车开来我们店维修。 ③您现在有时间吗?可以与您简单聊几句吗
陈述意图	告诉客户打这个电话的原因	①给您打电话是想知道您的车在维修后情况如何,并征求一下您对我们服务的意见与建议。 ②是这样的,我们想提供本市最好的维修服务,但没有客户的意见,我们是很难做到的,您今天能帮我们这个忙吗
调查维修情况	①询问客户的汽车在维修后的行驶情况。 ②询问客户是否满意	①那天给您维修了发动机,现在车况如何,您还满意吗? ②听您这么说我很高兴。 ③看起来这很好啊! ④还有什么我们可以帮忙的吗? ⑤您对我们维修店的总体印象如何? ⑥您能这么评价,我很高兴,我们还要继续努力。谢谢您的鼓励
向客户提供相关信息	告知对方本店正在或将要开展的服务项目	①十分感谢您!顺便说一下,本周六我们有一个回报客户的活动,届时将向老客户以很实惠的折扣出售换季坐垫。如果您有时间的话,希望您能过来参加。 ②谢谢您
感谢客户与你交谈	感谢对方的回馈,并道别	①王女士,感谢您花时间接我的电话。我知道您很忙,很对不起。希望本周六能见到您。 ②再见。谢谢您

任务实施

小董和小梁根据师傅要求,开始联系、预约王先生来店进行维护了。

他们两人先从以往在课堂上所学的知识入手,重新复习了维修接待的相关知识,对相关内容进行了有效准备之后,便准备给王先生打电话进行"定期维护"服务的预约。

他们两人认识到这次预约属于"主动预约",预约的服务内容为"定期维护"。于是,他们针对商用车的维护要求,车辆已经行驶了约 10 万 km 里程,王先生生意较忙,上次保养的时间等知识点,给王先生拨打了提示电话。

电话打通后,小董询问王先生车辆里程表现在显示的里程是多少,并提示应进行维护了。

王先生对他们的提示服务表示感谢,同时提出:由于昨晚开车时不小心,在拐弯处的墙角将车的倒车镜蹭坏了,维修店能否代他向保险公司索赔,并将车修好。

由于小董此前见师傅处理过类似的情况,便满口答应了下来,并约定王先生可以在明天方便的时候过来,这样既不会耽误他的经营活动,也能快速为他提供服务。

放下电话之后,小董马上将信息告诉了师傅,师傅夸他做得好,不仅服务了客户,而且给修理厂增加了额外的业务量。夸完之后,师傅又让他通知相关人员做好准备。

前台接待需注意的事项

在前台接待维修客户时,需要注意的事项主要有:

值班人员上班时站在引导台,并做好引台、前台卫生及上班的准备事项;

接听所有来电都需做电话记录;

出迎及时,问好,始终保持微笑服务,向新用户递交名片;

递水及时,时时关注客户,不要让客户有被冷落的感觉;

受理车辆时需检查车身外观是否完好,内部功能是否使用正常以及是否有贵重物品等,都应与客户一一确认,让其签字;

接车过程中,如有增减维修项目(或是与客户沟通的)必须由接待员完成,若是技术性问题无法表述清晰的,可请客户到接待台,让师傅解释;

估价单、车历卡在接待员描述清楚维修项目及维修费用后,由客户确认签名;

重视客户提出的每一个问题,并尽量满足;

接待员次日休息,需将当日未交车辆情况转交给其他接待;

对在修车辆,接待员要清楚其动态,上班后首先查看今天还有几台在修车辆,现在是什么状态,什么时间交车;

管理板显示的情况需与在修车辆的真实情况相符;

订件要落实,接待员需在订件前告知客户所订零件的价格、换件工时费及到货日期,到货后及时通知客户前来更换;

完检后,接待员须再次检查确认(尤其是大修及事故车)后,方可通知客户提车;

问诊表、快修单及其他各类需填写的报表填写要完整规范;

试车需经客户同意,并尽量让客户一同试车;

结算时,发现有增加维修项目的,须告知客户,客户不同意增加时,应将故障及需做维修项目记录在"完工检查"的备注栏中,并打印让客户签字确认;

将车辆的下次维护公里数及时间在结算时告之客户,并将维护提示卡贴在前门边上(标准胎压贴纸处);

送客时,需当着客户的面摘下三件套,并致谢寒暄,目送客户离开。

任务评价

一位 36 岁,在省直机关从事公务员职位的男性车主,4 年前从本店购买了一辆商用车从事经营。打电话来咨询他的车制动偏软,制动距离偏长,而且制动时有轻微跑偏的现象,询问严重程度如何？应该如何处理？

维修接待员接听电话之后,感觉问题比较严重,会影响行车安全性,邀约客户来店进行专业检查之后,再具体分析。

请以此案例为背景,按照表 5-2-8 的内容要求实训维修接待相关内容。

维修接待实训一览表　　　　　　　　　　表 5-2-8

内容	项目	具 体 要 求	分值	自评	组评	师评
预约	认识	认识是否到位				
	技巧	技巧把握是否得当;客户是否接受了预约				
	准备	准备工作是否到位				
接待	接待效果	对客户的接待是否及时、到位;客户对你的接待是否认可;无法满足的服务客户是否理解				
诊断	车辆问诊	问诊方式是否得当;问诊项目是否齐全;问诊结果是否准确				
	车辆保护	是否对客户的送修车辆进行了保护				
	环车检查	环车检查是否全面准确				
制单	基本估价	估价是否准确、合理、全面				
	扩大订单	所使用的扩大订单的技巧是否让客户乐于接受				
	制单技巧	制单时是否考虑到了简捷、通俗、推荐等要素				
维修	维修派工	是否依据"按时交车"的原则,进行了派工				
	过程跟踪	是否对派工和作业进程进行了跟踪管理				
	完工检查	依据"维修服务委托书"及"免费检查项目表"的要求,检查完成了全部专业内容				
检验	竣工检验	是否依据"维修服务委托书"的要求,检查完成了所有维修项目;是否完成了交车前的一切准备				
交车	交车前检查	项目是否齐全;准备是否充足;检查是否到位				
	交车验收	准备是否充分;是否陪同验车				
	展示效果	是否向客户证明已经解决了问题;是否询问旧件如何处理;是否取下四件套				
	解释费用	是否在合适时间解释了费用构成;是否提醒了下次维护时间				
	送别客户	是否确认了回访时间;是否移交了所有物品;是否礼貌送别了客户				
回访	准备	①是否准备了客户的相关资料; ②是否准备了打算提供给客户的信息; ③客户的电话号码没有错吧				

续上表

内容	项目	具体要求	分值	自评	组评	师评
回访	拨电话	你问候客户了吗				
	确认客户	①接电话者是你要找的客户吗； ②你在电话中感谢客户了吗； ③你询问客户是否方便通话了吗				
	陈述意图	你告诉客户打这个电话的原因了吗				
	调查维修情况	①你询问客户汽车维修后的使用情况了吗； ②客户满意吗				
	向客户提供相关信息	你是否告知了客户本店正在或将要开展的服务项目				
	感谢客户与你交谈	你在道别时,感谢客户了吗				

练一练

一、填空题

1. 在接受客户送修车辆,进行外部检视时,应该将已经出现了缺陷,而车主不要求修复的部位(　　)。

2. 在接受客户送修车辆,与客户进行交谈时,必须了解的内容有:(　　)、(　　)、(　　)、(　　)。

二、选择题(以下各题,有的属于单选题,有的属于多选题,请选择正确答案填写在括号内)

1. 维修中如发现配件、工时有变化,或需增加维修项目时,应怎样处理?(　　)(单选)
   A. 客户没有委托,不予修复
   B. 按照事先约定的方式通知客户并获得确认
   C. 先修复了,再联系、告知客户

2. 从企业角度来说,汽车维修接待有什么作用?(　　)(多选)
   A. 影响企业形象
   B. 沟通双方消费关系
   C. 消除消费纠纷
   D. 关乎维修业务多少

3. 对于从事客运工作的营运车主来说,其最为在意的三个维修要素为(　　)。(多选)
   A. 尽快修好故障车辆
   B. 必须确保维修质量
   C. 适度降低维修价格
   D. 提供良好接待服务

三、判断题(以下各题,说法正确的请在括号内打"√",说法错误的请在括号内打"×")

1. 向客户建议增加额外维修时,应解释服务的性质、价格及带给车主的利益。

(　　)

2. 向客户推销其未发现的潜在故障维修时,要说明故障危险性及大概维修价格。
( )

3. 在向客户交车前,应该与客户联系,确认交车时间、维修项目、实际费用是否与工单上的项目相符。
( )

学习任务 5.3　商用车维修服务项目管理

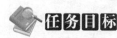

(1) 熟悉修车保管注意事项、用户自带配件管理制度、修竣交车程序、车辆返修管理等管理规定。

(2) 知晓客户档案的建立与使用方法。

(3) 基本会指导客户签订维修合同。

经过了一段时间的实习,小董和小梁对汽车维修站的业务越来越熟悉了,这让指导他们的师傅感到很高兴。

这天,师傅将他们两人叫到身边,对他们说:"我们从事维修接待,需要注意做好各方面的工作,对于商用车的维修项目管理,更是不能少的。"

小梁接话说:"是的,我们注意到了。"

师傅说:"小董,你说,你感觉商用车维修项目管理,主要应该包括哪几项内容啊?"

小董尴尬地笑了笑,告诉师傅自己说不上来的。

于是,师傅让两人用周末休息的两天时间,学习或熟悉以下主要内容:汽车维修合同管理、在修车保管制度、修竣车交车制度、车辆返修管理制度、汽车维修客户档案管理等知识。其中,重点内容是汽车维修合同管理和汽车维修客户档案管理。

任务准备

1. 汽车维修合同管理

1) 签订汽车维修合同必要性

图 5-3-1　双方签订维修合同

汽车在使用一定的时间后,必然要进行某些项目的维护、零星维修、总成大修及整车大修等。此时,车主成了托修方,汽车维修企业成了承修方。

为了保证把汽车修好,而且减少事后纠纷,托修方与承修方就有必要签订汽车维修合同,将双方的权利、义务用合同的形式固定下来(图 5-3-1)。

汽车维修合同不是一纸空文,而是托修

方与承修方相关权利及义务的约定,是对双方利益共同的保障。车主和维修部门都要提高签订维修合同的自觉性。

早在1992年,交通部、国家工商行政管理局就联合发布了《汽车维修合同实施细则》,规定:凡车辆二级维护以上的维修项目或维修预算费用在1000元(轿车在2000元)以上的,承修、托修的双方必须签订维修合同。

由交通部颁布,于2005年8月1日起施行的《汽车维修管理规定》,在第三十四条、第四十条两次提到维修合同。这充分说明了汽车维修合同的重要性。

在修理之前,签订详细的服务协议及维修合同,对有关汽车维修的预计费用、质量保证期、交车日期、违约责任、合同纠纷的解决方式等,都进行了约定。一旦出现纠纷,也可依据合同,维护自身的权益。

有些汽车维修企业,片面地认为签订维修合同会约束自己的手脚,不肯积极主动地签订。其实,一旦遇到纠纷闹上法庭,法官往往会要求作为强势一方的汽车维修企业举证。一旦汽车维修企业因未签订维修合同而无法举证,就很有可能面临败诉。而且,即使勉强打赢了官司,所花费的人力、物力、财力,付出的声誉损失代价,往往也是巨大的。

2)维修合同签订原则

托修方与承修方签订汽车维修合同时,需要遵循以下原则:

(1)双方法律地位平等,一方不得将自己的意志强加给另一方。

(2)双方均享有自愿订立合同的权利,任何单位和个人不得非法干预。

(3)双方应当遵循公平原则确定各方的权利和义务。

(4)双方行使权利、履行义务时应遵循诚实信用原则。

(5)双方订立与履行合同时,应遵守法律、行政法规,尊重社会公德,不得扰乱社会经济秩序,损害社会公共利益。

(6)维修合同对双方具有法律约束力,双方应按照约定履行自己的义务,不得擅自变更或者解除合同。

3)维修合同签订范围

进行下列汽车维修作业时,承修方、托修方双方应该签订维修合同:

(1)汽车大修。

(2)汽车主要总成大修。

(3)汽车进行一级维护。

(4)汽车维修的预算费用在2000元以上的。

4)维修合同内容

(1)维修合同的主要内容。

①托修方、承修方的名称、联系方式,合同签订的日期、地点、编号。

②托修车辆的类别、车型、牌照号、发动机号、VIN码、车辆注册登记日期、里程表里程数。

③维修类别、项目及预计费用,维修质量保证期。

④维修车辆送修日期、地点、方式,修竣车交车日期、地点、方式。

⑤托修方所提供材料的规格、数量、质量及费用结算原则。

⑥随车附件或工具清单。
⑦验收标准和方式。
⑧结算方式及期限。
⑨违约责任和赔偿金额、解决合同纠纷的方式。
⑩双方商定的其他条款
(2)双方相关义务。
①托修方义务。
②按照合同约定时间送修、接收车辆。
③提供车辆的真实情况(包括送修车辆基础技术资料、技术档案等)。
④按照合同规定的方式和期限交纳维修费用。
⑤承修方义务。
⑥按照车型的修理技术标准修复车辆,保证维修质量,向托修方提供竣工出厂合格证。
⑦建立车辆维修技术档案。
⑧向托修方提供维修车辆的有关资料及使用注意事项。
⑨按照规定标准收取维修及配件费用,并向托修方提供所用工时、材料明细表。
⑩按照合同规定的时间交付修竣车辆。
(3)双方违约责任。
①托修方违约责任:
a. 未按合同规定时间送修车辆,应按合同规定支付承修方违约金。
b. 不按合同规定支付维修费用,自应付费之日起向承修方交付滞纳金。
c. 不按合同约定期限验收接车,应向承修方支付保管费和自然损伤修复费。
d. 中途变更修理项目,造成承修方损失时,应予以赔偿。
②承修方违约责任:
a. 未按合同规定时间修复、交付托修车辆,应按合同规定支付托修方违约金。
b. 交付的修复车辆不符合质量要求,托修方可以要求返修并赔偿损失。
(4)纠纷解决。
履行合同发生纠纷时,由汽车维修行业管理处或经济合同仲裁部门仲裁,也可直接向当地人民法院起诉。
5)维修合同签订注意事项
(1)尊重客户。
(2)弄清客户维修需求。
(3)弄清维修项目、时间、价格。
(4)准确确认故障。
(5)进行物品清点,由客户签名认可。
6)维修合同案例模板
在实际工作中,有的维修合同只是简单的事项记录,称不上真正的维修合同(表5-3-1);而有的维修合同则非常的详细、清晰,如北京市汽车维修合同(表5-3-2)。

不规范的汽车维修合同　　　　　　　　　　　　　　　　　　　表 5-3-1

汽车维修合同					
一、车辆型号					
车种		牌照号		发动机号	型号	
车型		底盘号			编号	

（注：上表中"发动机号"为合并单元格，对应"型号"与"编号"两行）

二、车辆交接期限（事宜）

送修				接车			
日期		方式		日期		方式	
地点				地点			

三、维修类别及项目

　

北京市汽车维修合同（样本）　　　　　　　　　　　　　　　　表 5-3-2

合同编号：

北京市汽车维修合同

托修方（甲方）：_____

承修方（乙方）：_____

1. 托修车辆基本信息：

号牌号码	品牌型号	发动机号码	VIN 代码	注册登记日期	里程表公里数

2. 维修项目：预定维修项目以双方确认的"进厂检验记录单"为准；实际维修项目以"维修结算清单"为准。

3. 维修材料：

品名	零件号	制造商	规格	型号	价格	数量	类别	提供方式

注：1. 具体内容见"维修结算清单"。
　　2. "类别"为"原厂件""副厂件"或"修复件"。
　　3. "提供方式"为"甲方自备"或"乙方提供"。

4. 竣工交车日期：_____年___月___日，交车地点：_____。

5. 验收及提车：甲方应当在乙方交车后当场验收；验收合格的，甲方应当在"汽车维修竣工出厂合格证"上签字确认，并按照"维修结算清单"结清维修费用后，方可提车。

6. 结算方式：_____。

7. 合同变更：托修车辆竣工交付前，双方可以（书面□　电话□）通知的方式，就维修项目、维修工时和材料、竣工交车日期等内容进行变更。

8. 违约责任：(1) 迟延履行的，应当向对方支付迟延履行违约金_____元/日；
(2)_____。

9. 其他约定：_____。

续上表

10.本合同经双方签字盖章后生效。合同一式两份,双方各执一份。	
请在签字前充分了解有关事宜,认真填写表格内容,仔细阅读并认可背书合同条款。	
托修方(签章):	承修方(签章):
经办人(签字):	经办人(签字):
联系方式:	联系方式:
签约日期:　　　　　年　　月　　日	签约日期:　　　　　年　　月　　日

承、托修双方权利义务

一、适用范围

本合同主要适用于甲方委托乙方进行的汽车总成修理、整车修理或道路运输营运车辆的二级维护。其他维修项目也可参照使用本合同。

二、甲方权利、义务和责任

(一)向乙方交付托修车辆时,应当自行取走车内可移动贵重物品及相关证件。

(二)要改变托修车辆车身颜色,更换发动机、车身或车架的,应当依法办理有关审批手续,并向乙方出示相关手续的原件及复印件。

(三)自备维修材料的,应当承担因材料质量问题产生的相应责任。

(四)应当根据乙方维修工作的需要积极履行协助义务。

(五)应当按照合同约定验收、结清维修费用并提车。

(六)对乙方擅自将维修工作转托他人,或维修质量达不到国家、行业标准或北京市地方标准要求的,有权要求乙方返修,也可解除合同并要求乙方赔偿损失。

(七)对乙方未签发"汽车维修竣工出厂合格证"、未按照规定出具结算发票和"维修结算清单"的,有权拒绝支付维修费用。

三、乙方权利、义务和责任

(一)应当对托修车辆进行维修前进厂诊断检验,并填写"进厂检验记录单"。

(二)应当妥善保管托修车辆及固定或遗落在托修车辆上的附件、设备及有关物品。除因维修或检验目的外,不得以任何形式使用托修车辆。违反上述约定造成托修车辆损坏的,应当无偿修理并赔偿损失。

(三)应当使用符合国家规定及双方约定的维修材料,否则应当无条件更换,并依法承担赔偿责任;由此影响甲方正常使用的,应当按照迟延履行的违约责任标准执行。

(四)维修过程中换下的配件、总成,竣工交车时应当交由甲方自行处理;但对环境有影响的废弃物品,应当在征得甲方同意后按照有关规定统一处理。

(五)托修车辆竣工质量检验的各项技术指标应当符合相关国家、行业标准或北京市地方标准的要求,并签发"汽车维修竣工出厂合格证"并交甲方保存。

(六)向甲方交付托修车辆时,应当出具符合规定的结算发票,并附"维修结算清单",清单中工时费与材料费应当分项列明。

(七)对甲方无正当理由拖欠维修费用的,可行使留置权。

(八)质量保证期以"汽车维修竣工出厂合格证"载明的期限或里程为准,但不得低于国家规定的最低标准。返修车辆质量保证期自返修竣工交付日起重新计算。

(九)在质量保证期内,因维修质量原因导致托修车辆无法正常使用,且乙方在3日内不能或无法提供因非维修原因而造成托修车辆无法正常使用的相关证据的,乙方应当及时无偿返修,做好车辆返修记录,不得故意拖延或者无理拒绝。托修车辆因同一故障或维修项目经两次修理仍不能正常使用的,乙方应当联系经甲方认可的其他汽车维修企业对车辆进行维修,并承担相应维修费用。由此影响甲方正常使用的,按照迟延履行的违约责任标准执行。

续上表

四、其他条款

（一）"进厂检验记录单""维修结算清单""汽车维修竣工出厂合格证"应当经甲方签字确认,作为本合同附件。

（二）结算价格按照乙方公示的汽车维修项目工时费和材料费价目表执行。

（三）在本合同项下发生的纠纷,双方可协商解决或向辖区道路运输管理部门申请调解解决;不愿协商、调解或协商、调解不成的,可人民法院提起诉讼或依据另行达成的仲裁条款或仲裁协议申请仲裁

2. 在修车保管制度

从汽车维修的流程来看,车辆从进厂办理交接手续直到修竣出厂,都属于维修厂的保管责任。为了保证客户车辆的安全,维修厂应制订相应的车辆保管制度。

1）做好接待、登记工作

车辆进厂维修,应由维修接待或业务部门负责进厂登记工作,登记之后,双方经手人共同签字,办理车辆移交手续。具体内容为：

（1）与维修相关的。车辆进厂时间、车型、车牌号、驾驶员姓名、车辆所属单位、报修项目、车辆装备的齐全情况（如有缺件应详细记录）、油箱存油量、里程表行驶里程数等。

（2）要求车主带走的。随车工具、车上物品等。

（3）不得不留在车内的。清点登记并锁于车内或单独保管。

2）进行车辆维修标识

业务部门应对进厂维修的车辆进行标识,待修车、在修车、修竣车应分别停放在不同区域,以免发生意外。顾客车辆的整车保安,应由保卫部门负责。

3）办理移交

车辆修竣并经检验合格后,由厂方通知托修人验收、付款、交车,然后由维修接待或业务部门与托修人当面清点进场时登记物品的清单,办理移交,交接双方在交接单上签字。交接完毕后由维修接待或业务部门在出厂登记本中做好记录,并开具出厂证,门卫凭出厂证核对车牌号后放行（图5-3-2）。

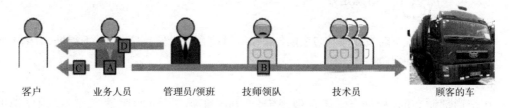

图5-3-2　车辆移交环节

3. 修竣车交车制度

汽车修竣出厂,要实行出厂合格证制度（小修和部分专项修理除外）,维修质量不合格的车不准出厂。车辆修竣出厂时,必须按竣工出厂的技术条件进行检测,并向托修方提供由出厂检验员签发的"汽车维修竣工出厂合格证"（由汽车维修行业管理部门统一印制）。

1）竣工检验

车辆修竣后,需要进行以下检验：

（1）企业应建立严密的合格证领用、签发登记制度。

（2）维修企业应依据车辆竣工检验标准实施竣工检验。

（3）质量检验员对承修车辆进行竣工检验，填写竣工检验记录。检验不合格的车辆不得交付使用。二级维护、总成修理、整车修理应签发"机动车维修竣工出厂合格证"。

（4）竣工车经检验合格后，业务人员要维修车辆进行最后一次清理：清洗、清理车厢内部，查看外观是否正常，清点随车工具和物品并放入车内，将车停放在停车场。

（5）将竣工车辆的施工单、检验单一并交到维修接待人员手中。

2）验收交车

验收交车时，需注意以下事项：

（1）指定专人按照规范操作和规定线路试车，并做好记录。

（2）做好交车准备（清理车辆、查看外观、清点随车物品），通知客户验收接车，价格结算员汇总全部单据，进行账目统计。

（3）一切准备妥当后，提前1h（工期在两天之内）或4h（工期在两天以上）通知客户前来接车。如不能按期交车，也要按上述时间或更早些时间通知客户，说明延误原因，争取客户谅解，并表示道歉。

（4）根据客户要求交由客户试车，客户满意后，填写验收交接记录并签字确认，所有修车单据由业务部门管理。

（5）向客户告知车辆故障发生的原因、维修价格的基本构成、以后使用注意事项和质量保证期的相关内容。

（6）客户结算时，结算员做到如下几点：礼貌地向客户打招呼，示意落座；拿出结算单呈交客户过目；当客户同意办理结算手续时，应迅速办理；当客户要求打折或有赠品要求时，结算员可引领客户找维修接待处理。

（7）结算完毕，应即刻开具该车"出厂通知单"，连同维修单、结算单、质量保证书、随车证件和车钥匙一并交给客户。

（8）客户办理完接车手续，维修接待员应送客户出厂，并致祝福：

"××先生（女士），请您走好！"

"祝一路平安！"

（9）假如客户取车时发生争议，应由维修接待员按预先设定程序处理，不得搪塞用户。

4. 车辆返修管理制度

1）政策规定

在交通部颁布的《机动车维修管理规定》（2005年第7号）的质量管理一章中（第四章），规定了相关的质量保证要求：

第三十七条　机动车维修实行竣工出厂质量保证期制度。

汽车和危险货物运输车辆整车修理或总成修理质量保证期为车辆行驶20000km或者100日；二级维护质量保证期为车辆行驶5000km或者30日；一级维护、小修及专项修理质量保证期为车辆行驶2000km或者10日。

摩托车整车修理或者总成修理质量保证期为摩托车行驶7000km或者80日；维护、小修及专项修理质量保证期为摩托车行驶800km或者10日。

其他机动车整车修理或者总成修理质量保证期为机动车行驶6000km或者60日；维

护、小修及专项修理质量保证期为机动车行驶700km或者7日。

质量保证期中行驶里程和日期指标,以先达到者为准。

机动车维修质量保证期,从维修竣工出厂之日起计算。

第三十八条　在质量保证期和承诺的质量保证期内,因维修质量原因造成机动车无法正常使用,且承修方在3日内不能或者无法提供因非维修原因而造成机动车无法使用的相关证据的,机动车维修经营者应当及时无偿返修,不得故意拖延或者无理拒绝。

在质量保证期内,机动车因同一故障或维修项目经两次修理仍不能正常使用的,机动车维修经营者应当负责联系其他机动车维修经营者,并承担相应修理费用。

第三十九条　机动车维修经营者应当公示承诺的机动车维修质量保证期。所承诺的质量保证期不得低于第三十七条的规定。

2) 维修企业车辆返修管理

在维修质量保证期内,所维修的车辆发生故障或损坏,要明确责任划分,按照责任属性进行处理解决。

(1) 在质量保证期或承诺的质量保证期内,因维修质量造成车辆无法正常使用,且承修方在3日内不能或无法提供因非维修原因而造成车辆无法使用相关证据的,应无偿返修,不得故意拖延或无理拒绝。

(2) 在质量保证期或承诺的质量保证期内,车辆因同一故障或者维修项目经两次修理仍不能正常使用的,负责联系其他维修企业修理,并承担相应费用。

(3) 因维修质量不合格或使用了不合格配件,造成维修质量低劣的,其经济损失由承修方负责。

(4) 因用户操作不当或用户自己拆修造成的经济损失,承修方不予承担。

(5) 返修车辆由维修接待员接车后,在施工单上注明返修内容,加注"返修"字样,并填写"返工、返修记录单",及时送给维修车间(图5-3-3)。

(6) 返修车辆执行公司维修质量控制程序,直至达到汽车维修竣工标准。

(7) 公司维修车间及质检部门要建立车辆返修记录,对返修项目进行技术分析,制订和落实应对措施。

5. 汽车维修客户档案管理

对于汽车维修企业来说,客户是非常重要的经营资源,可以利用客户资源进行有效的情感联络及促销活动,必须对其高度重视,加以精心管理。

图5-3-3　车辆返修

在《机动车维修管理规定》第三十四条中规定:机动车维修经营者对机动车进行二级维护、总成修理、整车修理的,应当建立机动车维修档案。机动车维修档案主要内容包括:维修合同、维修项目、具体维修人员及质量检验人员、检验单、竣工出厂合格证(副本)及结算清单等。机动车维修档案保存期为二年。

1) 概述

(1) 客户档案定义。档案是人们在社会活动中形成,加以保存以备查考的文件。

汽车维修客户档案就是汽车销售、维修企业在向客户销售汽车、实施维修服务的过程中建立起来,以备日后查考的文件,它完整记录了客户车辆所有完成过的维护、维修项目,可以以纸质或电子文档方式保存。

(2)建立客户档案目的。

①建立起本企业的汽车维修客户关系,稳定基本的服务群体。

②了解目标客户的基本需求及个性化需求,进一步发掘汽车维修服务的市场需求,努力提高企业的获利水平。

③向客户提供有针对性的汽车维护、维修服务,提高客户的满意度、忠诚度。

(3)客户档案形成。

①客户从本企业的特约经销店购买新车或二手车时留下的相关信息。

②客户从其他经销店购买汽车,第一次来本企业接受维修服务时建立的档案。

③从其他渠道获得的客户档案资料。

④无论从什么渠道获得的客户档案,都需及时更新,将客户在与企业交往、交易过程中所表现出来的特质或典型事件进行记录,以便在以后的维修服务中使用。

(4)建立客户档案优点。

①可以及时通知客户注意保修期限,从而既能赢得客户信赖,又能避免因缺乏及时维护而导致的车辆状况异常。

②可以及时提醒车主进行定期维护,以避免车主因工作繁忙、不太懂车而带来的定期维护疏漏,同时可以给企业带来维修利润。

③可以实现对车辆的正确维护。这种指导意义既对客户有效,更对维修技师有效。我们知道,医院的医生往往很注重病人的病历,通过病历,他可以知道患者以往的病史、检查的结果、采用过的治疗手段、目前的恢复状况等,有助于当前的治疗。其实,汽车维修也是针对汽车的一种"治疗",应该充分利用维修档案。

④可以有效规范对客户抱怨及投诉的处理。

2)客户档案管理

(1)客户档案管理制度。

①贯彻执行交通运输管理部门及本企业发布的有关车辆维修档案管理的各项方针政策、规章制度。

②建立健全、及时更新客户档案资料,规范管理。

③车辆维修档案应认真填写,记载及时、完整准确,不得任意更改。

④车辆维修档案要妥善保管,长期保存。

⑤对车辆进行维护、总成修理、整车修理的,应建立车辆维修档案。车辆维修档案的主要内容包括:维修合同、维修项目、具体维修人员及质量检验人员、检验单、竣工出厂合格证及结算清单等。

(2)客户档案建立与使用。

①客户分类。所有汽车维修客户,按照可以给企业带来的利润率,可以划分为4类:重点客户、一般客户、维持型客户、无效客户。

重点客户可能人数不多,维修作业总量也不大,但却是企业利润的主要创造者。他们往往愿意接受高价位的维修作业,也愿意接受最新的维修项目,属于消费领袖级别的客户。一般客户属于最为庞大的一个客户群体,虽然人数众多,但给企业带来的利润却比较少。维持型客户属于基本给企业带不来多少利润的客户,但从企业的经营来说,又不可能没有他们,否则,总体的维修业务量将大幅下降,企业显得人气不旺。

无效客户属于企业出于经营、社会关系等方面的需要,不得不照顾的客户群体,这些客户不仅不会给企业带来利润,反而需要企业给他们倒贴许多成本,属于虽然不愿接纳,但又不得不接纳的客户群体。

②新客户建档。新客户是首次来店购车或者来店维修的车主。新客户的关系建立以后,销售人员或者维修接待人员应该向每一位客户赠送"'一对一'顾问式客户服务卡"(表5-3-3),同时建立"客户服务档案"(表5-3-4、表5-3-5),以便在以后的经营中更好地为客户提供服务。

"一对一"顾问式客户服务卡　　　　　　　　　　　　　　　表5-3-3

客户姓名		销售商	
购车日期		型号	VIN码
交车时有关事项的确认 (车主填写,有打"√",无打"×")	□已介绍汽车的基本使用方法,并当面做交车检查 □已介绍汽车走合期使用注意事项 □已介绍汽车定期维护的重要性及维护间隔里程(时间)		□已介绍驾驶注意事项 □已介绍汽车日常维护的重要性 □已告知客户服务热线的功能及使用方法 □已介绍质量担保政策
顾问式客户服务模式(打"√"或"×")	□有问题或需求就直接找服务顾问 □一位客户只由一名服务顾问负责,即"一对一"		□用户对服务顾问不满意时,可以重新选择服务顾问
服务顾问主要工作介绍(打"√"或"×")	□维护/维修服务接待 □定期维护提醒回访 □维护/维修咨询解答 □维护/维修预约受理 □重要事项通知回访 □服务活动提醒回访		□重要节日问候 □年审提醒 □车辆保险索赔指导 □车辆保险续保提醒 □抱怨受理 □其他服务
"一对一"顾问式服务关系建立	服务顾问名片 (粘贴)		客户签名: 日　　期:　　年　　月　　日 服务顾问签名: 日　　期:　　年　　月　　日

客户服务档案A(客户信息)　　　　　　　　　　　　　　　表5-3-4

服务顾问:　　　　　　　　　　　　　　　　　　　　　建档日期:

车的信息		客户个性特点			定期信息	
购车日期		消费特点	大方	一般	谨慎	维护日期
驾龄		对车珍爱程度	珍爱	一般	随意	(预计6次)
车型		汽车专业知识	熟悉	一般	不懂	保险期限
类别		驾驶水平	高超	一般	较差	年审日期

续上表

车的信息			客户个性特点				定期信息	
用途			维修服务期望	较低	一般	很高	典型事件	
常跑长途	是	否	沟通难度	容易	一般	偏难	脱保原因	
个人信息			客户忠诚度(第1~3年)					
工作单位			加入俱乐部	是		否		
职务职称			累计维修次数					
办公电话			累计维修金额				公开赞誉	
家庭电话			推荐用户数量					
手机			公开赞誉次数					
电子邮箱			累计积分					
家庭住址			客户级别	VIP		常规		
车主纪念日			不愉快事件(第1~3年)				抱怨事件	
			脱保次数					
			客户责任次数					
			非客户责任次数				其他不愉快	
			当面争执次数					
			投诉到企业次数					
			投诉到外界次数					

客户服务档案 B(车辆维修)　　　　　　　　　　　　　表 5-3-5

车主姓名		性别		工作单位		
通信地址					邮政编码	
手机		家庭电话		办公电话		
牌号		经销商	购车日期	车型		颜色
变速器(AT/MT)		VIN 码	发动机号码	车匙号码		车用途(私/公)
车辆改装记录			严重事故记录			
总成基础件拆检记录			总成基础件更换记录			

序号	送修日	交车日	工单号	里程数	维修类别	维修项目	维修金额	维修接待	维修技师

(3) 客户档案的使用。对于维修企业来说，客户档案主要有以下用途：

①车辆"保姆"。对于绝大多数的私家车主来说，他们都不知道如何才能保持汽车的良好状态，出现了问题也不知道该怎样解决，甚至连以前发生过的问题也可能忘了故障的症状、解决的办法以及需要注意的事项。这就需要汽车维修企业借助于完善的汽车维修档案，给客户提出使用建议、维护计划、修理保障等一系列方案，充当一个车辆使用、维修方面"保姆"的角色。

②保管与更新。客户档案编码及存放的原则应该是确保在需要时可以尽快查找得到。为此，建议由专人负责管理及更新，并且按照车牌号码的顺序编排存放，在存放纸质档案的同时，建立电子档案。

客户档案必须时时更新，只要获得了客户个人信息的变更，只要对客户的汽车进行了任何维护、修理作业，都要在客户档案中予以体现，这样才能发挥客户档案的作用。如果没有及时更新客户档案，有时可能会在与客户的联系中造成令人尴尬的状况，让客户感觉对他不够重视或者企业管理不善，从而对企业失去信心。

③短信提醒服务。借助于手机短信平台的群发功能，可以在特殊的日子向客户提供提醒服务，既可以使客户规避风险，又可以及时获得客户来店维修的业务量（表5-3-6）。

短信提醒服务项目　　　　　　　　　　　　　　　表5-3-6

短信提醒项目	短信提醒内容举例
定期维护	新手用车，一无所知；及时提醒，感动其心
车辆年检、驾驶证审验	错过年检，麻烦很多，店家提醒，体现关心
保险续保	提醒客户尽早续保，规避风险
客户生日、结婚纪念日等特殊日期	做事先做人，交人先交心。你在客户特殊日子里的一句祝福，可能就会感动客户，使其下次维修时来店接受服务
恶劣天气、特殊情况的驾驶	走合期勿高速行驶；雨天注意检查刮水器；雪天注意检查制动器；水中熄火切勿再起动；大风天气注意空中坠落物……让客户感觉你是真诚为他着想，使其心中平添一份暖意
公司活动通告	车主俱乐部、试乘试驾活动、自驾游活动、公司庆典优惠等，都可提前告知
维修服务满意度跟踪调查	一条调查短信，会让客户感觉你对工作认真负责

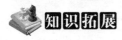

根据实习指导师傅的要求，小董、小梁利用周末休息的两天时间，重新复习了汽车维修服务项目管理中的汽车维修合同管理、在修车保管制度、修竣车交车制度、车辆返修管理制度、汽车维修客户档案管理等知识，重点复习了汽车维修合同管理和汽车维修客户档案管理，更加熟悉了这些知识，为能够在实习过程中帮助师傅做好工作，取得良好的实习效果奠定了基础。

用户自带配件管理制度

由于种种原因，有时客户会自己携带配件到修理厂维修车辆。对于这种情况，维修厂一定要慎重对待。

(1) 为了保证汽车的维修质量,不鼓励客户自带配件前来维修。

(2) 如果客户坚持使用自带配件,应先由质检人员检查客户所带配件的外观、质量是否有缺陷,并与客户当面签字确认。

(3) 业务人员与客户一起,当面清点自带配件的品名、规格、产地、数量等,并在"施工单"中详细填写,由维修技师保管,并做好标记,当面与客户确认。

(4) 若客户自带配件存在质量问题,一般应该不予使用;若客户坚持使用自带配件,则向客户声明本公司不承担由此引起的保修责任,并请客户签字确认。

(5) 若客户自带配件在安装中出现问题,要及时告知维修接待,通知客户来协商解决。

(6) 车辆修竣后,让客户在施工单上签字,并注明自带配件,以备后查。

练 一 练

一、填空题

1. 根据《机动车维修管理规定》,汽车和危险货物运输车辆整车修理或总成修理质量保证期为车辆行驶(　　)km 或(　　)日。

2. 机动车维修经营者应当公示承诺的机动车维修质量保证期,所承诺的质量保证期,应该(　　)国家规定的机动车维修质量保证期。

3. 机动车维修档案的保存期为(　　)年。

4. 根据《机动车维修管理规定》,二级维护质量保证期为:车辆行驶(　　)km 或(　　)日。

5. 根据《机动车维修管理规定》,一级维护、小修及专项修理质量保证期为:车辆行驶(　　)km 或(　　)日。

二、选择题(以下各题,有的属于单选题,有的属于多选题,请选择正确答案填写在括号内)

1. 以下哪种情况无须签订维修合同?(　　)(单选)

　　A. 汽车大修

　　B. 二级维护

　　C. 维修的预算费用在 2000 元以上

　　D. 维修的预算费用在 200 元以上

2. 以下哪种情况属于承修方的违约责任?(　　)(单选)

　　A. 未按合同规定时间修复、交付托修车辆

　　B. 交付的修复车辆符合质量要求,托修方使用不当导致损坏

　　C. 托修方前来维修发动机,交付使用后轮胎爆裂导致车辆倾覆受损

　　D. 托修方前来维修制动系统,但年检时被认定发动机排放超标

3. 客户自带配件要求更换,业务人员应与客户一起,当面清点自带配件包括哪些项目?(　　)(单选)

　　A. 品名、规格、产地　　　　B. 购买地点

　　C. 购买价格　　　　　　　　D. 购买人姓名

4. 以下哪项内容需在车辆进厂维修时予以登记？（　　）（多选）

　　A. 报修项目

　　B. 车辆装备的齐全情况、油箱存油量、里程表行驶里程数

　　C. 车辆保险的购买情况

　　D. 车辆的进厂时间

5. 车辆修竣后，验收交车时需做好的交车准备工作主要有（　　）。（多选）

　　A. 清理车辆、查看外观、清点随车物品

　　B. 通知客户前来验收接车

　　C. 价格结算员汇总全部单据，进行账目统计

　　D. 在大门口迎接客户前来接车

三、判断题（以下各题，说法正确的请在括号内打"√"，说法错误的请在括号内打"×"）

1. 车辆从进厂办理交接手续直到修竣出厂，都属于维修厂的保管责任。（　　）

2. 若客户自带配件存在质量问题，可以使用。但需说明该配件自身出现问题时，与维修厂无关。（　　）

3. 如不能按期交车，应在客户来提车时向其说明延误原因，重新约定交车时间。（　　）

4. 在质量保证期和承诺的质量保证期内，因维修质量原因造成机动车无法正常使用，且承修方在三日内不能或者无法提供因非维修原因而造成机动车无法使用的相关证据的，机动车维修经营者应当及时无偿返修。（　　）

5. 在质量保证期内，机动车因同一故障或维修项目经两次修理仍不能正常使用的，机动车维修经营者应当继续维修，直到修好为止，托修方不得要求找别人维修。（　　）

四、实训题

一辆客户送修的商用车，车牌号码为"×AW627Z"，车身颜色为红色，维修项目为基于保险索赔的车头部分喷漆。

接车之后，因待修区车辆已满，接车人员便将车开到了厂区院子的一个角落。这时，一辆车号为"×AW6272"，车身颜色为红色的同型号商用车开到厂区办事，车主大大咧咧地随意将车停在了待修车辆的区域，而且将车钥匙遗留在了车上，车门也没有锁。

此时，维修人员恰好接到了派工单，便到车辆待修区寻找目标车辆，结果发现了"×AW627Z"商用车，维修人员一看该车品牌、颜色都对，而且车头确实有多处被划的痕迹，便想当然地将"×AW6272"当成了"×AW627Z"，一看车上还有车钥匙，便将车开进了喷漆房开始作业。结果，应该喷漆的车辆没有被喷，而没有要求喷漆的却被喷了漆。

针对此案例，请分析汽车维修厂的管理问题以及如何向双方车主善后。

模块小结

1. 汽车修理分为汽车大修、总成大修、车辆小修和零件修理四类。为做好维修服务，在汽车维修企业，需成立"产供销，人财发"部门，其中，"产"指维修车间；"供"指配件、材料、工具、设备等的供应部门；"销"指维修企业的业务接待人员；"人"指人力资源部门；

"财"财务部门;"发"研发部门。并需根据《机动车维修管理规定》配备相应的人员。

2. 汽车维修的安全生产,需做到隐患整改"三落实"原则——人员、措施、责任三落实;事故处理"三不放过"原则——事故原因分析不清不放过、无有效防范措施不放过、当事人和周围群众不受到教育不放过。

3. 汽车维修流程基本包括10个步骤:送修接待、合同签订、维修派工、车辆保护、车辆维修、项目追加、过程检验、修竣检验、结算建档、服务跟踪。

4. 服务于主流汽车厂的各维修店,基本采用优化之后的八步接待流程,即预约、接待、诊断、制单、维修、检验、交车、回访。这对做好汽车的维修服务接待具有十分积极的意义。

5. 汽车维修价格包括工时费、材料费及其他费用。维修费用计费的公式和结算规则是:

维修费 = 工时费(工时单价 × 工时定额) + 材料费 + 其他费用

6. 汽车维修接待职业道德规范:真诚沟通、服务周到、确保质量、合理收费、善待投诉。

7. 汽车维修合同对于保证把汽车修好,而且减少托修方与承修方的事后纠纷具有十分积极的意义,必须认真对待。

8. 修车的保管责任在于汽车维修厂,厂家必须制定切实可行的在修车辆保管制度。

9. 车辆修竣出厂时,必须按竣工出厂的技术条件进行检测,并向托修方提供由出厂检验员签发的汽车维修竣工出厂合格证。厂家需建立修竣车交车制度。

10. 由于种种因素的影响,部分车辆维修后难免存在瑕疵,这就需要建立车辆返修的管理制度,并严格执行。

11. 重视维修客户档案建设,这于维修厂有效服务客户、维持客户关系、追溯相关责任等具有十分重要意义。维修档案主要内容包括:维修合同、维修项目、具体维修人员及质量检验人员、检验单、竣工出厂合格证(副本)及结算清单等。机动车维修档案保存期为二年。

12. 部分客户在维修车辆时,会要求厂家使用其自带的汽车配件。为维护厂家的自身利益,规避因配件质量引起的纠纷,厂家应该建立用户自带配件管理制度并予以严格执行。

学习模块 6　二手商用车鉴定与评估

模块概述

随着商用车市场的蓬勃发展，商用车使用过程中因各类事故会造成损失以及出卖转让、抵押析产、罚没抵债等，就需对商用车的损失程度以及市场价格进行鉴定与评估。

二手商用车的鉴定与评估涉及整车鉴定评估及事故损失鉴定评估两大类。

进行二手商用车的鉴定与评估时，首先需要对国家政策、评估依据、评估程序有所熟悉；其次要对评估方法准确掌握，并能根据评估委托方的要求以及客观规律选择合适的方法进行评估；最后需要对特殊情况的案例能够自如处理。

【建议学时】

28 学时。

学习任务 6.1　如何进行商用二手车交易

(1) 熟悉商用二手车交易的政策规定。
(2) 清楚商用二手车价格评估的服务对象、评估依据、评估原则。
(3) 掌握商用二手车价格评估的方法、程序。
(4) 了解商用二手车价格评估报告书的格式。

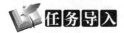

这天，指导实习的师傅上班后带男生小董外出办事去了，其他几位师傅也各自在忙自己的事情。

这时，一位经常来店接受其商用车维修服务的老客户来到了店里，向实习的女生小梁咨询他的一辆商用车(购买时的裸车价为 21 万元，经已行驶 12 万 km，3 年的车龄，没有发生过大的交通事故)，假如出售的话，有没有什么限制？能卖多少钱？

小梁从来没有接触过这样的业务，以前在学校所学的基本也忘记得差不多了。所以对于客户的这次咨询，完全无法回应，惹得客户很是不高兴。

小梁自己感觉很不好意思。

任务准备

商用二手车的交易需在政策允许范围内,按照合适的价格进行。

所谓政策规定,是指客户交易的商用车应符合《二手车流通管理办法》《二手车交易规范》《机动车强制报废标准规定》等国家法律法规及地方法规的要求,允许交易过户的车辆。

所谓合适的价格,是指车辆的交易价应该基本符合按照车辆的实际价值,并适当考虑市场因素确定的交易参考价。因而,二手车的价格评估就显得十分必要。

二手车价格评估是指由具有专业知识和资质的人员,按照特定目的,遵循法定或公允的标准和程序,运用科学合理的方法,对二手车进行手续检查、技术鉴定和价格估算等的过程。

二手车的鉴定评估不是对评估对象的主观给定,而是把被评估对象的客观存在价值,通过评估活动正确地反映出来。尽管鉴定评估工作表现为一种工作人员的主观活动,但它是在基于对机动车客观存在价值的认识以后,运用科学评估理论、方法和长期积累的评估经验将其表达出来,而不是把某个主观想象的数据或评估人员的个人喜好强加给评估对象。

1. 二手车价格评估的服务对象

按照服务对象的不同,二手车价格评估可分为交易服务业务、资产价值业务、其他业务三种业务类型,其业务范围涉及以下领域:

二手车交易、置换过程中买卖双方的咨询定价;

国有企业和政府机关车辆处置和更新前的价值评估;

企业破产、重组、兼并,以及资产评估中有关车辆的价值评估;

依据车辆作为贷款、抵押、抵债或典当物品的价值评估;

司法机关委托的涉案物品中有关车辆的价值评估;

车辆商业保险以及出险理赔中整车的价值评估;

因发生车辆碰撞事故造成的车辆贬值损失评估。

2. 二手车价格评估的依据

(1)政策法规依据。二手车价格评估政策性强,所依据的主要政策法规及标准有:

《二手车流通管理办法》(商务部等四部委〔2005〕2号);

《二手车交易规范》(商务部公告2006年第22号);

《机动车强制报废标准规定》(商务部等四部委令2012年第12号);

《关于人民法院委托评估、拍卖和变卖工作的若干规定》(最高法公告2009年);

《中华人民共和国道路交通安全法》;

《中华人民共和国价格法》;

《机动车运行安全技术条件》(GB 7258—2017);

《机动车维修管理规定》(交通部令2005年第7号);

其他相关法律、法规等。

(2)行为依据。委托方的二手车价格评估委托书、委托函等。

(3)产权依据。委托方提供的被评估车辆登记证书,必要时要对证书的真伪进行查证。

(4)取价依据。以待评估的二手车为目标,主要以评估基准日这一时点的现实价格为直接依据,账面原值和净值只能作为历史依据在评定估算时予以参考。

3. 二手车价格评估原则

为确保二手车评估结果真实性、准确性，使评估结果能被社会认同，必须遵循以下原则：

（1）公平性原则。公平、公正、合理，公私分明，绝对不偏向任何一方，是二手车价格评估人员应遵守的一项最基本的道德规范。

（2）独立性原则。不受委托方意图的影响和外界干扰，仅根据国家法律法规以及可靠资料做出评估结论，坚持第三方立场，严格执行回避制度，是保证评估结果公平公正的基础。

（3）客观性原则。评估结果应以充分的事实为依据，对车辆的技术状况鉴定分析应实事求是，所采用的数据资料必须真实可靠。

（4）科学性原则。必须根据评估目的，选择相应的价值类型和评估方法，按规定的评估程序进行评估，保证评估结果准确合理。

（5）专业性原则。要求评估机构具有相应的资质，评估人员受过专门的职业培训，取得相应的证书，并接受继续教育，需要强调的是，评估机构要有必要的、符合有关规定的机动车检测工具仪器和手段。

（6）可行性原则。亦称有效性原则，即评估结果真实可靠、简便易行，符合当时当地的实际情况，可以达到交易、拍卖、处置的最终目的。

4. 评估方法

二手车价格评估方法采用资产评估学所常用的四种方法：

（1）重置成本法。所谓重置成本法，是指在现时条件下，重新购置一辆全新状态的与被评估车辆相同或类似车辆所需全部成本，减去评估对象的实体性、功能性和经济性贬值后的差额，以其作为评估对象现时价值的一种方法。

这种方法在二手车价格评估中被广泛应用，这是因为重置成本容易取得，也充分考虑了车辆的各种损耗，操作简单，结果趋于公平合理；尤其是采用双倍余额递减法计算折旧，用综合分析法确定成新率时，充分考虑了评估车辆的陈旧性贬值以及现实技术状况，其评估值与客观价值或说与市场价格吻合贴近，在鉴定中还可将计算过程加以说明，使其更具说服力。

一般情况下，重置成本法适用于前述四种标准价值类型中的重置成本价值类型，但是在交换和清算两种类型中也可以使用。

在现行市价法不易选取参照物，或没有可靠市场资料的情况下，应该选择重置成本法，如保有量和交易量极少的进口车型、有市无价、有价无市的车型。

评估已经不具备现场查勘条件、无法鉴定其技术状况的车辆时，也可以在假设具有继续使用价值、假设技术状况良好的前提下，选用重置成本法。如事故发生前的车辆价值、受贿时间点的车辆价值、作案时间点的盗抢车辆价值等。

使用重置成本法得出的评估价格结论也比较接近市场交易价格，但有时也有差距，原因为该方法不能完全反映车辆的经济性贬值、功能性贬值，还存在因地区差异、居民消费心理、交易市场成熟程度等因素对商用车的交易价格所产生的影响。因此，可以借助现行市价法中的一个概念，即保值率（或称为市场波动系数）对估算结果加以调整，使之更贴近吻合真实的市场交易价格。

(2)现行市价法。现行市价法也称为市场价格比较法,是指通过比较被评估车辆与最近售出类似车辆的异同,并将类似车辆的市场价格进行调整,从而确定被评估车辆价值的一种方法。在《二手车鉴定评估技术操作规范》中,针对交易服务类的评估业务,提倡首选现行市价法。

该方法的基本数据都来自二手车市场,评估参数和指标直接从二手车市场获得,所以能客观反映二手车的市场价值,能充分反映二手车的各种贬值,包括经济性贬值,评估结果易于被各方理解和接受,所以交换价值类型的评估业务比较适合该方法。

由于二手车的鉴定评估是把被评估对象客观存在的价值,通过评估活动正确反映出来。选用现行市价法就是根据当地市场调查、分析后确定的评估结论,其实就是最公平的市场价值,这也是提倡使用现行市价法的一个主要原因。

由于目前各地的二手车市场都比较活跃,也逐渐规范化,交易市场的信息比较容易获得,一些主流车型的价格比较公开、透明、稳定,这为旁观者使用现行市价法提供了基础保证。

选用现行市价法有一定前提,一是参照物的价格必须来自当地或周边公开、公平、有效的市场;二是被评估的车辆一般情况下为主流车型或有一定交易量的车型,对于保有量、交易量极少的车型或特殊用途的车型,难以找到比较相近似的、足够数量的、近期(一般为三个月之内)的参照物,不适宜使用该方法。

另外,当被评估车辆与参照物之间差异点较多时,比较起来比较复杂,两者之间会因为各种原因(使用条件、使用强度、维护水平)而存在较大差异,评估人员要对此逐一对比,并在价格上反映出来,会有一定的难度。

在司法鉴定类型的评估报告中,利用现行市价法做出的结论,其计算过程和某些引用的调查资料、数据信息等不宜表达或清晰表述,可能影响其说服力。

(3)收益现值法。如果委托方计划投资购买一部正在营运,并且还可以继续营运的车辆,要求对其进行价值评估,例如城市客运出租车、长途客货运输车、大型专用工程机械等,最好的方法就是收益现值法。

收益现值法的特点就是评估师通过评定估算,将投资方的预期收益进行折现计算,折现为评估基准日的现值,较准确地评估投资购买后该车辆的获利能力,并以此来确定被评估车辆的价值,为委托方提供参考依据。

由此看来,收益现值法的应用范围不大,实际工作中也较少应用,但是它是资产评估学中的一种方法,有一定的实际意义。

应注意的是,在采用收益现值法评估时,标的就不单独指向车辆本身,还包括车辆营运证的使用权或线路的营运权等与车辆相结合的使用资质,这些手续证明应该属于无形资产。

(4)清算价格法。从理论上说,清算价格法是针对一种标准价值类型而言的,但是实际上它不能单独作为一种方法使用,它的原理和方法都与现行市价法相同或相似,在实际工作中也是与现行市价法、重置成本法结合去起来使用的。

如果评估目的是要求被评估车辆能够实现快速变现,如评估拍卖底价,就适用价格清算法。采用的方法就可以按照现行市价法或重置成本法的估算方法估算现时市场价值,以此作为基数,再根据具体情况和变现要求,乘以一个折扣率,最后确定评估值。

该方法中的一个关键点就是确定折扣率。一般情况下,我国目前的车辆拍卖形式仍以场地拍卖为主,考虑到拍卖成交后的相关费用、快速变现期限以及竞拍者的购买心理,可以将折扣率确定在20%左右。但如果被评估车辆的市场接受程度(如专用车辆与普通乘用车不同)、拍卖时限较短,或因网上拍卖费用较低等情况下,其折扣率应予调整。

使用清算价格法时,应严格分清使用范围和前提条件,并且在有法律效力的文件依据基础上才能使用。不满足上述条件时应慎用清算价格法,注意规避风险。

以上四种方法是二手车价格评估的基本方法,各有其应用范围和特点,也都有其局限性,在实际工作中应采用哪种方法,要看委托方的评估目的是什么、评估目的符合哪种标准价值类型,以及给出的前提和条件是什么。

在以上四种方法中,应用较多的是现行市价法,其次是重置成本法,应用较少的是收益现值法,在司法鉴定类型业务中,价格清算法应用得较多。有时为了慎重起见,综合考虑,采用一种方法的同时,用另一种方法验证和比较也是常见的。

5. 二手车价格评估程序

由于二手车价格评估分为交易服务、咨询服务和司法鉴定三种类型,因此在工作实践中所要求和遵循的作业程序也有所不同。

针对交易服务、咨询服务,最基本的、通常采用的二手车鉴定评估作业的流程见图6-1-1。

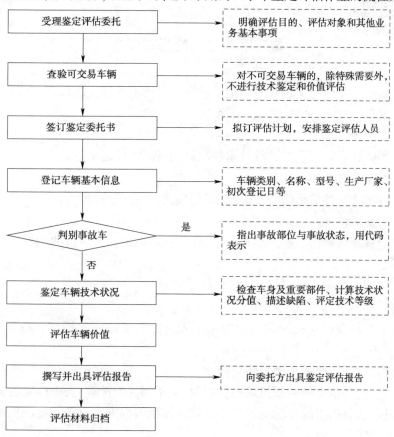

图6-1-1 二手车鉴定评估作业流程

该作业流程的特点是通用性强,简单明了,切实可行,便于管理和执行,可以达到规范二手车价格评估工作的要求。

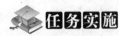

下午,带小董一起出去办事的指导师傅回来了,小梁如实地向师傅做了汇报,感觉自己像做错了很重要的事情,做好了接受师傅批评的心理准备,小董也在替小梁担心着。

令小梁和小董没有想到的是,师傅听完后,不仅没有指责小梁,反而说:"这没事的,即使你回答了,客户也未必能完全相信你所说的,因为你毕竟太年轻,经验还不够丰富,不足以对他产生说服,可能他也就是随口问一句而已。"

接着,师傅说道:"不过,通过这件事情,也给你们两个提了一个醒,毕竟我们所面对客户的需求是多种多样的,我们要想做好商用车客户的客服工作,就必须多方面地学习相关知识。今天刚好有了这个事情的发生,那你们两个就认真地学习一下关于二手车评估方面的相关知识去吧。重点是学习二手车价格评估的服务对象、评估依据、评估原则以及价格评估方法、程序。"

小梁、小董赶紧去找书,学习相关内容去了。

与二手车相关的基本概念

1. 二手车

二手车是指从办理完车辆注册登记手续到达到国家强制报废标准之前进行交易并转移所有权的汽车。

2. 二手车评估

二手车评估是指对二手车进行技术状况检测、评估,确定某一时点价值的过程。

3. 二手车技术状况评估

二手车技术状况评估是指对车辆技术状况进行缺陷描述、等级评定。

4. 二手车价格评估

二手车价格评估是指根据二手车技术状况、评估结果和评估目的,对标的车辆价格的评估。

价格评估方法主要包括市场法、成本法、收益法等。

5. 车损

车损是指车辆在行驶和停放过程中由于人为因素所造成的损坏。按损坏程度划分如下。

①全部损失:是指事故车辆整体损毁。

②推定损失:是指事故车辆虽未整体损毁,但车辆受损严重,失去修复价值。

③部分损失:是指事故车辆受损后未达到整体损毁或推定全损程度的局部损失。

6. 车损评估

车损评估是指对受损车辆进行受损状况检测、确定受损项目的过程。

7. 车损价格评估

车损价格评估是指根据受损车辆受损状况评估结果和评估目的,对标的车辆进行受损价格评估,为处理车辆损失提供依据。

任务评价

商用二手车交易检查及评分见表6-1-1。

商用二手车交易检查及评分表　　　　　　　　表6-1-1

项目	检 查 要 点	分值	自评	组评	师评	得分
价格评估依据	(1)政策法规依据; (2)行为依据; (3)产权依据; (4)取价依据	30				
价格评估原则	(1)公平性原则; (2)独立性原则; (3)客观性原则; (4)科学性原则; (5)专业性原则; (6)可行性原则	30				
鉴定评估作业流程	说出交易服务、咨询服务类的鉴定评估作业流程	20				
价格评估报告书	说出价格评估报告书的构成	20				
指导教师总体评价:						

指导教师_____
____年___月___日

练一练

一、填空题

1. 二手车是指从办理完车辆注册登记手续到达到(　　)标准之前进行交易并转移所有权的汽车。

2. 二手车评估是指对二手车进行技术状况检测、评估,确定某一时点(　　)的过程。

3. 二手车价格评估经常采用的方法主要有市场法、成本法、(　　)等。

4. 车损价格评估是指根据受损车辆受损状况评估结果和评估目的,对标的车辆进行(　　)价格评估,为处理车辆损失提供依据。

5. 车损评估是指对受损车辆进行受损状况检测、确定(　　)的过程。

二、单项选择题

1. 二手车的鉴定评估是把被评估对象的（　　），通过评估活动正确地反映出来。
   A. 市场交易价格　　　　B. 客观存在价值　　　　C. 车主期望价格

2. 对二手车进行价格评估时，车辆的产权依据是（　　）。
   A. 委托方提供的被评估车辆登记证书
   B. 公安部门提供的被评估车辆登记证书
   C. 委托方提供的被评估车辆行驶证
   D. 委托方提供的机动车驾驶证

3. 价格评估报告书是指价格评估机构对价格评估标的实施评估后，按照规定程序制作的具有特殊法律效力的（　　）。
   A. 成交文件　　　　B. 法律诉讼文件　　　　C. 价格证明文书

4. 通常情况下，对二手车进行价格评估时，对于不可交易的车辆，除特殊需要外，不进行技术鉴定和（　　）。
   A. 价值评估　　　　B. 发动机功率鉴定　　　　C. 车辆来源

5. 采用现行市价法评估二手车的价格，是指通过比较被评估车辆与（　　）的异同，并将类似车辆的市场价格进行调整，从而确定被评估车辆价值的一种方法。
   A. 当初车辆价格
   B. 未来车辆报废时的
   C. 最近售出类似车辆

三、多项选择题

1. 以下哪些项目属于二手车价格评估的服务对象？（　　）
   A. 二手车交易、置换过程中买卖双方的咨询定价
   B. 国有企业和政府机关车辆处置和更新前的价值评估
   C. 车辆商业保险以及出险理赔中整车的价值评估
   D. 因发生车辆碰撞事故造成的车辆贬值损失评估

2. 车辆在行驶和停放过程中由于人为因素所造成的损坏，按损坏程度分为（　　）。
   A. 全部损失　　　　B. 推定损失
   C. 没有损失　　　　D. 部分损失

3. 二手车价格评估需遵循可行性原则，即评估结果真实可靠、简便易行，符合当时当地的实际情况，可以达到（　　）的最终目的。
   A. 交易　　　　B. 继续行驶
   C. 拍卖　　　　D. 处置

4. 目前，二手车价格评估所采用的主要方法有哪几种？（　　）
   A. 重置成本法　　　　B. 现行市价法
   C. 收益现值法　　　　D. 清算价格法

5. 二手车价格评估分为（　　）等类型。
   A. 交易服务　　　　B. 保险欺诈
   C. 咨询服务　　　　D. 司法鉴定

学习任务6.2 二手商用车鉴定与评估

(1)清楚商用二手车评估流程。
(2)会采用合适的方法对商用二手车进行评估。
(3)能够撰写商用二手车的价格评估报告。

经过几天的学习及复习,小董和小梁感觉对二手车价格评估的知识掌握得差不多了。基于此,师傅就以小梁所接触客户的要求为例,让他们两个进行模拟评估。

案例:一台商用二手车,购买时的裸车价为21万元,经已行驶12万km,3年的车龄,没有发生过大的交通事故。试对此车进行交易价格的评估。

任务准备

商用二手车的价格评估作为一个重要的专业领域,情况复杂,作业量大。在进行价格评估时,应分步骤、分阶段地实施相应的工作。

从专业评估的角度而言,机动车价格评估大致要经历如下几个阶段(图6-1-1)。

1.受理鉴定评估的委托

评估车辆的价格,需要在客户合理、合法的委托前提下进行,不能擅自评估。

因而,受理客户的委托,明确评估业务基本事项,这是开展车辆价格评估的第一步。

受理客户的委托,与其进行业务洽谈的主要内容有:车主基本情况、车辆情况、委托评估的意向、时间要求等。

1)了解项目情况

通过洽谈,初步了解下述情况。

(1)客户基本情况。了解委托评估的客人是否是车主,是车主则有车辆处置权,否则,无车辆处置权。车辆权属和权属性质包括:

一是来历和处置的合法性,查看机动车登记证或产权证明。

二是使用和行驶的合法性,检查手续是否齐全、真实、有效。

三是是否按期年检,检查年检记录。

四是账与物是否相符,检查机动车行驶证登记的事项与行驶牌照和实物是否相符。

(2)客户要求。客户要求的评估目的、期望的使用者和完成评估的时间。

(3)车辆使用性质。了解车辆属于营运车辆还是自用车辆。

(4)车辆基本情况。包括车辆类别、名称、型号、生产厂家、初次登记日期、行驶里程数、所有权变动或流通次数、落籍地、技术状态等。

通过向车主了解以及现场查验拟委托鉴定的车辆,判断是否属于可交易的车型,假如属于不可交易的车辆,则不予受理其价格鉴定的请求。

2）委托内容

机动车价格评估委托书必须符合国家法律法规和机动车价格评估行业管理规定,并做到内容全面具体,含义清晰准确。

涉及国有资产占有单位的机动车价格评估项目,应由委托方按规定办妥有关手续后,再进行价格评估业务委托。

机动车价格评估委托书应写明以下内容:

(1)委托方和价格评估机构的名称、住所、工商登记注册号、上级单位、价格评估资格类型及证书编号。

(2)评估目的、评估范围、被评估车辆的类型和数量、评估工作起止时间、评估机构的其他具体工作任务。

(3)委托方须做好的基础工作和配合工作。

(4)评估收费方式和金额。

(5)反映评估业务委托方和评估机构各自的责任、权利、义务以及违约责任的其他具体内容。

2. 登记车辆基本信息

1)车辆基本信息

登记车辆的基本信息包括:

(1)商用车类别、名称、型号、生产厂家、燃料种类、出厂日期。

(2)机动车管理机关初次注册登记的日期、已使用年限、行驶里程。

(3)机动车来历:是市场上购买,还是走私罚没处理或是捐赠免税车。

(4)车籍:车辆牌证发放地。

(5)使用性质:是自用的商用车,还是专业运输车或是营运车。

(6)各种证件税费等是否齐全,是否年检和保险。

(7)事故情况:有无发生过事故,事故的位置、更换的主要部分和总成情况。

(8)当前技术状况:了解发动机异响、排烟、动力、行驶等情况。

(9)大修次数:有无大修,大修次数等。

(10)选装件情况:与基本配置的差别。

上述基本情况清楚以后,就应该做出是否接受委托的决定。如果不能接受委托,应说明原因,客户对交易中有不清楚的地方,应该接受咨询,耐心地给予解答和指导;如果接受委托,就要签订机动车价格评估委托书。

2)车辆证件核查

车辆主要证件包括车辆的来历凭证、机动车行驶证、登记证书、号牌、道路运输证和安全技术检验合格标志等法定证件。

(1)车辆来历凭证。车辆来历凭证主要包括以下几个方面:

在国内购买车辆的来历凭证,是全国统一的车辆销售发票或者二手商用车销售发票;在国外购买的车辆,其来历凭证是该车销售单位开具的销售发票及其翻译文本;

人民法院调解、裁定或者判决转移的车辆,其来历凭证是人民法院出具的已经生效的"调解书""裁定书"或"判决书"以及相应的"协助执行通知书";

仲裁机构仲裁裁决转移的车辆,其来历凭证是"仲裁裁决书"和人民法院出具的"协助执行通知书";

继承、赠予、中奖和协议抵偿债务的车辆,其来历凭证是继承、赠予、中奖和协议抵偿债务的相关文书和公证机关出具的"公证书";

资产重组或者资产整体买卖中包含的车辆,其来历凭证是资产主管部门的批准文件;

国家机关统一采购并调拨到下属单位未注册登记的车辆,其来历凭证是全国统一的车辆销售发票和该部门出具的调拨证明;

国家机关已注册登记并调拨到下属单位的车辆,其来历凭证是该部门出具的调拨证明;

经公安机关破案发还的被盗抢且已向原车辆所有人理赔完毕的车辆,其来历凭证是保险公司出具的"权益转让证明书";

更换发动机、车身、车架的来历凭证,是销售单位或者修理单位开具的发票。

(2)机动车行驶证。机动车行驶证是由公安车辆管理机关依法对车辆进行注册登记核发的证件,它是车辆取得合法行驶权的凭证。《中华人民共和国道路交通管理条例》第十七条规定,车辆行驶证是车辆上路行驶必需的证件,《中华人民共和国车辆登记管理办法》规定车辆行驶证是二手商用车过户、转籍必不可少的证件。

(3)车辆登记证书。根据《中华人民共和国车辆登记办法》,在我国境内道路上行驶的车辆,应当按规定经车辆登记机构办理登记,核发车辆号牌、车辆行驶证和车辆登记证书。

车辆所有人申请办理车辆各项登记业务时均应出具车辆登记证书(当登记信息发生变动时,车辆所有人应当及时到车辆管理所办理相关手续;当车辆所有权转移时,原车辆所有人应当将车辆登记证书随车交给现车辆所有人。目前,车辆登记证书还可以作为有效资产证明,到银行办理抵押贷款。

车辆登记证书同时也是车辆的"户口本",所有车辆的详细信息及车辆所有人的资料都记载在上面,证书上所记载的原始信息发生变化时,车辆所有人应携车辆登记证书到车管所作变更登记。这样,"户口本"上就有车辆从"生"到"死"的一套完整记录。

车辆登记证书是二手商用车价格评估人员必须认真查验的手续,车辆登记证书与车辆行驶证相比,内容更详细,一些评估参数必须从车辆登记证书获取,如使用性质的确定等。

(4)车辆号牌。根据《中华人民共和国道路交通安全法实施条例》的规定,车辆号牌应当悬挂在车前、车后指定位置,保持清晰、完整。重型、中型载货汽车及其挂车、拖拉机及其挂车的车身或者车厢后部应当喷涂放大的牌号,字样应当端正并保持清晰。

(5)道路运输证。道路运输证是县级以上人民政府交通主管部门设置的道路运输管理机构对从事旅客运输(包括城市出租客运)、货物运输的单位和个人核发的随车携带的证件,营运车辆转籍过户时,应到运输管理机构及相关部门办理营运过户有关手续。

(6)车辆安全技术检验合格标志。车辆必须进行安全技术检验,检验合格后,由公安机关发放合格标志。根据《中华人民共和国道路交通安全法实施管理条例》的规定,车辆检验合格标志应贴在车辆前窗右上角。若无合格标志或无效标志,则不能交易。

车辆安全技术检验由车辆安全技术检验机构实施。车辆安全技术检验机构应当按照国家车辆安全技术检验标准对车辆进行检验,对检验结果承担法律责任。车辆应当从注册登记之日起,按照下列期进行安全技术检验:

营运载客汽车5年以内每年检验一次;超过5年的,每6个月检验一次。

载货汽车和大型、中型非营运载客汽车10年以内每年检验一次;超过10年的,每6个月检验一次。

小型、微型非营运载客汽车6年以内每两年检验一次;超过6年的,每年检验一次;超过15年的,每6个月检验一次。

摩托车4年以内每两年检验一次;超过4年的,每年检验一次。

拖拉机和其他车辆每年检验一次。

营运车辆在规定检验期限内经安全技术检验合格的,不再重复进行安全技术检验。

3) 核查税费

车辆主要税费凭证包括车辆购置税完税证明、车船使用税缴付凭证、车辆保险单等。

(1) 车辆购置税完税证明。按照规定,车辆购置税需按《中华人民共和国车辆购置税暂行条例》所附"车辆购置税征收范围表"来执行。免税、减税范围为:

外国驻华使馆、领事馆和国际组织驻华机构及其外交人员自用的车辆,免税;

中国人民解放军和中国人民武装警察部队列入军队武器装备订货计划的车辆,免税;

设有固定装置的非运输车辆,免税;

有国务院规定予以免税或者减税的其他情形的,按照规定免税或者减税;

对于挖掘机、平地机、叉车、装载车(铲车)、起重机(吊车)、推土机6种车辆。

(2) 车船使用税。根据规定,凡在我国境内拥有并使用车船的单位和个人,为车船使用税的纳税义务人(不包括外商投资企业、外国企业和外国人)。车船拥有人与使用人不一致时,仍由拥有人负责缴纳税款。

(3) 车辆保险费。车辆保险险种分为交强险和商业险两种:

交强险即车辆交通事故责任强制保险,是我国首个由国家法律规定实行的强制保险制度。交强险是由保险公司对被保险车辆发生道路交通事故造成受害人(不包括本车人员和被保险人)的人身伤亡、财产损失,在责任限额内予以赔偿的强制性责任保险。

商业险是车主基于万一发生事故造成损失后,对自身以及对他人保障的诉求而投保的险种,商用车是否投保有商业险以及保额的高低、临近有效期限的时间长短,会在一定程度上影响二手车用户的使用成本投入。

查验车辆保险单时重点检查保险单和保险证上所保险的险种和保险期限,被保险人与车主是否一致。

4) 车辆拍照

为给评估的合理性留下相关证据,需要对评估车辆进行拍照。

(1) 拍摄距离。拍摄距离是指拍摄立足点与被拍二手商用车的远近。拍摄距离远,则拍摄范围大,所拍的二手商用车影像小。一般要求全车影像尽量充满整个像面。

(2) 拍摄角度。拍摄角度是指拍摄立足点与被拍二手商用车的方位关系。根据拍摄角度方位,一般分为上下关系与左右关系。

所谓上下关系,是指拍摄角度的上下关系,可分为俯拍、平拍与仰拍三种:俯拍是指在比被拍摄物高的位置向下拍摄;平拍是指拍摄点在物体中间位置,镜头平置的拍摄,此种拍摄方法效果就是人两眼平视效果;仰拍是指相机放置在较低部位,镜头由下向上仰置拍摄,这种拍摄效果易发生变形。

所谓左右关系,是指拍摄角度的左右关系,一般根据拍摄者确定拍摄方位,分为正面拍摄和侧面拍摄两种:正面拍摄是指面对被拍摄物体或部位正面进行拍摄;侧面拍摄是相对于正面拍摄而言的。

对于二手商用车拍照拟采用平拍且与车左前侧呈45°方向拍摄。

(3)光照方向。光照方向是指光线与相机拍摄方向的关系,一般分为正面光、侧面光和逆光三种。对于二手商用车拍照应尽量采用正面光拍摄,可使车的轮廓分明、牌照号码清晰、车身颜色真实。

(4)拍摄流程。拍摄时需要按照以下流程:

首先是选择宽敞、平坦的场地,背景尽量简单。

其次是将欲拍摄的二手商用车准备好。车身要擦洗干净;前风窗玻璃及仪表盘上无杂物;车辆号牌无遮挡;关闭各车门;转向器回正,前轮处于直线行驶状态。

再次是选择好拍照角度和方向。光照方向应采用正面光拍摄,拍照距离以全车影像充满整个像面为宜;以平拍方式,与待拍车辆的左前侧呈45°方向进行拍摄。

(5)拍摄注意事项。

光照方向应采用正面光,尽量避免强烈或昏暗光照,不采用侧面光和逆光。

以平拍方式进行拍摄,不要采用俯拍或仰拍。

所拍车辆要进行认真的准备。

所拍照片要使二手商用车的轮廓分明、牌照号码清晰、车身颜色真实。

3. 签订鉴定委托书

机动车价格评估业务委托书是价格评估机构与委托方对各自权利、责任和义务的约定,是一种经济合同性质的契约。

对符合价格评估条件的,签署"机动车价格评估委托书";对不符合价格评估条件的,不予受理或待补充相关材料符合条件后予以受理。

1)机动车价格评估业务委托合同的主要内容

机动车价格评估委托合同又称机动车评估委托书,是指机动车价格评估机构与法人、其他组织或自然人相互之间为实现机动车价格评估的目的,明确相互权利义务关系所订立的协议。

机动车价格评估委托合同是受托方与委托方对各自权利责任和义务的协定,是一项经济合同性质的契约。机动车价格评估委托合同应写明的内容有以下方面:

(1)委托方和二手商用车价格评估机构的名称、住所、工商登记注册号、上级单位、二手商用车价格评估人员资格类型及证件编号。

(2)价格评估目的、车辆类型和数量。

(3)委托方须做好的基础工作和配合工作。

(4)价格评估工作的起止时间。

(5)价格评估收费金额及付款方式。
(6)反映协议双方各自的责任、权利、义务以及违约责任的其他内容。
机动车价格评估委托合同必须符合国家法律、法规和资产评估业的管理规定。涉及国有资产占有单位要求申请立项的二手商用车价格评估业务,应由委托方提供国有资产管理部门关于评估立项申请的批复文件。经核实后,方能接受委托,签署委托合同。
2)机动车价格评估委托合同的格式
机动车价格评估委托合同的格式(式样)如下。

二手商用车价格评估委托合同

合同编号:_____

签订时间:_____年____月____日

甲方:(委托方)_____
乙方:(受托方)_____

第一条　目的

依据国家有关法律、法规和有关规定,甲、乙双方在自愿、平等和协商一致的基础上,就机动车价格评估委托业务订立本合同。

第二条　当事人及车辆情况

一、甲方(委托方)基本情况

(1)单位代码证号□□□□□□□□—□,经办人_____,身份证号码□□□□□□□□□□□□□□□□□□,单位地址_____,联系电话_____。

(2)自然人身份证号码□□□□□□□□□□□□□□□□□□,现常住地址_____,联系电话_____。

二、乙方(受托方)基本情况

(1)单位代码证号□□□□□□□□—□,经办人_____,身份证号码□□□□□□□□□□□□□□□□□□,单位地址_____,联系电话_____。

(2)价格评估人员身份证号码□□□□□□□□□□□□□□□□□□,执业书证号□□□□□□□□,联系电话_____。

三、价格评估车辆的基本情况

车辆牌号_____,车辆类别_____,
厂牌型号_____,颜色_____,
初次登记时间_____,登记证号_____,
发动机号码_____,VIN码_____,
行驶里程_____km,允许使用年限至_____。
车辆年检签证有效期至_____年____月
车辆购置费完税交纳证号_____
车辆保险险种:1._____ 2._____ 3._____ 4._____
保险有效期截止日期:_____年____月____日

配置：_____
维修情况：_____
事故情况：_____

第三条 价格评估目的(请在欲选项前的"□"中打"√")
□交易 □置换 □转让 □并购 □拍卖 □投资 □抵债 □捐赠 □纳税
□保险 □抵押 □典当 □事故车损

第四条 甲方的权利和义务

1. 按照委托评估的车辆清单,提供全面准确的清查资料。

2. 为价格评估人员开展工作提供完整、真实和合乎评估管理办法要求的资料、手续和工作场所。

3. 按照国家规定的评估收费标准交付评估费,在签订本协议当时预交_____元(大写_____元),待价格评估工作结束后多退少补。

4. 由一名领导负责,组织本单位有关人员配合评估工作和回答评估中的问题。

5. 若不能及时、完整、真实地提供所需资料手续,造成拖延时间,以致不能提出价格评估报告或中途停止价格评估时,委托方负违约责任,同意按进度支付评估费。

第五条 乙方的权利和义务

1. 根据委托评估的车辆清单,按时提出评估报告。

2. 遵照《中华人民共和国价格法》《机动车运行安全条例》等有关法规,独立、公正、合理地进行价格评估。

3. 委托方若能履行本协议所签订的责任与义务,受托方则于_____年___月____日提出二手商用车价格评估报告。

4. 对委托方所提供资料及评估结果,受托方有责任保守机密。

5. 因受托方不能按协议的时间提出价格评估报告,而造成的违约由受托方负责,适当减免评估费用。

第六条 合同在履行中的变更及处理

本合同在履行期间,任何一方要求变更合同条款的,应及时书面通知对方,并征得对方的同意后,在约定的时限_____天内,签订补充条款,注明变更事项。未书面告知对方或未征得对方同意,擅自变更造成的经济损失,由责任方承担。

本合同履行期间,双方因履行本合同而签署的补充协议及其他书面文件,均为本合同不可分割的一部分,具有同等效力。

第七条 违约责任

甲、乙双方如发生违约行为,违约方给守约方造成的经济损失,由守约方按照法律、法规的有关规定和本合同有关条款追偿。

第八条 其他规定

1. 甲方提供的资料真实性由甲方负责。

2. 乙方只评估经车辆管理部门登记注册的机动车。

3. 若启用日期与原机动车行驶证登记日期不符,甲方应提供相关证明材料的正本。若不提供,乙方按车辆行驶证登记日期进行评估。

4. 甲方如对价格评估结论有异议,可于收到结论书之日起 10 天内向乙方提出重新评估。
5. 价格评估基准日即为甲方委托之日。
6. 甲方委托拍卖评估、收购评估,需分别提供有效的委托拍卖合同和收购协议。

第九条　发生争议的解决办法

甲、乙双方在履行本合同过程中发生争议,由双方协商解决,协商不成的,提请二手商用车交易市场或二手商用车交易管理协会调解,调解成功的,双方应当履行调解协议;调解不成的,按本合同约定的下列第(　　)项进行解决:

1. 向仲裁委员会申请仲裁(　　);
2. 向法院提起诉讼(　　)。

第十条　合同效力和订立

本合同内,空格部分填写的文字,其效力优于印刷文字的效力。本合同所称"日",均指工作日。

本合同经双方当事人签字、盖章后生效(本合同一式两份,由甲方、乙方各执一份,均具有同等的法律效力。

委托方代表签字(盖章):　　　　　　　　受托方代表签字(盖章):
　　　　年　月　日　　　　　　　　　　　　　　年　月　日

3)确定价格评估方案

价格评估方案是评估人员进行该项机动车价格评估的规划和安排。其主要内容包括:评估目的、评估对象和范围、评估基准日、协助评估人员工作的其他人员安排、现场工作计划、评估程序、评估具体工作和时间安排、拟采用的评估方法及其具体步骤等。确定价格评估方案后,下达机动车价格评估作业表,进行价格评估工作。机动车价格评估作业表(式样)见表 6-2-1。

二手商用车价格评估作业表　　　　　　　　　表 6-2-1

车主			所有权性质	□公　□私	联系电话	
住址					经办人	
原始情况	厂牌型号(号牌号码)				车辆类型	
	车辆识别代号(VIN)				车身颜色	
	发动机号				燃料种类	
	载质量/座位/排量				已使用年限	
	初次登记日期				车辆出厂日期	
	累计行驶里程:　　　万 km			使用用途:		
检查核对交易证件	证件	□原始发票　□机动车登记证书　□机动车行驶证　□法人代表证或身份证　□其他				
	税费	□购置附加税　□车船使用税　□保险费　□其他				
结构特点						
现时技术状态						
维护情况						

续上表

价值反映	账面原值(元)			车主报价(元)	
	重置成本(元)		成新率(%)		评估价格(元)	
鉴定评估目的					
鉴定评估说明					

机动车评估人员(签名):　　　　　　　　　　　　　　　复核人(签名):
　　　　　　年　　月　　日　　　　　　　　　　　　　　　　年　　月　　日

注:1.现时技术状态:必须如实填写对车辆进行技术鉴定的结果,客观真实地反映出二手商用车主要部件(含车身、底盘、发动机、电气、内饰等)以及整车的现时技术状况。

　　2.价格评估说明:应详细说明重置成本的计算方法、成新率的计算方法以及评估价格的计算。

4.鉴定车辆技术状况

商用车技术状况鉴定是为车辆的价值估算提供科学的评估证据,为期望使用者提供车辆技术状况的质量公证,为车辆发生的经济行为提供法律依据。

技术鉴定要达到的基本事项为:识别伪造、拼装、组装、盗抢、走私车辆;鉴别手续牌证的真伪;鉴别由事故造成的严重损伤;鉴别由自然灾害(水淹、火烧等)造成的严重损伤;鉴别车辆内部和外部技术状况。

1)鉴别走私车和拼装车辆

走私车辆是指没有通过国家正常进口渠道进口的,并未完税的进口车辆。拼装车辆是指一些不法厂商、不法商人为了牟取暴利,非法组织生产、拼装,无产品合格证的假冒、低劣汽车。

这些汽车有些是境外整车切割,境内焊接拼装车辆;有些是进口汽车散件,国内拼装的国外品牌汽车;有些是国内零配件拼装的国内品牌汽车;有些是旧车拼装车辆,即两辆或者几辆拼装成一辆汽车;也有的甚至是国产或进口劣质零配件拼装而成的冒牌车。

对于走私车辆、拼装车辆,在机动车评估中,首先确定这些车辆的合法性。因为,走私车辆、拼装车辆可以分为两类:一类是车辆技术状况较好的,符合国家有关机动车行驶标准和要求,已经由国家有关执法部门处理,通过拍卖等其他方式,在车管部门已注册登记上牌,并取得合法地位的车辆。这些二手商用车在评估价格上要低于正常状态的车辆。另一类是无牌、无证的非法车辆,这类车是不允许交易的。

对走私车辆、拼装车辆的鉴别方法有以下 5 种:

(1)运用车管部门的车辆档案资料,查找车辆来源信息,确定车辆的合法性及来源情况。这是一种最直接有效的判别方法。

(2)查验二手商用车的汽车产品合格证、维护手册。对进口车必须查验进口产品商验证明书和商验标志。

(3)检查二手商用车外观。查看车身是否有全部重新做油漆的痕迹,特别是顶部下沿部位。车身的曲线部位线条是否流畅,尤其是小曲线部位。根据目前的技术条件,没有专门的设备不可能处理得十分完美,所以会留下特别明显的再加工痕迹。检查门柱和车架部分是否有焊接的痕迹,很多走私车辆是在境外把车身切割后,运入国内再进行焊接拼凑起来的。查看车门、发动机罩、行李舱罩与车身的接合缝隙是否整齐、均衡。

(4)查看二手商用车内饰。检查内装饰材料是否平整,内装饰压条边沿部分是否有明显的手指印或有其他工具碾压后留下的痕迹,车顶部装饰材料或多或少都会留下被弄脏后的痕迹。

(5)打开发动机罩,检查发动机和其他零部件是否有拆卸后重新安装的痕迹,是否有旧零部件或缺少零部件。查看电线、管路布置是否有条理,安装是否平整。核对发动机号码和车辆识别代码(VIN码)字体和部位。

2)鉴别盗抢车辆

盗抢车辆一般是指车管部门已登记上牌的,在使用期内丢失的或被不法分子盗窃的,并在公安部门已报案的车辆。由于这类车辆被盗窃方式多种多样,它们被盗窃后所遗留下来的痕迹会不同。如撬开门锁、砸车窗玻璃、撬转向盘锁等,它们都会留下痕迹。同时,这些被盗赃车大部分经过一定修饰后,再被卖出。这些车辆很可能会流入二手商用车交易市场。这类车的鉴别方法一般有以下4种:

(1)根据车管部门的档案资料,及时掌握车辆状态情况,防止盗抢车辆进入市场交易。这些车从车辆主人报案起到追寻找到为止的这段时间,车管部门将这部分车辆档案材料锁定,不允许进行车辆过户、转籍等一切交易活动。

(2)根据盗窃的一般手段,主要检查车门锁是否过于新,锁芯有无被更换过的痕迹,门窗玻璃是否为原配正品,窗框四周的防水胶是否有插入玻璃升降器开门的痕迹,转向盘锁或点火开关是否有破坏或调换的痕迹。

(3)不法分子急于对有些车辆销赃,他们会对车辆、有关证件进行篡改和伪造,使被盗赃车面目全非。检查重点是核对发动机号码和车辆识别代码,钢印周围是否有变形或褶皱现象,钢印正反面是否有焊接痕迹。

(4)查看车辆外观是否全身重新做过油漆,或者改变原车辆颜色。

(5)打开发动机罩,查看线、管或布置是否有条理,发动机和其他零部件是否正常、有无杂音,空调是否制冷、有无暖风,发动机及其他相关部件有无漏油现象;内装饰材料是否平整,表面是否干净。尤其是压条边沿部分要特别仔细检查,经过再装配过的车辆内装饰压条边沿部分有明显手指印或其他工具碾压过后留下的痕迹印。车顶部装饰材料或多或少要留下弄脏过的迹印。

3)事故车辆

凡是发生了严重碰撞、泡水、过火的事故车,到二手商用车市场进行评估交易之前,都要经过汽车修理厂的恢复和修理,非专业人士一般检查不出这是事故车。车主也不会自揭其短。必须经过训练有素的专业人士,进行仔细认真地检查和分析判断,才能做出正确结论。在此只提供一般通用的检查方法。

所谓事故车,是指在使用中,曾经发生过严重碰撞或撞击,或长时间泡水,或较严重过火,虽经修复并在使用,但仍存在安全隐患的车辆。

事故车辆一般分为碰撞事故车、泡水车、过火车辆。

(1)碰撞事故车。严重碰撞或撞击的车辆只要符合以下任何一条损伤的,就应认为是碰撞事故车：

碰撞或撞击后，车架大梁弯曲变形、断裂后修复；

水箱及水箱支架被撞损伤后修复或更换过；

车身后叶子板碰撞后被切割或更换过；

车门及其下边框、B柱碰撞变形弯曲后修复或更换过；

整个汽车在事故中翻滚，整个车身产生变形凹陷、断裂后修复的。

(2) 泡水车。泡水车与涉水行驶过的车不能混为一谈，许多车在遇大雨、暴雨或特大暴雨等恶劣天气时，曾在水中短时间行驶过，这不能算泡水车。因为涉水行驶，不是潜渡，车辆在行驶中发动机及其附件仍在工作。涉水深度有可能略超过车轮半径，发动机底壳可能与水接触，或浸入水中。全泡车是指泡水时，水线超过发动机罩，水线达到前风窗玻璃的下沿。这样整个发动机舱都浸泡在水中，绝大部分电气设备、仪表都被水浸泡，当然会造成严重后果。至于浸泡时间长短，一般认为，只要水线达到上述水平，无须考虑泡水时间长短，即为泡水车。因为水会对密封部件产生腐蚀、侵蚀作用。此外，泡水对电气设备危害最大，而且难以清洁。气门和空气滤清器等处都会进水，进而危害发动机汽缸内部，造成锈蚀，不可小视。

(3) 过火车辆。无论是车辆自燃还是被引燃，只要在发动机舱或乘员舱发生严重火烧，燃烧面积较大，机件损坏较严重的汽车，就应列为事故车。火烧是个极严重的事故，经火烧后，机件很难修复。但对于局部着火，只是个别非主要零部件过火，并在极短时间内熄灭，主要机件未受到影响的，经修复换件后，不能算过火车辆。

4) 鉴别碰撞事故车

(1) 检查车辆周正情况。在制造厂，汽车车身及各部件的装配位置是在生产线上经过严格调试的装具、夹具保证的，装配出的车辆各部分对称、周正。而维修企业对车身的修复则是靠维修人员目测和手工进行操作，装配精度难以保证。因此检查车身是否发生过碰撞，可站在车的前部观察车身各部的周正、对称状况，特别注意观察车身各接缝，若出现不直、缝隙大小不一、线条弯曲、装饰条有脱落或新旧不一的情况，说明该车可能出现过事故或修理过。

检查方法之一：在汽车正前方面5～6m处蹲下，沿着轮胎和汽车外表面向下看汽车两侧。两侧前、后车轮应排成一条线。然后，走到汽车后面进行同样观察，前轮和后轮应该仍然成一条直线。如果不是这样，则车架或整体车身发生了弯曲变形。即使左侧前、后轮和右侧前、后轮互成一条直线，但如果一侧车轮比另一侧车轮更远离车身，则汽车已发生过碰撞事故。

检查方法之二：蹲在前车轮附近，检查车轮后面的空间，即车轮后面与车轮罩后缘之间的距离，用直尺测量这段距离。再转到另一前轮，测量车轮后面和车轮罩后缘之间的距离。该距离应该和另一前轮大致相同。如果发现左前轮或左后轮和它们的轮罩之间距离与右前或右后轮的相应距离大大不同，则车架或整体车身发生了弯曲变形。

(2) 检查油漆脱落情况。查看排气管、车窗四周和轮胎等处是否有多余油漆。如果有，说明该车已做过油漆或翻新。用一块磁铁（最好选用冰箱柔性磁铁，不会损伤汽车漆面，且磁性足以承担此项工作）沿车头四周移动，若遇到磁力突然减少，则说明该局部进行过补灰做漆工作。当用手敲击车身时,若敲击声发脆,则说明车身没有进行过补灰做漆工作;若敲击声沉闷,则说明车身曾进行过补灰做漆工作。如果发现新漆的迹象,则查找车身有无制造不良的现象或金属抛光的痕迹。沿车身查找是否有像波状、非线性翼子板或后顶盖侧板那样的不规则板材。如果发现车身制造或面板、车门、发动机罩、行李舱罩盖等配合不好,则汽车可能已经遭受碰撞,导致这些板面对准很困难,即车架可能已经弯曲。

(3) 检查底盘线束及其连接情况。未发生事故的车辆在正常情况下,其连接部件应配合良好,车身没有多余焊缝,线束、仪表部件等应安装整齐,新旧程度接近。因此,在检查车辆底盘时,应认真观察车底是否漏水、漏油、漏气,锈蚀程度与车体上部检查的是否相符,是否有焊接痕迹,车辆转向节臂转向横直拉杆及球销有无裂纹和损伤,球销是否松旷,连接是否牢固可靠,车辆车架是否有弯、扭、裂、断、锈蚀等损伤,螺栓、铆钉是否齐全、紧固,车辆前后是否有变形、裂纹。固定在车身上的线束是否整齐,新旧程度是否一致,这些都可以作为判断车辆是否发生过事故的线索。

5) 鉴别泡水车

(1) 打开发动机罩,查看水箱、散热器片、水箱前板(从下往上看)是否留有污泥。然后检查发电机、起动电动机、电线插座等小零件,左右轮罩的接缝处是否有污泥。

(2) 检查驾驶室内座椅,查看弹簧及内套绒布是否有残留污泥,或者还伴有霉味。

(3) 检查驾驶室外表面的缝隙处,看是否有污泥。

(4) 检查前、后风窗玻璃橡胶条,在车内将其拉开,内有污泥,则肯定是泡水车。

(5) 有时泡水车可能是被河塘内非常清澈干净、无污泥的水所泡。碰到这种情况,也可按上述检查,看出浸泡水线的痕迹。泡过水与未浸水的界面,一定会留下痕迹,仔细查看,即可发现异样。多处查看,都存在同样问题,即可肯定是泡水车。

6) 鉴别过火车

汽车过火的地方比较容易辨认,过火并烧蚀较严重的金属会出现像排气歧管一样的颜色。凡是燃烧面积较大,燃烧时间较长,过火严重的车修复起来很困难,常应作报废处理,不能再使用。因为过火的机件、金属变脆,内部金相组织发生变化,不能继续使用,否则就会事故频发。

7) 静态检查

静态检查是指在静态情况下,根据评估人员的经验和技能,辅之以简单的量具,对二手商用车的技术状况进行静态直观的检查。

静态检查的目的是快速、全面地了解二手商用车的大概技术状况。通过全面检查,可以发现一些较大的缺陷,如严重碰撞、车身或车架锈蚀或有结构性损坏、发动机或传动系统严重磨损、车厢内部设施不良、损坏维修费用较大等,从而为其价值评估提供依据。

(1) 静态检查所需工具和用品。为使二手商用车检查得心应手,检查之前应先准备一些工具和用品。主要包括:

①笔记本、笔。用来记录看到、听到和闻到的异常情况,以及需要让机械师进一步检测和考虑的事情。

②手电筒。用来照亮发动机舱和汽车下面又暗又脏的地方。

③棉丝头或纸巾。用于擦手或擦干净需要检查的零件。

④旧毛毯或帆布。因评估人员需躺下,仰面检查车下是否有漏油、磨损或损坏的零件。

⑤一截300~400mm的清洁橡胶管或塑料管。可当"听诊器",用来倾听发动机或其他部件是否有不正常噪声。

⑥卷尺或直尺。用于测量车辆和车轮罩之间的距离。

⑦小型工具箱及必要工具。包括:成套套筒棘轮扳手、火花塞筒扳手、各种旋具、尖嘴钳子和轮胎撬棒。

⑧万用表。用来进行辅助电器测试。

⑨小磁铁。用于检查塑料车身原子灰的车身镶板。

(2)静态检查主要内容。主要包括识伪检查和外观检查两部分。其中,识伪检查主要包括鉴别走私车辆、拼装车辆和盗抢车辆等工作;外观检查包括鉴别事故车辆、检查发动机舱、车舱、行李舱罩和车底等内容,具体如下。

外观检查项目很多,目前还没有统一范式。表6-2-2是某机动车综合性能检测中心制订的汽车外观检视记录表,二手商用车评估人员可参考使用。

整车装备及外观检视记录表　　　　　表6-2-2

车辆号码		厂牌型号		发动机号		检测类别	
车辆类别		吨/座位数		VIN码		燃料种类	
部位	代码	检视内容及要求	记录	代码	检视内容及要求	记录	签字
底盘上方	01	车体外表清洁,涂层完好		10	制动灯齐全、有效,符合规定		
	02	门窗、内饰齐全、无损、有效,底板完好		11	燃油箱及管路安装牢固、不渗漏,附件齐全		
	03	汽车外廓尺寸参数符合规定		12	轮胎螺母和半轴螺母齐全紧固		
	04	后视镜和刮水器齐全、有效		13	转向轮轮胎型号、规格符合规定,不得使用翻新胎		
	05	营运标志符合有关规定		14	轮胎无异常磨损和割裂伤,同轴规格、花纹、磨损程度一致,气压符合规定		
	06	柴油机停机装置灵活有效		15	客车座位数符合核载,不准私设座椅		
	07	牵引车与被牵引车连接装置和独立制动装置可靠、有效		16	座椅间距不得采用沿滑道纵向调整方式		
	08	仪表和信号装置齐全、有效,符合规定		17	集装箱的运输车辆的锁止装置可靠		
	09	雾灯齐全、有效,符合规定;转向灯齐全、有效,符合规定		18	配备相适应的有效消防器材		

续上表

部位	代码	检视内容及要求	记录	代码	检视内容及要求	记录	签字
危货车辆	19	放静电装置齐全、有效		23	运输易燃、易爆物品车辆的排气管应装在前部		
	20	不得采用直通式采暖方式		24	危运车辆电路系统应有切断总电源和隔离电火花装置		
	21	排气管应装隔热和熄灭火星装置		25	槽罐车罐体使用证(合格证)在有效期内;标志符合规定		
	22	配备泄压阀、压力表、液位计等安全装置		26	驾驶室、发动机罩严禁增加附属设施		
运行检查	27	发动机起动性能良好,运转平稳,无异响		31	离合器分离、结合性能良好,无异响		
	28	转向操纵性能良好		32	传动轴运转时无抖动、异响		
	29	制动气压、机油压力、ABS等报警装置齐全、有效		33	变速器操纵性能良好,无异响		
	30	驻车制动操纵装置性能良好、有效		34	减速器(驱动桥)运转良好,无异响		
底盘下方	35	底盘下方清洁,各部位润滑良好		44	独立悬架(减振器)齐全、紧固		
	36	发动机水箱、水管连接紧固,无漏水		45	钢板无裂纹和断片,符合规定,U形螺栓紧固		
	37	发动机及附件安装坚固,无漏油		46	钢板吊耳、销整套紧固		
	38	变速器装配紧固,无漏油		47	转向系各部螺栓紧固、锁止可靠,部件无裂纹		
	39	减速器(驱动桥)装配紧固,无漏油		48	转向系横直拉杆不得拼焊,球头销不松旷		
	40	平衡、扭力杆件等安装紧固		49	制动阀、管路、泵、储气筒安装紧固,无漏油		
	41	传动轴安装正确,螺栓齐全紧固		50	制动板紧固		
	42	车架(身)连接紧固、无裂纹,铆接无松动		51	液、气管路及卡箍紧固,不干涉、未磨损		
	43	车桥无裂纹,连接杆、球头、销套紧固		52	电路管线及卡子无松脱,未磨损		
测量记录	离合器踏板自由行程_____mm,车身外缘左右对称高度差_____mm; 制动器踏板自由行程_____mm,转向盘自由转动量_____°; 左侧轴距值_____mm,右侧轴距值_____mm,轴距值_____mm,差值_____mm,偏差率_____%						
复检记录							
备注							

检测单位: 检测日期: 编号:

注:1.记录栏内合格打"√",不合格打"×",未检打"/"。

    2.一般检视内容达到3项不合格时,判该车外检不合格。

    3.其他未尽项目执行《道路运输车辆综合性能要求和检验方法》(GB 18565—2016)相关条款。

8) 动态检查

在对商用车进行了静态检查后再进行动态检查,目的是进一步检查发动机、底盘、电器电子设备的工作状况及整车性能,检查项目见图6-2-1。

(1) 路试前的工作准备。路试之前,应先检查机油油位、冷却液液位、制动液液位、转向油液位、制动踏板自由行程、转向盘自由行程、轮胎胎压、各警示灯等项目,各项目均正常后方可起动发动机,进行路试检查。

① 检查机油油位。检查前将车停在平坦场地,关闭起动开关,把驻车制动器放到制动位置,变速杆放到空挡位置。

打开发动机箱盖,抽出机油尺,将机油尺用抹布擦净后,插入机油尺导孔,拔出查看。油位在上下刻线之间,即为合适。如果超出上刻线,应放出机油;如果低于下刻线,可从加油口处添加,加完后,再次检查油位。

② 检查冷却液液位。检查冷却液液量时,应在冷车状态下进行,检查后应扣紧散热器盖。补充冷却液时,应尽量使用软水或同种防冻液。

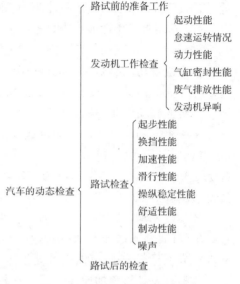

图6-2-1 商用车动态检查项目

③ 检查制动液液位。正常制动液量位置应在储液罐的上限(H)与下限(L)之间或标定位置处。当液位低于下限位置时,应把新的制动液补充到标定刻线或之上。

④ 检查离合器液压油液位。检查方法与检查制动液相同。

⑤ 检查动力转向液压油油量。首先将动力转向储油罐外表擦干净,再将加油口盖从储油罐上取下,用干净布块将油标尺上的油擦干净,重新将油标尺装上,然后取下油标尺,检查油平面,油尺所示刻度和意义同于机油尺。如果油平面高度低于油尺下限刻度,则需添加同种的转向液压油,直到上限刻度(H)为止。在添加之前应检查动力管路是否有渗漏现象。在检查或添加转向液压油时,应检查油质的污染情况,发现变质或污染时应及时更换。

⑥ 检查燃油箱油量。打开点火开关钥匙,观察燃油表,了解油箱大致储油量。也可打开油箱盖,观察或用清洁量尺测量。但要注意油箱盖的清洁,避免尘土等脏物落入。

⑦ 检查冷却风扇皮带。检查风扇冷却皮带的紧度,用拇指以 9~10kg 的力按压皮带中间部位时,挠度应为 10~15mm。如果不符合要求,按需要可调节发电机支架固定螺栓的位置进行调整。

⑧ 检查制动踏板行程并确保制动灯工作。路试二手商用车前,一定要检查制动系统并确保制动灯工作良好。如果路试的车只有一个或没有制动灯,会被罚款。检查制动踏板的感觉,踩下制动踏板 25~50mm,就应感到坚实而没有松软感,即使踩下半分钟也是如此。如果制动踏板有松软感,可能制动管路有空气,这意味着制动系统中某处可能有泄漏。对制动系统有问题的汽车进行路试是非常危险的,千万不能这样做!继续路试或进一步检查前一定要坚持让车主将制动系统修好。另外,还要检验驻车制动是否工作,是否

能将车稳固地保持住。

⑨检查轮胎气压。拧开轮胎气嘴的防尘帽,用轮胎气压表测量轮胎气压,轮胎的气压应符合轮胎的规定。气压不足,应进行充气;气压过高,应放出部分气体。轮胎气压过高或过低,均不宜进行路试,否则既不能正确判断汽车的性能状态,也可能出现意想不到的事故。

(2)发动机工作性能检查。检查发动机工作性能主要检查发动机的起动性、怠速、异响、急加速性、曲轴箱窜气量、排气颜色等项目。

①检查发动机起动性。正常情况下,用起动机起动发动机时,应在三次内起动成功。起动时,每次时间不超过5s,再次起动时间要间隔15s以上。若发动机不能正常起动,说明发动机的起动性能不好。

②检查发动机怠速。发动机起动后使其怠速运转,打开发动机罩,观察怠速运转情况,怠速应平稳,发动机振动很小。观察仪表盘上的发动机转速表,此时,发动机的怠速为(800±50)r/mim,不同发动机的怠速转速可能有一定的差别。怠速时,若出现转速过高、过低、发动机抖动严重等现象,均表示发动机怠速不良。

③检查发动机异响。让发动机怠速运转,听发动机有无异响及响声大小。然后,用手拨动节气门,适当增加发动机转速,听发动机的异响是否加大,或是否有新的异响出现。发动机异响是很难排除的,尤其是发生在发动机内部,价格评估人员应高度重视。

④检查发动机急加速性。待发动机运转正常后,发动机温度达到80℃以上,用手拨动节气门,从怠速到急加速,观察发动机的急加速性能,然后迅速松开节气门,注意发动机怠速是否熄火或工作不稳。通常急加速时,发动机发出强劲且有节奏的轰鸣声。

⑤检查发动机曲轴箱窜气量。打开发动机曲轴箱通风出口,用手拨动节气门,逐渐加大发动机转速,观察曲轴箱的窜气量。正常发动机曲轴箱的窜气较少,无明显油气味;若曲轴箱窜气量大且油气味重,说明汽缸与活塞磨损严重,汽车行驶里程长,发动机需要大修,而发动机大修的费用是很高的。

⑥检查排气颜色。正常时,发动机排出的气体是无色的,在严寒的冬季可见白色的水汽;柴油发动机带负荷运转时,发动机排出的气体一般是灰色的,负荷加重时,排气颜色会深一些。汽车排气常有三种不正常的烟雾。

第一种,冒黑烟:黑烟意味着空气与燃油的混合气太浓,发动机不能将它们完全燃烧。混合气过浓一般是由于某个汽缸不点火,或某个喷油器漏油引起。无论哪种情况,燃油已被直接推进催化转化器中。这样就把转化器的工作温度升高到了一个危险的程度。经过一段时间后,更高的工作温度可能导致催化转化器破裂或融化。

第二种,冒蓝烟:蓝烟意味着发动机在烧机油,机油窜入燃烧室。若机油油面不高,常见原因是汽缸与活塞密封出现问题,即活塞、活塞环出现磨损,与汽缸的间隙过大。表明发动机需大修。

第三种,冒白烟:白烟意味着发动机在烧冷却液,可能是汽缸垫烧坏,使冷却液从冷却液通道渗漏到燃烧室中或缸体有裂纹,冷却液进入汽缸内造成的,此时发动机的价值就要大大打折扣。

⑦检查排气气流。将手放在距排气管口10cm左右处,感觉发动机怠速时排气气流的冲击。正常排气气流有很小的脉冲感。若排气气流有周期性打嗝或不平稳喷溅,表明

气门、点火或燃油系统有问题,从而引起间断性失火。

将一张白纸悬挂靠近排气口 10cm 左右,如果纸不断地被排气气流吹开,则表明发动机运转正常;如果纸偶尔地被吸向排气口,则发动机配气机构可能出现很大故障。

(3)汽车路试检查。汽车路试一般行驶 10～20km,通过路试来检查汽车工况。

①检查离合器工作状况。按正常汽车起步方法操纵汽车,使汽车挂挡并平稳起步,检查离合器的工作情况。正常情况下,离合器应该接合平稳,分离彻底,工作时无异响、抖动和不正常的打滑等现象。踏板自由行程符合汽车技术条件的有关规定,一般为 30～45mm。若自由行程过大,说明离合器摩擦片磨损严重。踏板力应与该型号汽车的踏板力相适应,离合器踏板力不应大于 300N。

如果离合器发抖或有异响,说明离合器内部有零件损坏,应立即结束路试。

②检查变速器工作状况。从起步加速到高速挡,再由高速挡减至低速挡,检查变速器换挡是否轻便灵活;是否有异响、乱挡现象,互锁和自锁装置是否有效、加速时是否有掉挡现象;换挡时变速杆是否其他部件干涉。路试中,在换挡后出现变速杆发抖现象,表明汽车变速器使用时间很长,变速器操纵机构的各铰链处磨损松旷,使变速杆处的间隙过大。

③检查动力性。常见指标是从静态加速至 100km/h 所需的时间和最高车速。

汽车起步及加速行驶过程中,急速踩下加速踏板,检查加速性能。通常,急加速时发动机发出强劲轰鸣声,车速迅速提升。有经验的评估人员,能够了解各种常见车型的加速性能,通过路试能够检查出被检汽车的加速性能与正常的该型号汽车加速性能的差距。

在相应坡道上,使用相应挡位检查汽车爬坡性能,是否与经验值相近,感觉是否正常。

检查汽车是否能够达到原设计车速,如果达不到,估计一下差距。

如果汽车提速慢,最高车速与原车设计值差距较大,上坡无力,则说明车辆动力性能差,是一辆"老爷车"了。

④检查制动性能。汽车起步后,通过"点刹"检查汽车是否有制动;将车加速至 20km/h 进行一次紧急制动,检查制动是否可靠,有无跑偏、甩尾现象;再将车加速至 50km/h,先用点刹法检查汽车是否立即减速、是否跑偏,再用紧急制动法检查制动距离和跑偏量。

当踩下制动踏板时,若制动踏板或制动鼓发出冲击或尖叫声,则表明制动摩擦片可能磨损,路试结束后应检查制动摩擦片的厚度;若踩下制动踏板有海绵感,则说明制动管路进入空气,或制动系统某处有泄漏,应立即停止路试。

⑤检查行驶稳定性。车速以约 50km/h 直线行驶时,双手松开转向盘,观察汽车行驶状况。此时,汽车应仍直线行驶且不明显转到一侧。无论汽车转向哪一侧,都说明转向轮定位不准,或车身、悬架变形。

车速以 80km/h 以上高速行驶时,观察转向盘有无摆动(即"摆头"现象)。若有高速摆头现象,通常意味着存在严重的车轮不平衡或不对中问题。汽车摆头时,前轮左右摇摆波形前进,严重破坏行驶平顺性,直接影响行驶安全,增大轮胎磨损,故该车只能以较低速度行驶。

检查时,可以选择宽敞路面,左右转动转向盘,检查转向是否灵活、轻便。若方向沉重,说明汽车转向机构各球头缺油或轮胎气压过低。对于带转向助力的汽车,方向沉重可能是动力转向泵和齿轮齿条磨损严重,需要修理或更换转向齿条。

若转向器自由转动量过大,意味着转向机构磨损严重,使转向器游动间隙过大,导致转向不灵。

⑥检查行驶平顺性。将车开到粗糙、有凸起的路面行驶,或通过有伸缩接缝的铁轨或公路时,感觉汽车平顺性和乘坐舒适性。

⑦检查滑行能力。在平坦路面上作滑行试验。将汽车加速至约30km/h,踩下离合器踏板,将变速器挂入空挡滑行,其滑行距离应符合表6-2-3的要求。否则说明汽车传动系阻力大,传动效率低,油耗增大,动力不足。汽车越重,其滑行距离越远;初始车速越高,其滑行距离也越远。

车辆滑行距离要求　　　　　　　　　　　　　表6-2-3

汽车整备质量 M(kg)	双轴驱动车辆滑行距离(m)	单轴驱动车辆滑行距离(m)
$M<1000$	≥104	≥130
$1000 \leqslant M \leqslant 4000$	≥120	≥160
$4000<M \leqslant 5000$	≥144	≥180
$8000<M \leqslant 11000$	≥200	≥250
$M>11000$	≥214	≥270

车加速至40~60km/h迅速抬起加速踏板,检查有无明显金属撞击声,如果有,说明传动系统间隙过大。

⑧检查风噪声。逐渐提高车速,使汽车高速行驶,听车外风噪声。风噪声过大,说明车门或车窗密封条变质损坏,或车门变形密封不严,有可能是整形后的事故车。

⑨检查驻车制动。选一坡路,将车停在坡中,拉上驻车制动,观察汽车是否停稳,有无滑溜现象。通常驻车制动力不应小于整车质量的20%。

(4)路试后的检查。路试之后,需要对车辆进行必要的检查,具体包括如下内容。

①检查各部件温度由于检查时采取了一些必要的措施,会导致部分零部件温度升高,需要进行检查,范围包括:

检查冷却液温度、发动机机油、齿轮油温度,正常情况下,水温不应超过90℃,发动机机油温度不应高于90℃,齿轮油温度不应高于85℃。

查看制动鼓、轮毂、变速器壳、传动轴、中间轴轴承、驱动桥壳(特别是减速器壳)等,不应有过热现象。

②检查"三漏"现象。如果存在"三漏"现象,说明汽车工作状况不良。

在发动机运转及停车时散热器、水泵、汽缸、缸盖、暖风装置及所有连接部位均无明显渗漏水现象。

机动车连续行驶距离不小于10km,停车5min后观察不得有明显渗漏油现象。检查机油、变速器、主减速器油、转向液压油、制动液、离合器油、液压悬架油等处有无漏油现象。

检查进气系统、排气系统有无漏气现象。

9)仪器检查

利用静态检查和动态检查,可以对汽车的技术状况进行定性的判断,即初步判定车辆的运行情况是否基本正常、车辆各部分有无故障及故障的可能原因、车辆各总成及部件的新旧程度等。

当需要对车辆各项技术性能及各总成、部件的技术状况进行定量、客观的评价时,通常需借助一些专用仪器、设备进行。

对二手商用车进行综合检测,需要检测车辆的动力性、燃料经济性、转向操作性、排放污染、噪声等整车性能指标,以及发动机、底盘、电器电子等各部件的技术状况。

检测汽车性能指标需要的设备很多,其中最主要有底盘测功机、制动检验台、油耗仪、侧滑试验台、前照灯检测仪、车速表试验台、发动机综合测试仪、示波器、四轮定位仪、车胎平衡仪等。

这些设备一般在汽车的综合性能检测中心(站)或汽车修理厂采用,操作难度较大,二手商用车评估人员不需要掌握这些设备的使用。但对于一些常规的、小型检测设备应能掌握,以迅速快捷地判断汽车常见故障,这些设备仪器主要有:汽缸压力表、真空表、万用表、正时枪、燃油压力表、废气分析仪、烟度计、声级计、微电脑故障诊断仪(俗称解码仪)等。

5. 评估车辆价值

1) 商用车价格评估价值类型

资产评估的价值类型是指资产评估的价值内涵,是资产评估价值形式上的具体化。资产评估的价值类型应与特定经济行为相匹配,不同评估目的决定了不同价值内涵,决定了评估项目应选择的价值类型。价值类型的确定,对评估方法的选用具有约束性,评估价值是价值类型与评估方法即评估价值质的规定和量化过程共同作用的结果。合理选择资产评估价值类型是资产评估具有科学性和有效性的根本前提。

关于资产评估的价值类型,从不同角度出发有着不同表述。目前主要有两种表述方式:一是将价值类型分为市场价值和非市场价值。市场价值是指在公开市场条件下自愿买方与自愿卖方在评估基准日进行交易的价值估计数额,当事人双方应自主谨慎行事,不受任何强迫压制。非市场价值是指不满足市场价值成立的资产在非公开市场条件下实现的价值。二是将资产评估价值归纳为重置成本法、现行市价法、收益现值法、清算价格法四种价值类型。

(1) 重置成本法。是指在现行条件(市场条件与技术条件)下,按功能重置车辆,并使其处于在用状态所耗费的成本。

重置成本与历史成本一样,都是反映商用车在购置、运输、注册、登记等购建过程中全部费用的价格。重置成本以现行价格和费用标准作为计价依据。车辆在全新状态下,其重置成本与历史成本是一致的。但由于二手商用车或长或短地保留了一段时期,在此期间,不论是否使用,车辆的价值、技术等因素都可能发生变化,从而影响车辆的重置更新费用,使车辆重置成本与历史成本发生差异。车辆的重置成本以功能重置为依据,但由于对现行技术条件利用不同,可分为复原重置成本与更新重置成本。两者区别在于:复原重置成本是指按照与被评估车辆的材料、制造标准、设计结构等相同的条件,以现时价格购置相同的全新车辆所需的全部成本;更新重置成本是指利用新材料、新设计、新技术标准等,以现时价格购置相同或相似功能的全新车辆所支付的全部成本。两者的共同点在于:均按现行市价与费用标准核计成本。

一般情况下,进行重置成本计算时,如果可以同时取得复原重置成本和更新重置成本,应选用更新重置成本。如果不存在更新重置成本,再考虑选用复原重置成本。

重置成本作为资产计价概念,不是以重置全价,而是以重置净价为依据。重置净价只是重置全价扣除各种损耗的余额。

重置成本是被评估车辆处于在用状态或可使用状态时的价值,因此适用重置成本价格。计量的前提条件为:车辆已完成购置过程,处于可使用状态,或正处于营运之中;可继续使用。车辆可以按重置成本计价,不仅仅是车辆处于在用状态,更重要的是社会承认处于在用状态的车辆对未来经营的有效性。车辆对未来经营的有效性可以完全不受过去和现在是否有效的影响。

(2)现行市价法。现行市价法也称为市场价格比较法,是指通过比较被评估车辆与最近售出类似车辆的异同,并将类似车辆的市场价格进行调整,从而确定被评估车辆价值的一种方法。在《二手车鉴定评估技术操作规范》中,针对交易服务类的评估业务,提倡首选现行市价法。

该方法的基本数据都来自二手车市场,评估参数和指标直接从二手车市场获得,所以能客观反映二手车的市场价值,能充分反映二手车的各种贬值,包括经济性贬值,评估结果易于被各方理解和接受,所以交换价值类型的评估业务比较适合该方法。

由于二手车的鉴定评估是把被评估对象客观存在的价值,通过评估活动正确反映出来。选用现行市价法就是根据当地市场调查、分析后确定的评估结论,其实就是最公平的市场价值,这也是提倡使用现行市价法的一个主要原因。

由于目前各地的二手车市场都比较活跃,也逐渐规范化,交易市场的信息比较容易获得,一些主流车型的价格比较公开、透明、稳定,这为旁观者使用现行市价法提供了基础保证。

选用现行市价法有一定前提,一是参照物的价格必须来自当地或周边公开、公平、有效的市场;二是被评估的车辆一般情况下为主流车型或有一定交易量的车型,对于保有量、交易量极少的车型或特殊用途的车型,难以找到比较相近似的、足够数量的、近期(一般为三个月之内)的参照物,不适宜使用该方法。

另外,当被评估车辆与参照物之间差异点较多时,比较起来比较复杂,两者之间会因为各种原因(使用条件、使用强度、维护水平)而存在较大差异,评估人员要对此逐一对比,并在价格上反映出来,会有一定的难度。

在司法鉴定类型的评估报告中,利用现行市价法做出的结论,其计算过程和某些引用的调查资料、数据信息等不宜表达或清晰表述,可能影响其说服力。

(3)收益现值法。如果委托方计划投资购买一部正在营运,并且还可以继续营运的车辆,要求对其进行价值评估,例如城市客运出租车、长途客货运输车、大型专用工程机械等,最好的方法就是收益现值法。

收益现值法的特点就是评估师通过评定估算,将投资方的预期收益进行折现计算,折现为评估基准日的现值,较准确地评估投资购买后该车辆的获利能力,并以此来确定被评估车辆的价值,为委托方提供参考依据。

由此看来,收益现值法的应用范围不大,实际工作中也较少应用,但是它是资产评估学中的一种方法,有一定的实际意义。

应该注意的是,在采用收益现值法评估车辆时,评估标的就不单独指向车辆本身,还包括车辆营运证的使用权或线路的营运权等与车辆相结合的使用资质,这些手续证明应该属于无形资产。

(4)清算价格法。从理论上说,清算价格法是针对一种标准价值类型而言的,但是实际上它不能单独作为一种方法使用,它的原理和方法都与现行市价法相同或相似,在实际工作中也是与现行市价法、重置成本法结合去起来使用的。

如果评估目的是要求被评估车辆能够实现快速变现,如评估拍卖底价,就适用价格清算法。采用的方法就可以按照现行市价法或重置成本法的估算方法估算现时市场价值,以此作为基数,再根据具体情况和变现要求,乘以一个折扣率,最后确定评估值。

该方法中的一个关键点就是确定折扣率。一般情况下,我国目前的车辆拍卖形式仍以场地拍卖为主,考虑到拍卖成交后的相关费用、快速变现期限以及竞拍者的购买心理,可以将折扣率确定在20%左右。但如果被评估车辆的市场接受程度(如专用车辆与普通乘用车不同),拍卖时限较短,或因网上拍卖费用较低等情况下,其折扣率应予调整。

使用清算价格法时,应严格分清使用范围和前提条件,并且在有法律效力的文件依据基础上才能使用。不满足上述条件时应慎用清算价格法,注意规避风险。

2)汽车报废

经过长期使用后、车型老旧、性能低劣、物料消耗严重、维修费用过高、继续使用不经济、不安全的汽车应予以报废。

车辆报废应根据车辆报废的技术条件,提前报废会造成运力浪费,过迟报废则又增大运输成本,影响运力更新。机动车强制报废年限和使用里程情况见表6-2-4。

机动车使用年限及行驶里程参考值汇总表　　　　表6-2-4

车辆类型与用途				使用年限(年)	行驶里程参考值(万km)
汽车	载客	营运	出租客运 小、微型	8	60
			出租客运 中型	10	50
			出租客运 大型	12	60
			租赁	15	60
			教练 小型	10	50
			教练 中型	12	50
			教练 大型	15	60
			公交客运	13	40
			其他 小、微型	10	60
			其他 中型	15	50
			其他 大型	15	80
			专用校车	15	40
		非营运	小、微型客车、大型轿车*	无	60
			中型客车	20	50
			大型客车	20	60

续上表

车辆类型与用途			使用年限(年)	行驶里程参考值(万 km)
汽车	载货	微型	12	50
		中、轻型	15	60
		重型	15	70
		危险品运输	10	40
		三轮汽车、装用单缸发动机的低速货车	9	无
		装用多缸发动机的低速货车	12	30
	专项作业	有载货功能	15	50
		无载货功能	30	50
挂车	半挂车	集装箱	20	无
		危险品运输	10	无
		其他	15	无
	全挂车		10	无
摩托车		正三轮	12	10
		其他	13	12
轮式专用机械车			无	50

注:1. 表中机动车主要依据《机动车类型术语和定义》(GA 802—2014)进行分类;标注 * 的车辆为乘用车。

2. 对小、微型出租客运汽车(纯电动汽车除外)和摩托车,省、自治区、直辖市人民政府有关部门可结合本地实际情况,制订严于表中使用年限的规定,但小、微型出租客运汽车不得低于 6 年,正三轮摩托车不得低于 10 年,其他摩托车不得低于 11 年。

3)二手商用车技术状况的分级

汽车经过一段时期的使用以后,技术状况将发生变化。变化的程度随行驶里程的长短及运行条件、使用强度、维修质量的不同而各有差异。为了表达汽车技术状况变化的差异,对二手商用车技术状况进行描述,根据鉴定结果对其划分等级。

(1)分级标准。二手商用车技术状况鉴定的等级划分方式共分为 5 种,分别以英文字母 A、B、C、D、E 来表示:A 级车是指被鉴定车辆的技术状况良好;B 级车是指被鉴定车辆的技术状况一般;C 级车是指被鉴定车辆的技术状况差;D 级车是指存在事故、泡水痕迹的车辆;E 级车是指有盗抢、改装嫌疑,无法进行交易的车辆。

A、B、C 三个等级为正常车辆等级,分别进行细分,A 级分为 A+、A、A-,B 级分为 B+、B、B-,C 级 C+、C、C-。

(2)A、B、C 级车的确定。A、B、C 级车是根据二手商用车技术状况评定的,即将二手商用车技术状况的检查内容分成车身外观、发动机舱、货舱、发动机起动、路试、底盘六大部分,权重分别为 15%、25%、10%、15%、15% 和 20%。每部分确定检查分项及分值,根据所得总分进行分级(表),满分 100 分。A、B、C 级车的技术状况等级的分值区间见表 6-2-5。

A、B、C 级车的技术状况等级的分值区间　　　　表 6-2-5

技术状况等级		分值区间
A 级车	A +	85＜鉴定总分≤100
	A	75＜鉴定总分＜85
	A −	65＜鉴定总分＜75
B 级车	B +	55＜鉴定总分＜65
	B	45＜鉴定总分＜55
	B −	35＜鉴定总分＜45
C 级车	C +	2＜鉴定总分＜35
	C	15＜鉴定总分＜25
	C −	0＜鉴定总分＜15

6. 撰写价格评估报告

车辆价格评估报告是记述评估成果的文件，也是价格评估人员提供给委托评估者的"产品"，由车辆价格评估机构和车辆价格评估人员撰写。

车辆价格评估报告的质量高低，除取决于评估结论的准确性、评估方法的准确性、参数确定的合理性之外，还取决于报告的格式、文字表述水平及印刷质量等。前者是评估报告的内在质量，后者则是评估报告的外在质量，两者不可偏废。

1）车辆价格评估报告的作用

车辆价格评估报告对管理部门及各类交易的市场主体都是十分重要的。一份车辆价格评估报告，特别是涉及国有资产的评估报告资料，不仅是一份评估工作的总结，也是其价格的公证文件和资产交易双方认定资产价格的依据。

（1）对委托方的作用。对委托方来说，具体有以下作用：

①作为产权变动交易作价的基础材料。车辆价格评估报告的结论可以作为车辆买卖交易的谈判底价的参考依据，或作为投资比例出资价格的证明材料，特别是对涉及国有资产的二手商用车的客观公正的作价，可以有效防止国有资产的流失，确保国有资产价格的客观、公正和真实。

②作为各类企业进行会计记录的依据，按评估值对会计账目的调整必须有权力机关的批准。

③作为法庭辩论和裁决时确认财产价格的举证材料。一般是指发生纠纷案时的资产评估，其评估结果可作为法庭做出裁决的证明材料。

④作为支付评估费用的依据。当委托方收到评估资料及报告后没有提出异议，也就是说评估的资料及结果符合委托书的条款时，应以此为前提和依据向受托方的评估机构付费。

⑤车辆价格评估报告是反映和体现评估工作情况，明确委托方、受托方及有关方面责任的根据。采用文字形式，对受托方进行车辆评估的目的、背景、产权、依据、程序、方法等过程和评定的结果进行说明和总结，体现了评估机构的工作成果。同时，车辆价格评估报告也反映和体现了受托的车辆评估结果与鉴定评估师的权利和义务，并依此来明确委托

方和受托方的法律责任。撰写评估结果报告行使了车辆评估师在评估报告上签字的权利。

(2) 对价格评估机构的作用。对价格评估机构来说，具体来说有以下作用：

① 车辆价格评估报告是评估机构成果的体现，是一种动态管理的信息资料，体现了评估机构的工作情况和工作质量。

② 车辆价格评估报告是建立评估档案，归集评估档案资料的重要信息来源。

2) 车辆价格评估报告的类型

(1) 定型式。定型式车辆价格评估报告采用固定格式、固定内容，评估人员必须按要求填写，不得随意增减。其优点是通用性好，写作省时省力，缺点是不能根据评估对象的具体情况而深入分析某些特殊事项。如果能针对不同的评估目的和不同类型的车辆作相应的定型式车辆价格评估报告，则可以在一定程度上弥补这一缺点。

(2) 自由式。自由式车辆价格评估报告是由评估人员根据评估对象的情况自由创作，无一定格式。其优点是可深入分析某些特殊事项，缺点是易遗漏一般事项。

(3) 混合式。混合式车辆价格评估报告是兼取前两种车辆价格评估报告的格式，兼顾了定型式和自由式两种报告的优点。

一般来说，专案案件以采用自由式车辆价格评估报告为优，而例行案件以采用定型式车辆价格评估报告为佳。

不论车辆价格评估报告的形式如何，均应客观、公正、详实地记载评估结果和过程。如果仅以结论告知，必然会使委托评估者或车辆价格评估报告的其他使用者心理上的信任度降低。车辆价格评估报告的用语要力求准确、肯定，避免模棱两可或易生误解的文字，对于难以确定的事项应在报告中说明，并描述其可能影响车辆的价格。

3) 价格评估报告书

价格评估报告书所应符合独立性、客观性、公正性的基本要求，内容要全面性，用语要正确和高度概括。

车辆价格评估报告分为定型式、自由式、混合式三种，现以使用频率较高的定型式为例，说明其基本结构。价格评估报告书的主要内容应包括以下项目：

价格评估标的；

价格评估目的；

价格评估基准日；

价格定义；

价格评估依据；

价格评估方法；

价格评估过程；

价格评估结论；

价格评估限定条件；

声明；

价格评估作业日期；

价格评估机构；

价格评估人员；

附件。

7. 评估材料归档

1) 车辆价格评估报告文书的归档范围

车辆价格评估报告文书的归档范围包括以下内容：

(1) 车辆价格评估委托书。

(2) 车辆价格评估的法律依据(国家有关法规的相关条款)。

(3) 委托人所从事的主要经济活动或者委托事项的背景材料。

(4) 委托标的的证明材料，照片、图像资料，必要的技术鉴定材料。

2) 保管车辆价格评估报告

根据法律、法规和行业的要求，价格评估机构应由专人负责管理车辆价格评估报告，形成完整的评估档案。评估档案应保留到评估车辆达到法定报废年限为止。还要建立健全车辆价格评估报告档案的保密、安全等事项的工作制度，并严格贯彻执行。同时还要及时准确、真实地进行统计，并按规定向有关机关报送统计报表。

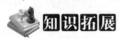
任务实施

经过几天的时间，小董、小梁看了师傅给的学习材料，感觉几乎看不懂，表现出了畏难情绪。这一点，被师傅看在了眼里。

令他们感到奇怪的是：师傅并没有批评他们，而是很和蔼地给他们说："这不怪你们，你们现在能学到这个程度，已经很不错了。评估二手车车辆价格以及损失价格的工作，既需要相关的理论知识，也需要一定的实践经验。你们现在做不了，很正常。不过需要认识到自己的不足，在日后的工作慢慢积累经验。"

听师傅这么说，他们两人才暂时感觉宽心，同时也在暗下决心：一定要通过自己的努力，掌握这一知识。

知识拓展

现行市价法评估车辆价格

1. 市场法定义

现行市价法(亦称市场法)是指通过比较被评估车辆与最近出售类似车辆的异同，并将类似车辆市场价格进行调整，从而确定被评估车辆价值的一种评估方法。

2. 市场法基本原理

通过市场调查，选择一个或几个与评估车辆相同或类似的车辆作为参照物，分析参照物的结构、配置、功能、性能、新旧程度、地区差别、交易条件及成交价格等，并与待评估车辆一一对照比较，找出两者差别及差别所反映的价格差异，经过调整，计算出二手商用车的评估价格。

运用市场法要求充分利用类似二手商用车成交价格信息，并以此为基础判断和估测被评估车辆的价值。运用已被市场检验了的结论来评估被评估车辆，显然容易被买卖双方当事人接受。因此，市场法是二手商用车评估中最为直接、最具说服力的评估途径之一。

用市场法评估二手商用车包含了被评估车辆的各种贬值因素，如有形损耗的贬值、功能性贬值和经济性贬值。因为市场价格是综合反映了车辆的各种因素，则车辆的有形损耗及功能陈旧而造成的贬值，自然会在市场价格中有所体现。经济性贬值则是反映社会对各类产品综合的经济性贬值的大小，突出表现为供求关系的变化对市场价格的影响，因而，用市价法评估不再专门计算功能性贬值和经济性贬值。

市场法是最直接、最简单的一种评估方法，也是二手商用车价格评估最常用方法之一。

3. 市场法的应用前提

由于市场法是以同类二手商用车销售价格相比较的方式来确定被评估车辆价值的，因此，运用这一方法时一般应具备两个基本前提：

（1）要有一个市场发育成熟、交易活跃的二手商用车交易公开市场，经常有相同或类似二手商用车的交易，有充分的参照物可取，市场成交的二手商用车价格反映市场行情，这是应用市场法评估二手商用车的关键。在交易市场上二手商用车交易越频繁，与被评估相类似的二手商用车价格评估就越容易。

（2）市场上参照的二手商用车与被评估二手商用车有可比较的指标，这些指标的技术参数等资料是可收集到的，并且价值影响因素明确，可以量化。

运用市场法，最重要的是要在交易市场上能够找到与被评估二手商用车相同或相类似的已成交过的参照车辆，并且参照车辆是近期的、可比较的。所谓近期，是指参照车辆交易时间与被评估二手商用车评估基准日相差时间相近，一般在一个季度之内；所谓可比较，是指参照车辆在规格、型号、功能、性能、配置、内部结构、新旧程度及交易条件等方面与被评估二手商用车不相上下。

市场法要求二手商用车交易市场发育比较健全，并以能够相互比较的二手商用车交易在同一市场或地区经常出现为前提。而目前我国各地二手商用车交易市场的完善程度、交易规模差异很大，有些地区的商用车保有量少，车型数少，二手商用车交易量少，寻找参照车辆较为困难。因此，市场法的实际运用在我国目前的二手商用车交易市场条件下受到一定限制。

随着《车辆强制报废标准规定》和《最高人民法院关于审理道路交通事故损害赔偿案件适用法律若干问题的解释》的全面实施，市场法的应用具有了更广阔的前景。司法解释第二项提到"因车辆灭失或者无法修复时的损失，为购买交通事故发生时与被损坏车辆价值相当的车辆重置费用"，该项重点强调了"购买和重置"。"购买"一词明确了"重置一辆价值相当车辆的方式"，可以理解为在比较完善的二手商用车市场购买一辆与事故车价值相当的车辆，这正好符合价格评估方法中市场法的内涵，也就明确了计算该类损失时一般需要用市场法来计算。

该项内容没有提及车辆全损后残值的问题，在实际操作中如果不是事故车辆完全灭失残值为零的情况下（一般不会出现），实际损失就应该为以上描述的重置费用扣减残值。

市场法是从卖者的角度来考虑被评估二手商用车变现值的，二手商用车评估价值的大小直接受市场制约，因此，它特别适用于产权转让的畅销车型评估，如二手商用车收购和典当等业务。畅销车型的数据充分可靠,市场交易活跃,评估人员熟悉市场交易情况,采用市场法评估车辆,时间会很短。

4. 几个基本概念

应用市场法还需了解参照物的相似性和可比性、市场价格、信息来源几个基本概念。

1) 参照物相似性与可比性

运用市场法最重要的是要能找到与被评估车辆完全相同或相类似的参照物。所谓完全相同,是指车辆品牌型号、配置等均一样。但在不同时期,寻找到同型号车辆作为参照物有时比较困难。所以,一般来说,只要参照车辆与被评估车辆的类别相同、主参数相同、结构性能相同,只是生产顺序号不同,只作过局部改进的车辆,且只在行驶里程和实体状态上有些差异,则可认为是完全相同的。

相似性是指被评估对象和参照物之间,在车辆类型、结构性能、功能、市场条件、交易条件等方面是相类似的,差异较小。若选择的参照物与被评估车辆在上述这些方面差异较大,很可能会得出一个较大的价值区间,增大评估结果的误差。

可比性是指评估对象与参照物之间有可比较的指标、技术参数、技术性能等,这些有关资料又能收集到。另外,影响价格的因素比较明确,并可量化,而且参照物是近期的、可比较的。总之,对评估对象与参照物之间的比较是通过比较各种复杂因素进行的。

2) 参照物市场价格

参照物价格必须是实际交易价格,而不能是报价或预测价格。参照物价格作为评估基础条件必须符合公平市场原则。如果这个市场价格受到买卖双方特殊关系的影响,或是子、母公司之间的关联产生的价格,则不能作为估价基础。

3) 市场信息来源

评估人员在了解和掌握了评估对象的基本情况以后,就要进行市场调查,选取二手商用车市场参照物,收集相同或相似参照物的售价。参照物售价来源包括以下方面:

(1) 二手商用车经销商或其他销售商,如4S店置换价格情况。

(2) 二手商用车购买者的购进价格。

(3) 拍卖行二手商用车拍卖数据库中的价格资料(因报价低,仅供参考)。

(4) 网上的价格资料。

(5) 相关公开出版物所公布的价格资料。

5. 市场法特点

1) 市场法的优点

(1) 能够客观反映二手商用车市场情况,其评估参数、指标,可直接从市场获得,评估值能反映二手商用车市场现实价格。

(2) 报价结果易于被各方面理解和接受。

2) 市场法缺点

(1) 需要以公开及活跃的二手商用车市场作为基础。

(2) 可比因素多而复杂,即使是同一厂家生产的同一型号产品,同一天登记,但可能由于不同车主使用,其使用强度、使用条件、维修水平的不同而带来车辆技术状况不同,造成二手商用车评估价值差异。

（3）市场法对信息资料的数量和质量要求较高，而且要求评估人员要有较丰富的评估经验和评估技巧。

6. 市场法评估方法

1）直接比较法

直接比较法是指在市场上找到与被评估车辆完全相同车辆的现行市价，并依其价格直接作为被评估车辆评估价格的一种方法。直接比较法应用有两种情况：

（1）参照车辆与被评估二手商用车完全相同。所谓完全相同，是指车辆型号、使用条件和技术状况相同，生产和交易时间相近。这样的参照车辆常见于市场保有量大、交易比较频繁的畅销车型。

（2）参照车辆与被评估二手商用车相近。这种情况是指参照车辆与被评估车辆类别相同、主参数相同、结构性能相同，只是生产序号不同并只作局部改动，交易时间相近的车辆，也可近似等同作为评估过程中的参照车辆。这种情况在我国汽车市场上是非常多见的，很多汽车厂商为了追求车型的变化，给消费者一个新的感受，每年都在原车型的基础上做一些小的改动。

2）类比调整法

（1）计算模型。类比调整法是指评估车辆时，在公开市场上找不到与之完全相同，但能找到与之相类似的车辆，此时可以此为参照车辆，并根据车辆技术状况和交易条件的差异对价格做出相应调整，进而确定被评估车辆价格的评估方法。其基本计算公式为：

$$P = P' \cdot K$$

式中：P——评估值；

P'——参照车辆的市场价格；

K——差异调整系数。

（2）评估步骤。运用类比调整法评估二手商用车价值，应按下列步骤进行。

①搜集交易实例。运用类比调整法进行评估时，应准确搜集大量交易实例，掌握正常市场价格行情。搜集交易实例应包括：车辆型号、制造厂家、使用性质、使用年限、行驶里程、实际技术状况、经济环境和市场环境、车辆所处的地理位置、成交数量、成交价格、成交日期、付款方式等。

②选取参照车辆。根据了解到的被评估二手商用车资料，按照可比性原则，从二手商用车交易市场上寻找可类比参照物，参照物的选择应在两辆以上。有下列情形之一的交易实例不宜选为参照车辆：有利害关系人之间的交易；急于出售或购买情况下的交易；受债权债务关系影响的交易；交易双方或一方对市场行情缺乏了解的交易；交易双方或一方有特权偏好的交易；特殊方式的交易；交易税费非正常负担的交易；其他非正常的交易。

车辆的可比因素主要包括以下方面：第一，车辆型号和生产厂家；第二，车辆用途，指的是私家车还是公务车，是乘用车还是商用车等；第三，车辆使用年限和行驶里程；第四，车辆实际技术性能和技术状况；第五，车辆所处地区，由于地区经济发展的不平衡，收入水平存在差别，不同地区的二手车交易市场，同样车辆的价格会有较大的差别；第六，二手商用车交易市场处于低迷期还是复苏、繁荣期，车源丰富还是匮乏，车型涵盖面如何，交易量如何，新车价格趋势如何等；第七，交易动机和目的，指车辆出售是以清偿还是以淘汰转让为目的,买方是获利转手倒卖或是购买自用,不同情况下的交易作价往往有较大的差别;第八,成交数量,单辆与成批车辆交易的价格会有一定差别;第九,成交时间,应采用近期成交的车辆作类比对象。

③类比和调整。对被评估二手商用车和参照车辆之间的差异进行分析、比较,并进行适当的量化后调整为可比因素。主要差异及量化方法体现在以下方面:第一,结构性能的差异及量化,汽车型号、结构上的差别都会集中反映到汽车的功能和性能的差别上,功能和性能的差异可通过功能、性能对汽车价格的影响进行估算(对商用车而言,主要表现为生产能力、生产效率和运营成本等方面的差异,可利用收益法对其进行量化调整);第二,销售时间的差异与量化;第三,新旧程度的差异及量化;第四,销售数量的差异及量化;第五,付款方式的差异及量化。

④计算评估值。将各可比因素差异的调整值以适当的方式加以汇总,并据此对参照车辆的成交市价进行调整,从而确定被评估二手商用车的评估价格。

3) 成本比率估价法

(1) 成本比率估价法含义。成本比率估价法是用二手商用车的交易价格与重置成本之比来反映二手商用车的保值程度。这种方法在评估实践中,通过分析大量二手商用车市场交易的统计数据,得到同类型车辆的保值率(相反即为贬值率)与其使用年限之间存在基本相同的函数关系。也就是说,只要是属于同一类别的车辆,即使实体差异较大,但使用年限相同,那么它们的重置成本与二手商用车交易价格之比是很接近的。根据这个规律,通过统计分析的方法,建立使用年限与车辆售价/重置成本之间的函数关系,以此来确定在车辆市场上无法找到基本相同或者相似参照物的被评估车辆的评估值。

(2) 成本比率估价法的计算方法。参照物市场的交易价格与其重置成本之比(称为成本比率或保值率),用 a 表示,则有:

$$a = \frac{P_0}{B_0} \times 100\%$$

式中:a——参照物的成本比率或保值率,%;

P_0——参照物市场交易价格;

B_0——参照物的重置成本。

求出参照物的 a 值后,就可根据被评估对象的重置成本 B 来确定被评估对象的评估值。

$$P = a \times B$$

式中:P——被评估对象的评估值;

a——参照物的成本比率;

B——被评估车辆的重置成本。

重置成本的确定与成本法中所述相同。

而成本比率 a 的确定要注意的是参照物应为同类型的车辆,但级别、型号可以不同。此外,参照物的使用年限应与被评估车辆相同,否则,评估结果的准确性就要差些。

因此,该方法的内涵是认为同类型的车辆,尽管车辆的型号、级别、生产规模、结构、配置等指标不同,但成本比率的变化规律应是相同的。如果找出了成本比率的变化规律,而且被评估对象的重置成本又能确定,则可通过计算得出被评估车辆的评估值。

用市场法进行评估已包含了该车辆的各种贬值因素,如有形损耗的贬值、功能性贬值和经济性贬值,这是因为市场价格是综合反映了车辆的各种因素。车辆的有形损耗及功能陈旧而造成的贬值,自然会在市场价格中体现出来。经济性贬值的主要表现为供求关系的变化对市场价格的影响。因而用市场法评估不再专门计算功能性贬值和经济性贬值。由于经济性贬值和功能性贬值客观上存在,但在实践计算的过程中常常无法计算。因此,推荐采用市场法。

任务评价

以任课教师给定的一辆模拟商用车情况为基准,进行相关项目的模拟检查,分别说明每个项目的检查要点及风险点控制要素。商用二手车交易检查项目、要点及评分见表6-2-6。

商用二手车交易检查项目、要点及评分表   表6-2-6

项目	检查要点	分值	自评	组评	师评	得分
车辆登记检查	(1)商用车出厂信息; (2)商用车登记信息; (3)商用车来历证明; (4)商用车使用性质; (5)商用车证件税费; (6)商用车事故情况; (7)商用车技术状况; (8)商用车大修情况; (9)商用车选装件情况	40				
车辆证件核查	(1)商用车来历凭证; (2)商用车行驶证; (3)商用车登记证书; (4)商用车号牌; (5)商用车道路运输证; (6)商用车安全技术检验合格标志	40				
税费核查	(1)商用车车辆购置税完税证明; (2)商用车车船使用税; (3)商用车车辆保险费	20				
指导教师总体评价:						

指导教师_____
_____年____月____日

练一练

一、填空题

1. 评估车辆的价格,需要在客户(　　　)的委托前提下进行,不能擅自评估。
2. 机动车价格评估业务委托书是价格评估机构与委托方对各自权利、责任和义务的约定,是一种经济合同性质的(　　)。

3.商用二手车价格评估方案是评估人员进行该项机动车价格评估的(　　)和安排。

4.走私车辆是指没有通过国家正常进口渠道进口的,并未完税的(　　)。

5.(　　)是指一些不法厂商、不法商人为了牟取暴利,非法组织生产、拼装,无产品合格证的假冒、低劣汽车。

二、项选择题

1.签订商用车鉴定委托书时,对于不符合价格评估条件的(　　)。
　　A.受理　　　　　　　B.不受理　　　　　　C.即使补充齐全材料,也不受理

2.所谓事故车是指在使用中,曾经发生过严重碰撞或撞击,或(　　),或较严重过火,虽经修复并在使用,但仍存在安全隐患的车辆。
　　A.涉水　　　　　　　B.长时间泡水　　　　C.短时间泡水

3.通过静态识伪检查,主要可以发现车辆是否属于走私车辆、(　　)和盗抢车辆等法律不允许交易的车辆。
　　A.碰撞车辆　　　　　B.拼装车辆　　　　　C.泡水车辆

4.对商用车进行动态检查,主要目的是可以进一步检查发动机、底盘、电器电子设备的工作状况及(　　)。
　　A.是否属于过火车　　B.是否属于盗抢车　　C.整车性能

5.营运型重型载货汽车的报废年限规定为(　　)年。
　　A.10年　　　　　　　　　　　　　　　　　　B.15年
　　C.20年　　　　　　　　　　　　　　　　　　D.无期限

三、多项选择题

1.受理客户的委托,与其进行业务洽谈的主要内容有(　　)等。
　　A.车主基本情况　　　　　　　　　　　　　　B.车辆情况
　　C.委托评估的意向　　　　　　　　　　　　　D.时间要求

2.车辆权属和权属性质包括哪些内容?(　　)
　　A.来历和处置的合法性
　　B.使用和行驶的合法性
　　C.是否按期年检
　　D.四是账物是否相符

3.商用车技术状况鉴定是为车辆的价值估算提供科学的(　　)。
　　A.评估证据　　B.质量公证　　C.法律依据　　D.交易发票

4.根据盗窃者盗窃车辆的一般手段,应该主要通过检查(　　)的方式进行判别。
　　A.车门锁是否过于新
　　B.转卖人驾驶证新旧程度
　　C.门窗玻璃是否为原配正品
　　D.转向盘锁或点火开关是否有破坏或调换的痕迹

5.事故车辆一般分为哪几类?(　　)
　　A.被盗车辆　　B.碰撞事故车　　C.泡水车　　D.过火车辆

学习任务6.3　商用二手车评估案例

任务目标

熟悉商用二手车评估案例。

任务导入

在学习了相关理论知识后,小董、小梁向师傅请教:能否给几个实际评估的案例,让我们学习一下别的师傅是如何进行商用车评估实践的?

指导实习的师傅很高兴年轻人有上进心,便准备了如下几个不同类型的商用车实际评估案例,让他们去学习。

任务实施

[案例6-3-1]

北方奔驰重型自卸汽车的评估

【背景材料】

某公司因资不抵债破产,法院依法查封其资产,并于2011年1月委托鉴定机构将所查封的一批车辆评估拍卖底价。

现以其中一辆北方奔驰牌ND3250W282J重型自卸汽车(图6-3-1)为例进行分析。

图6-3-1　北方奔驰重型自卸汽车

【价格评估报告书】

关于北方奔驰重型自卸汽车的价格评估报告书

×××:

(略)

一、价格评估标的

北方奔驰牌ND3250W282J重型自卸汽车。

二、价格评估目的

为委托方提供交易价格参考。

三、价格评估基准日
2011年1月18日。
四、价格定义
（略）
五、价格评估依据
（略）
六、价格评估方法
清算价格法。
七、价格评估过程
（详见价格评估技术报告）
八、价格评估结论
价格评估标的在价格评估基准日的拍卖底价为：￥80000.00（大写捌万元整）。
九、价格评估限定条件
（略）
十、声明
（略）
十一、价格评估作业日期
2011年1月18日。
十二、价格评估机构
（略）
十三、价格评估人员
（略）
十四、附件
（略）

【价格评估技术报告】

关于北方奔驰重型自卸汽车的价格评估技术报告

一、价格评估标的概况
1. 车辆登记信息

车牌号码：鲁××××××　　　　　　车主：××工程有限公司
品　　牌：北方奔驰　　　　　　　　型号：北方奔驰牌 ND3250W282J
车辆类型：重型自卸汽车　　　　　　VIN号：LBZ146DA27×××××××
发动机型号：WD615.50　　　　　　　车身颜色：桔红色
燃油种类：柴油　　　　　　　　　　排量/功率：9726mL/206kW
初次登记日期：2008年1月　　　　　表征里程：64600km

2. 车辆手续、规费情况

机动车登记证书、行驶证、购置附加税齐全；无号牌，年检合格证、交强险过期一年。

3. 车辆配置

该车配置潍柴WD615.50直列6缸增压中冷柴油机，法斯特9速手动变速器，双回路气压制动系统,中、后轮储能弹簧制动装置,液压助力循环球齿条扇式转向机构,鱼肚形、不等宽、变截面、边梁式梯形结构车架,汽车顶置空调,空气减振座椅,货厢内部尺寸:长×宽×高为5200mm×2300mm×1400mm,12.00R20轮胎。

二、价格评估过程

1. 静态检查

该车17位编码(VIN代码)、出厂铭牌与机动车登记证记载相符;车体结构完好无损,车架连接处牢固可靠,检查车架、副车架、驾驶室、货厢等处,无严重碰撞事故痕迹,漆面锈蚀严重,货厢多处轻度受损;前风窗玻璃损坏,发动机舱内整洁度差,发动机油底壳有渗漏现象。液压举升装置无液压油渗漏现象;内饰较旧且多处破损,驾驶室内附件有缺失;车辆停放时间较长,蓄电池无电;前轮轮胎中度磨损,后轮胎磨损严重,其中右侧两后轮胎破损可以认定报废。

2. 动态检查

外接电源起动车辆,发动机怠速不稳,工作粗暴,中高速有明显异响,初步判断为连杆轴承间隙过大;无载重情况下自卸举升装置工作正常。因受道路条件限制,只做场地试验(低速短距),变速器无异常,转向系统正常,制动时感觉正常。

3. 所选计算方法

清算价格法。

4. 计算过程

(1)确定评估基准日期:2011年1月28日。

(2)确定车辆的重置成本。根据对车辆所在地以及生产厂家的市场调查,该车型目前已停产,其改进型新车的产地提车价为29.8万元,估算运至本市的费用约4000元。改进型新车除驾驶室外观改变之外,其余基本无改进,可以采用改进型新车价格作为评估车辆的新车售价。

由于该项目评估的目的是为拍卖提供底价,不属于资产评估项目,故不按全价重置成本计算,但需计算新车从产地至当地的运价。

重置成本 = 29.8 + 0.4 = 30.2(万元)

(3)确定车辆的年限成新率。采用双倍余额递减法确定年限成新率。

该车规定使用年限为 $G = 10$ 年,已使用年限 $Y = 3$ 年,根据双倍余额递减法,其成新率为51.2%(计算或查表)。

(4)确定综合调整系数,见表6-3-1。

北方奔驰重型自卸汽车综合调整系数　　　表6-3-1

影响因素	因素分级	参考系数	权重	取值说明	取值	加权值
技术状况	好	1.0	30%	参考静态检查结果	0.7	0.21
	较好	0.9				
	一般	0.8				
	较差	0.7				
	差	0.6				

续上表

影响因素	因素分级	参考系数	权重	取值说明	取值	加权值
维护修理	好	1.0	25%	参考静态检查结果	0.7	0.175
	较好	0.9				
	一般	0.8				
	较差	0.7				
	差	0.6				
制造质量	进口车	1.0	20%	国产名牌车	0.9	0.18
	国产名牌车	0.9				
	进口非名牌	0.8				
	国产非名牌	0.7				
工作性质	私用	1.0	15%	私用车辆	0.5	0.075
	公务、商用	0.7				
	营运	0.5				
工作条件	较好	1.0	10%	较差	0.5	0.05
	一般	0.7				
	较差	0.5				
综合调整系数 = 0.69						

(5) 计算综合成新率：

综合成新率 = 年限成新率 × 调整系数 = 51.2% × 0.69 ≈ 35.3%

(6) 确定被评估车辆在公平市场条件下的评估值：

重置成本 × 综合成新率 = 30.2 × 35.3% ≈ 10.67(元)

(7) 确定折扣率。根据市场调查,确定折扣率为 25%。

(8) 采用清算价格确定被评估车辆的评估值：

评估值 = 10.67 × (1 - 25%) ≈ 8.00(万元)

三、价格评估结论

该车拍卖底价为：¥80000.00(大写捌万元整)。

【本案分析与启迪】

(1) 委托方提出的评估目的是为司法裁决提供价值依据,为拍卖快速变现提供价格参考依据,适用于清算价值类型。

(2) 为使车辆能够迅速折现,并考虑到拍卖佣金,以及该类车型在公开交易市场上的市场反响以及被接受能力等因素,该车的折扣率超过20%。

(3) 该车已使用年限 3 年,综合成新率为 35%,其主要原因是使用强度高,工作条件差。因超载等原因造成综合性能下降、技术状况低劣。

(4) 在最终确定评估结论时,已经考虑到轮胎、前风窗玻璃等损坏,以及车辆需要补办年审的费用。

(5) 该车未发生严重的碰撞事故,该品牌的二手车在市场上的保值率较高,但维修成本较高,在山东地区的保有量偏少,综合考虑,上述评估结论可以被市场接受。

[案例 6-3-2]

车龄为 27 个月的重型自卸汽车转让价格评估

【背景材料】

　　一家集装箱运输有限公司于 2010 年 7 月购买了一辆陕汽牌 SX3255BR384 重型自卸汽车(图 6-3-2)。后因公司效益不佳,计划将该车出售转让,于 2012 年 10 月 12 日委托评估其市场交易参考价。

图 6-3-2　陕汽牌重型自卸汽车

【价格评估报告书】

关于陕汽重型自卸汽车的价格评估报告书

×××:

(略)

一、价格评估标的

陕汽牌 SX3255BR384 重型自卸汽车

二、价格评估目的

为委托方提供交易价格参考。

三、价格评估基准日

2012 年 10 月 12 日。

四、价格定义

(略)

五、价格评估依据

(略)

六、价格评估方法

重置成本法。

七、价格评估过程

(略)

八、价格评估结论

价格评估标的在价格评估基准日的市场价格为:￥126000.00(大写壹拾贰万陆仟元整)。

九、价格评估限定条件
(略)

十、声明
(略)

十一、价格评估作业日期
2012年10月14日。

十二、价格评估机构
(略)

十三、价格评估人员
(略)

十四、附件
(略)

【价格评估技术报告】

关于陕汽牌重型自卸汽车的价格评估技术报告

一、价格评估标的概况

1. 车辆登记信息

号牌号码:鲁RG3×××　　　　　　车主:××集装箱运输有限公司
厂牌型号:陕汽牌SX3255BR384　　　重型自卸汽车
发动机号:1611D××××××　　　　VIN代码:LZGCL2N43A×××××××
初次登记日期:2010年7月15日

2. 车辆手续、规费情况

机动车登记证书、行驶证、购置附加税齐全;无交强险;年检至2011年7月(逾期未审)。

3. 车辆配置

发动机型号:WP10.310E32(潍柴增压中冷),最大输出功率:228kW,6×4(后八轮/后双桥),汉德16TSTR级双极后桥,法士特9JSD150A9变速器,货厢长度5.6m,无加高板。

二、价格评估过程

1. 静态检查

VIN代码、出厂铭牌与机动车登记证记载相符;发动机有严重渗漏现象;变速器有轻度渗油;驾驶室内部内饰一般,各操控开关完好有效;举升装置无漏油现象;车厢锈蚀较重、无变形;全部轮胎均重度磨损;消声器和排气管锈蚀严重;左前部有轻微撞击痕迹;全车为原色漆;左后尾灯及灯架碰撞受损需更换。

2. 动态检查

在发动机空转时,急加速反响迟缓;路试时提速稍慢;离合器性能还可以,动力结合平顺;低速时试验制动系统工作正常;转向力矩正常;转向盘自由间隙正常;空载时试验举升装置,能够正常升降。

3. 所选计算方法

重置成本法。

4.计算过程

(1)确定重置成本。经调查,该车型的改进型与该车在主要结构、性能、功能以及配置方面基本相同,但驾驶室已改型,换装了不同品牌的轮胎,销售价格为280000元。经过调整,确定该车重置成本为278000元。

(2)基准日期:2012年10月。

(3)确定汽车成新率。该车规定使用年限为$G=10$年,已使用年限$Y=2$年,根据双倍余额递减折旧法,其成新率为64%。

(4)确定综合调整系数,见表6-3-2。

陕汽牌重型自卸汽车综合调整系数　　　　　表6-3-2

影响因素	因素分级	参考系数	权重	取值说明	取值	加权值
技术状况	好	1.0	30%	参考静态检查结果	0.7	0.21
	较好	0.9				
	一般	0.8				
	较差	0.7				
	差	0.6				
维护修理	好	1.0	25%	参考静态检查结果	0.7	0.175
	较好	0.9				
	一般	0.8				
	较差	0.7				
	差	0.6				
制造质量	进口车	1.0	20%	陕汽牌SX3255BR384	0.9	0.18
	国产名牌车	0.9				
	进口非名牌	0.8				
	走私罚没车 国产非名牌车	0.7				
工作性质	私用	1.0	15%	营运车辆	0.5	0.075
	公务、商用	0.7				
	营运	0.5				
工作条件	较好	1.0	10%	较差	0.7	0.07
	一般	0.7				
	较差	0.5				
				综合调整系数=0.71		

(5)计算价格:

评估值 = 重置成本 × 成新率 × 综合调整系数 = 278000 × 0.64 × 0.71 ≈ 126000(元)

三、价格评估结论

该车市场交易参考价为:¥126000.00(大写壹拾贰万陆仟元整)。

【本案分析与启迪】

(1)委托方提出的评估目的是为将来发生的市场交易、产权转让提供价格参考依据的,适用于交换价值类型。

(2)二手车交易市场中的大中型货车与小型客车相比,车源少,购买者少,成交量低,在本地没有专项大型二手货车的交易市场,场外交易居多,受此影响,相同或相似大中型货车的实际成交价格差异很大,且不透明,很难选取三个以上相同或相似的参照物,采用现行市价法不符合实际情况,因此决定选取重置成本法。

(3)在评估基准日,与该车主要结构、功能、配置基本相同的车型仍在产在销,只是因轮胎品牌及价格不同、驾驶室改型后价格有所差异,所以做出相应的调整后,其重置成本仍可认为来自当地专卖店的销售中价。考虑到该车的评估目的是为其市场交易提供参考价,所以按照市场交易类的评估计算法,采用非全价重置成本。即不计算购置附加税和办理证照的成本费以及办理与该车有关的营运手续费用。

(4)采用快速折旧法中的双倍余额递减法计算成新率,采用综合分析法确定综合成新率,计算评估值。

(5)因该车无较大碰撞事故,该品牌车与其他品牌的同类型车相比,其市场反映的保值率较高,故对于以上计算结果不再变动。

(6)通过信息反馈,确认以上思路和评估过程合理,评估结论接近现实市价。

[案例 6-3-3]

丑小鸭重型罐式货车的析产评估

【背景材料】

山东某油气管理公司与某石化物流公司兼并重组,将该石化物流公司所属的车辆丑小鸭 ZD5240GJY 重型罐式货车(图 6-3-3)作为资产并入新公司名下。

2012 年 1 月,新组建的公司委托评估机构评估该车价值。

图 6-3-3　丑小鸭重型罐式货车

【价格评估报告书】

关于丑小鸭重型罐式货车的价格评估报告书

×××:

(略)

一、价格评估标的
丑小鸭重型罐式货车。

二、价格评估目的
为合并后的公司,评估并入资产的市场价格。

三、价格评估基准日
2012年2月2日。

四、价格定义
(略)

五、价格评估依据
(略)

六、价格评估方法
重置成本法。

七、价格评估过程
参见价格评估技术报告。

八、价格评估结论
价格评估标的在价格评估基准日的市场价格为:¥30368.00(大写叁万零叁佰陆拾捌元整)。

九、价格评估限定条件
(略)

十、声明
(略)

十一、价格评估作业日期
2012年2月2日至2012年2月10日。

十二、价格评估机构
(略)

十三、价格评估人员
(略)

十四、附件
(略)

【价格评估技术报告】

关于丑小鸭重型罐式货车的价格评估技术报告

一、价格评估标的概况

1. 车辆登记信息

车牌号码:鲁××××× 车主:××石化物流有限公司
品　　牌:解放 型号:丑小鸭 ZD5240GJY
车辆类型:重型罐式货车 VIN代码:LFNJG1AS02×××××××
发动机号:005××××× 车身颜色:蓝/白
燃油种类:柴油 排量/载质量:7127mL/14.5t

初次登记日期:2002年8月　　　　　　表征里程:184692km

2. 车辆手续、规费情况

该车年检至2012年9月;交强险、车船使用税缴纳至2012年9月;罐体年检至2012年12月;营运证审验有效期至2012年3月30日;下次二级维护日为2012年4月6日;车辆的牌照、行驶证、档案齐全。

3. 车辆配置

该车配置一汽产CA1245P1K2L7T1双后桥底盘;一汽产CA6110/125Z直列6缸涡轮增压柴油机,欧Ⅱ排放标准;手动6速变速器;解放军第6455工厂改装19.5m³油罐。

二、价格评估过程

1. 静态检查

VIN码、出厂铭牌与机动车登记证记载相符;车体结构完好无损,罐体车架连接处牢固可靠,无碰撞事故痕迹,漆面老化,部分漆面脱落;发动机舱整洁度一般,发动机无渗漏现象;内饰一般,各操控开关完好有效;车辆维修状况良好,2011年9月13日经交通局审验车辆技术等级为一级车;右中两轮胎磨损较重,其他轮胎为中度磨损且均匀;前保险杠中部有裂痕。经检查和询问,该车于15个月之前曾经对发动机进行过大修(包括更换涡轮增压器)。

2. 动态检查

发动机怠速正常,中高速无异响,急加速感觉发动机有力;离合器操纵正常,换挡灵活;变速器性能良好,动力结合平顺,车辆行驶平稳;低速转向沉重,中速以上车身抖振,转向盘轻微向右跑偏,各种车速下试验其制动性能感觉良好。

3. 所选计算方法

重置成本法。

4. 计算过程

(1)确定评估基准日期:2012年2月2日。

(2)确定车辆的重置成本全价。据市场调查,目前此型号的新车售价为269000元,车辆购置税10%。故被评估车辆的重置成本全价为:

重置成本全价 $= 26.9 + 26.9 \div 1.17 \times 0.1 = 29.2$(万元)。

(3)采用双倍余额递减法确定成新率。该车的规定使用年限为$G=10$年,已使用年限9年6个月($Y=9.5$年),根据双倍余额递减法,其成新率为10.4%。

(4)确定被评估车辆评估值:

评估值 = 重置成本全价 × 成新率 $= 292000 \times 10.4\% = 30368$(元)

三、价格评估结论

标的车在评估基准日的价格为:¥30368.00(大写叁万叁佰陆拾捌元整)。

【本案分析与启迪】

(1)该项目的委托属于资产评估业务,适用于重置成本价值类型,而不属于交换价值和清算价值类型。在资产评估中,常在原始成本基础上做折旧计算。但是,对于车辆来说,应在重置成本的基础上进行折旧计算。

(2)该评估项目应选择重置成本法。评估时采用全价重置成本,用双倍余额递减法计算成新率。如果车辆可以继续使用,则可以较少地考虑其目前车辆的技术状况。

[案例 6-3-4]

车轴质量低劣造成火灾的原因鉴定

【背景材料】

2008 年 8 月的一个晚上,一辆购买时间不足 1 年的拖带挂车的载货汽车行驶到一路段时,发现挂车的后轮突然起火,将车辆烧毁,载运的西瓜也被烧烤成了烂瓜泥。

事故发生后,挂车制造厂等单位互相推诿,并反咬属于车主使用不当所致,车主只好起诉至法院。法院委托鉴定机构进行鉴定。

【鉴定技术报告】

关于载货汽车起火原因的鉴定技术报告

一、鉴定标的概况

一辆购买时间不足 1 年,拖带挂车的载货汽车夜间行驶到一路段时,挂车后轮突然起火,将车辆烧毁及载运的西瓜一并烧毁。

二、鉴定过程

1. 查勘事故车辆

通过对车主的询问及对事故车辆的查勘发现:

(1) 该挂车购买时间不足 1 年,在购买挂车时车主要求选用"富华牌"车轴。

(2) 钢板螺栓被磨断[图 6-3-4a)],制动蹄有被高温烧灼的痕迹[图 6-3-4b)]。

(3) 汽车着火后,广东富华工程机械制造有限公司派技术人员勘察了车轴,一口咬定车轴不是本企业生产的"富华"牌产品。

(4) 挂车制造厂、假车轴制造厂之间互相推诿,并反咬属于车主使用不当所致。

a) 钢板螺栓被磨断

b) 有高温烧灼的制动蹄

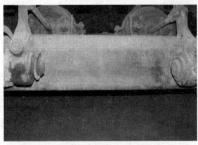
c) 无任何标志的送检轴管

d) 有铭牌、合格证的正品车轴

图 6-3-4

e) 有钢印编号的正品车轴　　　　　　　　f) 经比较，轴盖有差别

图 6-3-4　载货汽车部分零部件

2. 损坏情况分析

本案涉及两个方面问题的认定。

(1) 涉案车轴是否属于"富华"牌产品。该问题可以通过以下事实分析：

① 经对涉案的车轴与广东富华工程机械制造有限公司生产的"富华"牌车轴进行比对验证，发现正品的"富华"牌车轴有铭牌、合格证、钢印号及防伪编码，而送鉴件的车轴管这些标志均却没有[图 6-3-4c)～e)]。

② 送鉴件的制动臂上无"FUWA"标志及铸造型号，而"富华"正品制造件有标志及铸造型号。

③ 富华制造的轴头上有"FUWA""HJ"及"3601R1"标志，而送鉴的轴头没有，轴头分别标为"3601R"或"3601.R"且字体大小粗细不均匀一致。

④ 送鉴的轴承标记为"WLZ HM518445"，据广东富华工程机械制造有限公司所提供的资料上未见有"WLZ"标志。

⑤ 将送鉴的轴端盖与富华轴端盖比较，尺寸、标志均与富华轴端盖不同[图 6-3-4f)]。

根据以上事实，完全可以证明该挂车的车轴并非广东富华工程机械制造有限公司所生产的产品。

(2) 起火原因与产品质量之间的关系。对于该问题，分析如下：

① 挂车货厢右侧的栏板烧损面积及程度较左侧严重，车架右纵梁烧损程度也比左侧严重，说明起火点在挂车的右侧。

② 挂车第三轴右侧制动鼓及轴承已破碎，丢失在现场，第三轴右侧套管上轴承安装位置有严重磨损痕迹，第三轴右轮处的钢板弹簧骑马螺栓及U形螺栓被轮圈磨断或严重磨损，均说明着火前轴承已破碎。

③ 轮毂轴承破碎造成制动蹄片与制动鼓在行驶过程中产生摩擦并导致高温，进而引起轮胎起火，之后蔓延至其他轮胎和货厢等部位。

三、鉴定结论

该车起火是由于车轴质量问题而引起的。

【本案分析与启迪】

(1) 一辆挂车是由多个总成组装而成，如车架、车桥、车厢、车轮、牵引连接盘等。而各个总成又由不同厂家生产，一个总成也可能是由多个部件分厂生产的，如车桥总成是由桥壳、制动蹄片、轴承、螺母等多个分厂生产的。

(2)本案中的车辆出现因轴承破碎引起的着火事故,司法诉讼时要按以下流程进行:起诉汽车销售商—销售商追责挂车厂—挂车厂追责假车桥厂—假车桥厂追责轴承厂。

　　在此过程中,涉案各方都会找出种种理由推诿抵赖,谁也不会轻易认输,可能会陷入一场马拉松式的诉讼官司。

　　(3)作为购买挂车的消费者,也不是长了一双慧眼,能把假产品的真面目看个真真切切、清清楚楚,所以受害的往往是消费者。

　　(4)买车方不要只图便宜,要多做比较。在签订购车合同时,要看清条文,把对挂车的要求甚至是总成的要求都写进去,一旦出现假冒伪劣件的处理办法也写清楚。

　　(5)作为营运的货运车辆,要尽可能买全保险,以便将损失降到最低程度。

模块小结

1. 商用二手车鉴定评估是把被评估对象客观存在的价值,通过评估正确反映出来。
2. 价格评估分交易服务业务、资产价值业务、其他业务三种业务类型。
3. 价格评估需遵循公平性、独立性、客观性、科学性、专业性、可行性原则。
4. 价格评估常用方法为:重置成本法、现行市价法、收益现值法、清算价格法。
5. 价格评估基本程序为:受理鉴定评估委托—查验可交易车辆—签订鉴定委托书—登记车辆基本信息—鉴定车辆技术状况—评估车辆价值—撰写并出具评估报告—评估材料归档。
6. 价格评估涉及各类类型及诉求,包括转让、析产、抵债、涉案、部分损失等,需根据评估诉求选择合适的方法进行评估。

参 考 文 献

[1] 李景芝,赵长利.汽车保险与理赔实务[M].北京:高等教育出版社,2017.
[2] 李景芝.汽车维修服务接待[M].北京:人民交通出版社股份有限公司,2017.
[3] 冯晋祥.汽车构造[M].北京:人民交通出版社,2007.
[4] 贾逵钧,莫远.如何做好汽车维修业务接待[M].北京:机械工业出版社,2006.
[5] 梁军.汽车保险与理赔[M].北京:人民交通出版社,2005.
[6] 王永盛.车险理赔查勘与定损[M].北京:机械工业出版社,2006.
[7] 万学群,张钰.机动车价格评估理论与实务[M].北京:中国市场出版社,2013.
[8] 程大选,李景芝.机动车价格评估案例选编[M].北京:中国市场出版社,2013.
[9] 李景芝,冯传荣.汽车火灾理赔实务及案例解析[M].北京:机械工业出版社,2013.